GLOBAL SERVICE

글로벌서비스경영

김성용 저

Management

백산출판사

머리말

우리는 지금 서비스경제에 살고 있으며, 이러한 서비스의 비중은 시간이 지날수록 점점 증가하고 있다. 또한, 스마트폰을 기반으로 한 모바일 서비스의 대중화로 정보통신서비스, 금융서비스, 법률서비스, 교육서비스, 호텔관광서비스 등 서비스가 없이는 우리의 일상생활이 매우 불편을 겪을 만큼 우리는 현재 서비스와 더불어 살고 있다고 할 수 있다. 또한, 정보화와 글로벌화로 인해 우버, 에어비앤비 등 지금까지 우리가 경험해보지 못했던 새로운 서비스들이 등장하고 있으며, 이러한 경향은 향후 더욱 가속화될 것으로 예측되고 있다. 이렇게 새롭게 시장에 진입하거나 진입하려고 하는 서비스기업들과 기존의 시장에 진출해 있는 기업들과의 글로벌한 관점에서의 무한한 경쟁도 소비자들에게 제공되는 서비스 품질에 영향을 미칠 수 있기 때문에 글로벌서비스경영에서 이러한 점도 매우 중요한 주제가 될 것으로 예측된다.

뿐만 아니라 서비스의 중요성 증대로 인하여 제조기업들도 서비스와 관련된 부가서비스를 증가시키고 있을 뿐만 아니라, 기존의 서비스기업들은 치열한 경쟁으로 고객에게 제공하는 기술적인 수단만으로는 경쟁우위를 가질 수 없다는 판단하에 주된 서비스 뿐만 아니라 보조서비스를 통해서 자사의 경쟁력을 높이려 노력하고 있다.

이러한 여러 가지 환경의 변화와 더불어 소비자들의 욕구는 점점 다양해지고 있기 때문에 서비스기업의 경우는 이렇게 다양해지면서 점점 높은 수준의 서비스 품질을 희망하는 소비자들의 욕구를 충족시켜야 하는 어려움을 겪게 된다.

이러한 서비스산업과 관련된 급속한 경영환경의 변화로 인하여 서비스기업들은 점점 더 고급화, 전문화되어야 경쟁기업들과의 치열한 경쟁에서 생존할 수 있게 되었다. 또한, 서비스기업들은 기업의 내부환경 분석 뿐만 아니라 산업 전반에 걸친 기업의 외부환경 분석을 통해서 경쟁우위를 창출하고, 이러한 경쟁우위를 계속해서 유지해야만 하는 과제를 안고 있는데, 이를 위해서 계속 노력해야 한다. 뿐만 아니라 서비스기업의 입장에서는 육체노동과 정신노동뿐만 아니라 정서적인 노동에 대한 부담감이 높은 서비스기업의 인적자원관리 부분에도 많은 신경을 써야 하기 때문에 관리적인 측면에서도 비용과 시간에 대한 투입이 증가되어야 하는 문제에 부딪히고 있다.

또한, 제조업만으로 성장하는 데는 여러 가지 한계점에 부딪히게 되기 때문에 우리나라의 기업들이 경쟁력을 보유하기 위해서는 서비스 부문의 경쟁력을 보유하는 것이 꼭 필요하다는 것은 대부분의 사람들이 인식하고 있는 사실이라고 할 수 있다.

정보화와 서비스산업의 발전과 더불어 우리의 일상생활에서 빠르게 대중화되어 가는 경향이 글로벌화이기 때문에 글로벌서비스경영 분야는 향후 서비스에 있어서 가장 중요한 부분이 될 것으로 예측된다.

2015년

저자 씀

차례

Chapter 01 글로벌화의 이해

Chapter 02 경영의 이해

Chapter 03 글로벌기업의 이해

Chapter 04 서비스의 이해

Chapter 05 고객만족과 서비스

Chapter 06 서비스 품질

Chapter 07 호텔업과 글로벌서비스경영

Chapter 11 글로벌서비스기업의 경영전략

Chapter 12 글로벌서비스마케팅

Chapter 13 모바일시대의 서비스경영

Chapter 14 글로벌서비스 매너

글 · 로 · 벌 · 서 · 비 · 스 · 경 · 영

GLOBAL
SERVICE
Management

01 글로벌화의 이해

CHAPTER

글로벌화의 이해

CHAPTER 01

1 글로벌화의 이해

최근, 스마트폰의 대중화를 기반으로 한 정보화와 국제관광수요의 증대로 인하여 글로벌화(globalization)는 이제 일반적인 개념으로 자리잡아가고 있다고 할 수 있다. 이러한 환경하에서 호텔관광, 외식사업, 정보통신, 항공, 금융, 교육 등 서비스 산업에 대한 비중도 증가하고 있다. 또한, 이러한 서비스와 관련된 일정 규모 이상의 대부분의 기업들은 특정한 국가 안에서만 사업을 운영하는 것이 아니라, 여러 국가에 다양한 형태로 진출하여 사업을 운영하는 다국적기업(multinational corporations)들이다. 따라서 서비스 및 글로벌서비스를 이해하기 위해서는 먼저 글로벌화를 이해하는 것이 많은 도움이 된다고 할 수 있다.

또한, 정보화와 글로벌화로 인해 우버, 에어비앤비 등 지금까지 우리가 경험해보지 못했던 새로운 서비스들이 등장하고 있으며, 이러한 경향은 향후 더욱 가속화될 것으로 예측되고 있다. 이렇게 새롭게 시장에 진입하거나 진입하려고 하는 서비스기업들과 기존의 시장에 진출해 있는 기업들과의 글로벌한 관점에서의 무한한 경쟁도 소비자들에게 제공되는 서비스 품질에 영향을 미칠 수 있기 때문에 글로벌서비스경영에서 이러한 점도 매우 중요한 주제가 될 것으로 예측된다.

1) 글로벌화의 개념

최근 세계경제가 큰 변화를 겪고 있는데 그 핵심적인 내용은 여러 가지 장벽에 의해서 국가별로 운영되던 경제시스템이 국가별로 언어(language), 문화(culture), 거리(distance) 등의 차이에도 불구하고 점점 하나의 경제 시스템으로 통합되는 경향을 나타낸다는 것이다. 또한 스마트폰을 기반으로 한 정보화로 인하여 글로벌화는 이제 일반적인 현상이 되었다고 할 수 있다.

이러한 현상 속에서 여러 국가들간의 상호의존성(interdependence)도 점차 높아지고, 모든 산업은 더욱 빠른 속도로 글로벌화되어 가고 있고 글로벌기업들은 서로 무한경쟁을 하고 있는 현실이다.

글로벌화(globalization) 또는 우리말로 세계화에 대한 정의는 다양하지만, 일반적으로 기업이 개별국가시장에 대해 각각 다른 전략을 취하기보다는 전 세계시장을 하나의 시장으로 보고 통합된 전략을 수립하는 것을 의미한다(Porter, 1986; 장세진, 2004).

글로벌화는 시장의 글로벌화와 생산의 글로벌화의 두 가지 주요한 부분으로 구성되어 있는데, 시장의 글로벌화란 국가별로 나누어져 있던 시장을 하나의 거대한 글로벌시장으로 합병하는 것을 의미한다. 생산의 글로벌화는 기업들이 노동력. 토지 · 원자재 · 에너지 등의 생산요소들을 가격과 품질측면에서 국가별 차이를 이용하여 제품과 서비스를 다른 지역에서 생산하는 경향을 나타내는 것을 의미하는데, 생산의 글로벌화가 일어나는 이유는 기업들이 경쟁기업들보다 경쟁우위를 확보하기 위하여 낮은 비용구조와 높은 품질을 소비자들에게 제공하기 위하여 노력하기 때문이다.

글로벌화와 국제화(internalization)를 비교해보면, 국제화는 국가 단위로 시장이 구성되었던 상황에서 한 국가에 있던 기업이 다른 국가로 진출하는 것을 의미했던 반면, 글로벌화는 국가별로 시장을 구분하는 의미가 없어졌다는 것이다. 글로벌화된 환경하에서는 제품 · 서비스 · 기술 등이 각 국가에서 국가로의 이동이 자유롭고, 인적자원과 자본의 흐름도 자유롭다고 할 수 있다.

특히, 글로벌화가 서비스산업(service industry)에 미치는 영향은 매우 크다고 할 수 있는데 글로벌화로 인해 국제관광이 촉진되고 이와 관련된 서비스산업이 빠른 속도로 성장하고 있다. 이러한 글로벌경영 환경하에서 서비스산업과 관련된 기업인 호텔, 항공사, 외식업체, 여행사 등이 다국적기업화 되어가고 있는 경향을 보이고 있으며, 스마트폰을 기반으로 한 정보화로 인하여 이러한 변화의 속도는 향후 더욱 가속화될 것으로 전망된다.

또한, 글로벌화는 이제 일반적인 현상이 되었으며 서비스산업적인 관점에서 많은 서비스기업들이 급변하는 경영환경에 적합한 경영전략을 수립하는 것이 필요하다고 하겠다. 이러한 상황에서 대부분의 서비스기업들은 여러 가지 이유로 인하여 특정한 한 국가나 지역이 아닌 전 세계시장에 진출하여 사업을 운영하고 있기 때문에 기업이나 소비자 모두에게 글로벌화와 서비스산업의 상관관계는 매우 중요한 부분이라고 할 수 있다.

글로벌화가 일반화된 요인은 다양하지만, 주요한 요인을 살펴보면 아래와 같다고 할 수 있다.

2) 글로벌화의 촉진요인

(1) 자본집약적인 생산방식과 규모의 경제의 중요성 증대

우리나라의 많은 기업들이 해외로 진출하는 것을 일반화하고 있는데, 가장 큰 이유 중 하나는 우리나라 소비자들만을 대상으로 제품과 서비스를 판매하게 되면 생산비용을 충당하기가 어렵기 때문이다. 그만큼 이제는 글로벌화가 일반화되었고 글로벌 경영환경의 변화도 급속하게 일어나고 있다고 할 수 있다.

이러한 환경하에서 최근 모든 산업의 생산방식에서 공통적으로 일어나는 현상 중 하나는 노동집약적인 생산시스템에서 자본집약적인 생산시스템으로의 전환 가속화를 들 수 있다. 이러한 현상은 생산활동에 있어서 노동비용의 비중이 점차 감소하는 동시에 자본비용이 증가한다는 의미인데, 자본비용 증가의 주요한 이유는 연구개발비용의 증가와 첨단생산설비로 인한 비용 증가이다.

특히, 이러한 현상은 정보통신(telecommunication)과 생명공학(biotechnology) 등의 첨단산업과 자동차 · 화학 등 생산비용이 많이 소요되는 산업에서 더욱 두드러지게 나타나고 있다. 이러한 생산활동 비용의 증가로 기업의 입장에서는 규모의 경제(economies of scale)를 이용한 대량생산을 하게 되고, 각 국가별 내수시장만으로는 대량생산된 제품의 수요가 한정되어 있기 때문에 전 세계시장으로의 제품판매를 모색하게 된다. 우리나라의 현대, 기아자동차가 세계 곳곳에 생산기지를 건설하고 전 세계시장을 대상으로 자동차 판매에 힘쓰는 것이나 삼성전자가 베트남, 중국, 브라질 등 세계 여러 지역에서 스마트폰을 생산하는 것이 좋은 예라고 할 수 있다.

(2) 기술의 발전

글로벌화를 촉진시키는 요인 중 하나는 기술의 발전인데, 특히 교통기술의 발전, 정보통신기술의 발전, 첨단산업기술의 발전 등을 이유로 들 수 있다. 먼저, 교통기술의 발전과정을 살펴보면, 제2차 세계대전 이후 항공산업기술의 발전과 컨테이너 운송의 도입으로 급격한 교통의 발전을 가져왔으며, 이러한 교통산업의 급속한 발전이 글로벌화를 더욱 촉진시키는 중요한 원인이 되었다.

또한, 빠른 기술의 발전과 더불어 많은 연구개발(R & D)에 대한 투자가 글로벌화를 촉진시키는 원인이 되었다.

예를 들어 첨단산업이라고 할 수 있는 전자, 통신, 컴퓨터, 의약품 제조산업 등에서는 총매출액에서 연구개발비용이 차지하는 비율이 평균적으로는 7~8%, 높게는 15%까지도 소요되고 있는데, 이와 같이 연구개발비용이 많이 투자되는 사업에서는 국내시장의 수요만으로는 그처럼 높은 연구개발비를 충당하기 힘들다. 그렇기 때문에 위에서 언급된 첨단산업의 경우 전 세계시장을 대상으로 신제품개발과 판매가 지속되어야 연구개발비용을 충당할 수 있게 된다. 따라서 이렇게 첨단산업에 속해 있는 다국적기업들이 시장을 전 세계를 대상으로 하고 있기 때문에 글로벌화는 더욱 가속화되고 있다고 할 수 있다.

(3) 전 세계 소비자 취향의 동질화

글로벌화의 가장 큰 요인 중 하나는 이질적이었던 각국 소비자의 취향이 점점 동질화되어가고 있다는 점이다. 이렇게 전 세계 소비자의 수요와 구매행태가 과거에 비해 동질화되어가고 있는 가장 큰 이유는 스마트폰의 일반화로 인한 정보통신기술의 발전이라고 할 수 있다.

이와 같이 하루가 다르게 발전하고 있는 정보통신기술의 발전으로 기업들은 전 세계를 단일시장으로 보고 빠른 시간 내에 전 세계 소비자들의 수요에 부응할 수 있는 제품을 만들어야 경쟁력을 가지고 생존할 수 있게 되었다.

여기서 한 가지 비교해야 할 점은 최근 전 세계 소비자 취향의 동질화는 과거의 국제화의 영향으로 선진국에서 먼저 개발된 제품이 점차 저개발국가로 이동되어 시차를 두고 전 세계 소비자 취향이 동질화 되었던 이른바 제품수명주기이론(product life cycle theory)과는 다르다는 것이다. 예전에는 시차를 두고 전 세계 소비자 취향의 동질화가 있었던 것에 비하여 최근에는 스마트폰의 일반화로 선진국과 후진국과의 약간의 시차는 있겠지만, 거의 비슷한 시기에 같은 제품이나 서비스에 대해서 전 세계의 모든 소비자들의 취향이 동질화되었다고 할 수 있다.

또한, 소비자취향의 동질성이 비슷한 시기에 나타나는 다른 이유로 전 세계 소비자들의 구매력 증대를 꼽을 수 있다. 개발도상국들의 경제적 발전이 국민들의 소득증대로 나타나고 이러한 국민들의 소득증대가 선진국에서 생산되는 제품을 소비하려는 경향으로 나타나고 있다.

(4) 무역장벽의 감소

최근 전 세계적으로 극소수의 국가를 제외하고 무역장벽이 낮아지고 있는 상황이며, 자본의 이동도 자유로워지고 있다. 특히, UNWTO(UN World Trade Organization : 세계무역기구)체제의 출현으로 이러한 현상을 앞으로 더욱 가속화될 것으로 예측된다.

또한, 요즘 활발하게 진행되고 있는 여러 국가들과의 자유무역협정(free trade agreement)의 진행 등에 힘입어 가까운 시일 안에 국가간의 무역장벽의 감소는 더욱 더 가속화될 것으로 예측된다. 우리나라의 경우도 최근 미국, 인도, EU 등과 자유무역협정을 체결하거나 체결을 진행중이며, 이러한 영향으로 서비스산업을 더욱 더 글로벌화될 것으로 기대되며, 특히, 호텔관광산업에 있어서 많은 영향이 있을 것으로 예상된다.

이러한 글로벌 경영환경의 변화 속에서 우리나라의 호텔관광을 비롯한 다양한 서비스기업들도 글로벌화된 세계적인 서비스기업들과 경쟁하기 위해서는 우리나라 기업들만이 보유한 경쟁우위를 활용할 수 있는 적합한 방법을 찾아보는 것이 시급하다고 할 수 있다.

사례

글로벌라이제이션

롤랜드 빌링어(Roland Villinger) 맥킨지 서울사무소 대표
강혜진 맥킨지 서울사무소 부파트너

기업의 글로벌라이제이션(globalization)이란 기준으로 평가할 때 한국은 소수정예라는 특징을 갖고 있다. 글로벌 시장이란 링에 오른 기업은 많지 않지만, 챔피언은 많이 배출했다는 얘기다. 맥킨지가 2005년 말 기준으로 전 세계 시가총액 상위 2000개 기업(G2000)을 글로벌 경쟁력에 따라 등급을 평가한 결과, 3.4%인 68개 기업이 최고 등급인 '글로벌 챔피언(global champion)'으로 분류됐다. 글로벌 챔피언은 과거 10년간의 경영성과, 진출지역 및 사업의 다각화 정도, 매출액 · 시가총액 등 다양한 항목에서 강력한 글로벌 위상을 갖고 있는 기업으로, MS(마이크로소프트) · GE(제너럴일렉트릭) · 존슨앤존슨(Johnson & Johnson) · HSBC 등 내로라하는 서구 기업들과 함께 인도 릴라이언스 그룹(Reliance Group) 등 아시아 기업들도 포함돼 있다.

■ 소수정예 한국의 글로벌 기업

조사결과를 들여다보면, 한국 입장에서 고무적인 현상과 우려스러운 대목이 한 가지씩 눈에 띈다. 먼저 고무적 현상은 한국이 경제규모에 비해 글로벌 챔피언을 많이 배출했다는 것이다. 세계 GDP에서 한국의 비중은 2% 남짓이지만, 글로벌 챔피언 중 4%(3개)를 한국 기업들이 차지했다. 실제로 GDP 1조 달러당 글로벌 챔피언의 수는 한국이

3.7개로, 미국(2.2개), 일본(0.7)개, 중국(0.4개) 등을 능가한다.

반면 우려스러운 대목은 한국에 글로벌 기업의 저변이 취약하다는 것이다. G2000 중 한국기업의 비중은 2%(41개)로 글로벌 챔피언(4%)의 절반 수준이다. 또 글로벌 챔피언의 다음 등급인 '글로벌 유망주(global contender)'로는 G2000 중 426개 기업이 선정됐는데, 이중 한국기업의 비중은 2%(9개)에 그쳤다. 글로벌 유망주는 내수 시장에서 강력한 경쟁력을 갖추고 있지만, 사업규모와 진출지역, 사업분야의 다양성 등에서 글로벌 챔피언만큼의 수준을 확보하지 못한 기업이다. 인도 복제약(generic) 의약품 시장의 선두주자인 란박시(Ranbaxy)같은 기업들이 글로벌 유망주에 해당한다.

반면 중국의 경우, 글로벌 챔피언에서 차지하는 비중은 2%로 낮지만, 점진적으로 세계화를 진행하는 G2000이나 글로벌유망주에서 차지하는 비중은 각각 4%로 한국보다 높다. 특히 중국과 인도 기업들이 빠른 속도로 글로벌화하고 있다는 점을 감안할 때, 한국의 소수정예주의가 오래 지속되기는 어려울 것으로 보인다. 단적인 예로, 해외직접투자액의 경우 한국은 2003년 34억달러에서 2006년 71억달러로 연평균 28% 증가하는 데 그쳤지만, 중국과 인도는 같은 기간 연평균 77%, 68% 급증했다.

■ 글로벌라이제이션의 6가지 과제

글로벌라이제이션은 한국 기업이 피할 수 없는 숙명적 도전이자 극복해야 할 과제다. 하지만 성공적으로 글로벌화하는 것은 쉬운 일이 아니다. 실제로 성공보다는 실패사례가 더 많다. 글로벌화 추진과정에서 기업들이 직면하게 되는 주요 도전과제는 다음과 같다.

① "왜 글로벌인가?" 목표와 전략을 명확히 하라

의외로 글로벌화를 주장하는 많은 기업들이 왜, 어디서, 어떻게, 언제 글로벌화할지에 대한 명확한 전략을 갖고 있지 않아 실패하곤 한다. 글로벌화를 추진하는 기업들은 다음과 같은 몇 가지 질문을 던져봐야 한다. 진출하려는 시장이 매력적인가, 새로운 사업을 구축할 것인가 아니면 기존 업체를 인수할 것인가, 언제 어떻게 글로벌 전략을 실천에 옮길 것인가, 언제까지 임직원들의 역량을 글로벌 수준으로 키워야 하고 그를 위해 얼마만큼의 노력이 필요한가 등이다. 한발 더 나아가, 기업들은 R&D부터 판매까지 가치사슬(value chain)의 어떤 부분을 어느 지역에서 특화시킬 것인지를 고민해야 한다. 예컨대 원가경쟁력이 중요하면 인건비 · 재료비 · 운송비 등이 싼 지역에, 기술경쟁력이 중요하면 인재 선발과 활용이 유리한 곳에 거점을 두는 식이다. 의류업체 리앤펑(Li & Fung)은 37개국 7500개의 협력기업 네트워크를 구축해 활용하고 있다. 방한복을 만들 때 직물공급은 중국, 디자인은 홍콩, 지퍼는 대만, 재봉작업은 방글라데시에서 이루어지는 식이다.

② 항상 M&A에 준비된 자세 갖춰야

HSBC와 미탈스틸 등 글로벌 챔피언의 약 65%는 인수합병(M&A)을 통한 성장에 크게 의존하고 있다. 반면 한국 기업들은 글로벌 M&A에 소극적이다. 언제라도 M&A를 추진할 수 있는 철저한 준비가 돼 있지 않을 경우, 매물이 시장에 나온 뒤에야 다급하게 검토하게 되므로, 인수기회를 놓치거나 너무 비싼 가격을 지불하는 잘못을 저지르기 쉽다. 이를 해결하려면 먼저 M&A의 전략적 목적을 명확히 한 후 잠재적 인수대상 리스트를 작성해 관리해야 한다. 또 회사 내에 M&A 전담팀을 구성해 내부적으로 전문성을 쌓고, 외부에 신뢰할 만한 투자은행(IB)과 컨설팅회사 같은 자문단을 확보해야 한다. 세계 1위 철강업체인 미탈스틸 회장의 회고록에는 "그의 성공은 전 세계 지도를 놓고 손실을 내는 철강회사를 찾아 인수하고 흑자로 돌려놓는 노력에 있었다. 그는 끊임없이 다음 거래를 찾고 있다"는 평가가 실려 있다.

③ 외국의 법적 · 사회적 리스크를 고려하라

해외 M&A를 추진할 때에는 노동법, 퇴직금제도, 환경규제 등 그 나라만 독특하게 갖고 있는 위험요소를 고려해야 한다. 예컨대 미국의 경우, S&P 500대 기업의 85%는 퇴직연금을 지급하기 위한 내부 유보금이 부족한 상태이며, 부족금액은 총 1500억 달러에 달한다. 이러한 사안들을 제대로 평가하지 않고 인수했다가는 큰 낭패를 겪게 된다. 기업들은 정치 · 여론 등 경영 외적인 변수를 과소평가하는 경향이 있다. 중국 국영 해양석유공사(CNOOC)는 미국의 에너지 회사인 유노칼(Unocal) 인수를 시도했다가 반대여론 때문에 실패했다. 중국의 유노칼 인수를 반대했던 측은 "기간산업을 '적성국(敵性國)'에 매각하는 것은 국가안보를 위협하는 것"이라며 반대여론을 조성했다. 중국은 대대적인 홍보캠페인을 벌였지만 효과를 보지 못했다.

④ 자사의 브랜드와 기업이미지 구축에 투자하라

글로벌 기업으로 성장하겠다는 야망을 가진 회사는 브랜드 가치와 기업이미지를 구축하는 투자를 게을리해서는 안 된다. 기업 이미지는 해외 시장에서 빨리 성장하는 데 큰 장애물이 될 수도 있다. 급성장하는 중국이 이미지 관리에 실패한 대표적 국가다. 글로벌 브랜드 담당자들을 대상으로 " 'Made in China' 표시가 중국기업의 이미지에

도움이 되는가, 해가 되는가"를 물어봤을 때 79%가 "해가 된다"고 답했다. 또 중국 제품을 봤을 때 떠오르는 5가지 단어는 '싸다' '품질이 낮다' '가치가 낮다' '신뢰할 수 없다' '정교하지 않다'로 조사됐다.

⑤ 글로벌 인재를 유치하고 충분한 책임과 권한을 부여하라

글로벌 경영을 주장하는 한국기업들이 가장 취약한 분야다. 선도적인 한국전자회사들은 매출액의 80%가 해외에서 발생하지만 외국 임원 비중은 평균 2~3%에 불과하다. 해외사업장의 주요 요직은 대부분 한국 본사에서 파견된 임직원들이 차지하고 있다. 이들은 다국적 문화에 대한 경험과 이해도가 낮을 뿐 아니라, 공식적인 보고체계를 무시하고 본사의 직속상사에게 비공식적으로 보고함으로써 현지 임직원들의 사기를 떨어뜨린다.

한국 기업들이 진정한 글로벌 기업으로 발돋움하고 싶다면 보다 적극적으로 외국인 경영진과 인재를 영입하고, 이들에게 적절한 책임과 권한을 부여해야 한다. 그러지 않으면 역량 있는 글로벌 인재의 유치는 더욱 어려워진다.

⑥ 조직과 문화의 통합을 위해 최고경영진이 직접 나서라

마지막으로, 장기적인 관점에서 조직과 문화를 통합하는 노력이 필요하다.

기업이 세계화할수록 조직은 더욱 복잡해지고, 임직원들은 자신의 생각을 정확히 전달하는 데 어려움을 겪게 된다. 문화 · 언어 등의 차이로 여러 국적의 동료와 일할 때 쓸데없는 오해와 갈등이 발생하기도 한다. 따라서 최고경영진은 외국의 문화와 언어를 이해하고 국가 간 네트워크를 구축하는 데 적극적으로 나서야 한다. 해외 M&A를 추진할 때도 문화적 진단과 함께 인수 후 통합계획을 세워야 한다.

진화론의 창시자인 찰스 다윈은 "살아남는 생물은 가장 강한 생물도, 가장 영리한 생물도 아니라 변화에 가장 잘 적응하는 생물"이라고 말했다. 역동적인 글로벌 경제의 변화 속에서 살아남기 위해서는 그 어느 때보다 민첩한 적응력이 필요하다.

공동기획 | McKinsey & Company

자료 : 조선일보, 2007.10.17

2 호텔관광산업과 글로벌화

최근 글로벌화의 일반화로 인하여 국제관광의 수요는 지속적으로 증가하고 있으며 이러한 추세는 향후 계속될 것으로 예측되고 있다.

먼저, 국제관광의 개념을 살펴보면 국제관광에 대한 여러 가지 정의들이 있지만 일반적으로 국제관광(international tourism)이란 관광객이 자기 나라를 떠나 다시 돌아올 예정으로 다른 나라의 문물 · 제도 · 경관 등을 감상 · 유람할 목적으로 여행하는 것을 말한다. 국제관광에 대한 다른 학자들과 국제관광기구들의 정의를 살펴보면, UNWTO(UN World Tourism Organization : 세계관광기구)는 국제관광을 "즐거움 · 위락 · 휴가 · 스포츠 · 사업 · 친지 · 업무 · 회의 · 건강 · 연구 · 종교 등을 목적으로 방문국에서 최소한 24시간 이상 1년 이하 체류하는 행위"로 정의하고 있다. 또한 OECD(Organization for Economic Cooperation and Development : 경제개발협력기구)는 국제관광을 "인종 · 성별 · 언어 · 종교 등에 관계없이 외국의 영토에서 24시간 이상 6개월 이내로 체류하는 것"으로 정의하고 있다. 국내 학자들로 김진섭은 국제관광을 "인간이 자국의 국경을 넘어 다시 자국으로 돌아올 목적으로 외국의 문물 · 제도 · 관습 · 산업 등을 관람 · 시찰하거나 풍경 등의 감상 · 유람을 목적으로 여행하는 것"이라고 정의하였다(김진섭, 1996 : 163).

위의 여러 국제관광기구와 학자들의 정의와 같이 국제관광은 한 마디로 말해서 국경을 넘어서 일어나는 관광행위로 국내관광과는 구별된다고 할 수 있다.

우리나라의 관광산업 현황을 살펴보더라도 최근 우리나라를 방문하는 중국관광객들이 계속해서 증가하고 있으며, 이러한 영향으로 우리나라의 서비스산업 현황도 여러 가지 변화가 일어나고 있다고 할 수 있다. 이렇듯 국제관광과 글로벌화는 밀접한 관계가 있으며 국제관광의 증대로 인하여 글로벌화는 더욱 가속화된다고 할 수 있다.

2014년 문화체육관광부의 자료에 의하면 2014년 한 해 동안 우리나라를 방문한 해외관광객의 수도 1400만명을 넘어섰고 2015년도에는 1550만명 정도가 우리나라를 방문할 것으로 예측되고 있다. 이렇게 국제관광수요의 증가로 인하여 호텔업, 여행업, 항공운송업, 외식업, 정보통신 등 주요한 서비스업들도 많은 영향을 받을 것으로 예측되기 때문에 이를 대비한 서비스 인적자원 확보, 서비스 품질과 관련된 부분은 중요한 부분이라고 할 수 있다.

또한 같은 기간에 우리나라의 국민해외여행객도 약 1600만명 정도로 전년대비 8% 이상 증가하였는데, 이러한 현상으로 인하여 해외에서 다양한 서비스를 경험한 우리나라의 소비자들은 이러한 경험을 우리나라에서 제공되는 서비스들과 비교할 수 있게 된다. 따라서 이러한 현상은 전반적인 서비스기업들의 서비스 품질의 향상을 가져올 수 있기 때문에 글로벌화의 일반화로 인하여 소비자들의 서비스에 대한 기대수준은 보다 높아질 확률이 많다고 할 수 있다.

3 서비스기업과 글로벌화

글로벌화, 정보화, 서비스 산업의 수요 증가 등은 현재뿐만 아니라 앞으로 더욱 가속화될 것으로 예측되고 있다. 따라서 대부분의 서비스기업들은 특정한 국가에서만 소비자들에게 서비스를 제공하는 현지화전략이 아닌 모든 글로벌한 지역에서 일정한 수준 이상의 표준화된 서비스를 제공하는 글로벌전략에 초점을 맞추어야만 경쟁기업에 비해서 경쟁우위를 확보할 것으로 생각된다.

특히 시장의 규모가 큰 중국을 비롯한 아시아 지역은 글로벌서비스기업들에게는 매우 중요한 부분이기 때문에 이 지역에 진출하지 않은 글로벌서비스기업은 많지 않을 뿐만 아니라 향후에도 성공적인 사업을 운영하는 데 어려움을 겪을 수 있을 것으로 생각된다.

서비스산업은 그 범위가 매우 넓기 때문에 우리의 일상에 있어서 서비스기업에서 제공하는 서비스를 받지 않고는 생활하는 것이 거의 불가능하다고 할 수 있는데, 특히 스마트폰을 기반으로 한 정보통신산업의 발전으로 인하여 다른 모든 서비스 산업은 자연스럽게 정보화될 수밖에 없는 상황이라고 할 수 있으며 이러한 경향을 앞으로 더욱 심화될 것이다.

금융, 법률, 교육, 호텔 관광, 외식 등과 관련된 산업에 있어서도 소비자는 소비자대로 정보화를 이용한 편리함을 추구할 수 있으며, 기업의 입장에서는 정보화를 기반으로 한 마케팅으로 인하여 효율적으로 기존 고객 및 잠재고객을 창출하는 데 있어서 도움을 얻을 수 있게 되었다.

또한 서비스기업의 글로벌화가 더욱 촉진될 수밖에 없는 다른 가장 큰 이유는 다국적기업의 해외투자동기 중 하나인 전략적 상호작용(strategic interaction)을 꼽을 수 있다. 이는 치열한 글로벌 경영환경에서 서비스기업들이 생존하기 위해서 경쟁기업이 진출하는 글로벌 지역에 견제 차원에서 진출해야 하는 전략적인 성과로 설명할 수 있다.

이러한 경향은 서비스기업 중에서도 산업의 특성에 따라서 달라질 수 있는데 금융, 호텔, 외식, 유통 등과 같은 산업은 특정한 지역에 자사의 글로벌 브랜드를 기반으로 진출해야 하지만, 스마트폰을 기반으로 한 정보통신기술을 이용하여 마케팅을 하는 기업들의 경우에는 오프라인으로 진출하지 않더라도 온라인을 통해서 이러한 전략을 구사할 수 있다.

또한 서비스기업을 포함하여 기업이 다른 국가에 진출하여 글로벌경영을 함에 있어서 기존의 경영과의 차이점은 진출하는 국가의 경제적 환경, 정치적 환경, 문화적 환경, 사회적 환경, 금융적 환경 등 다양한 환경을 고려해야 한다는 점이다.

이러한 요인들 중에서도 특히 진출하는 국가 고유의 문화적 환경은 글로벌 기업들에게 성공과 실패를 좌우하는 중요한 요인으로 작용하게 된다. 이러한 요인으로 인하여 글로벌기업들은 진출하는 현지국의 인적자원관리에 있어서 일정 부분은 현지국의 인적자원을 필요로 하게 되며, 조직 내의 다른 구성원들도 현지 직원들을 통하여 현지국의 문화에 적응하게 된다.

사례

호텔신라 디패스 인수, 면세사업 북미 진출 위한 전략적 제휴

호텔신라가 미국의 중견 면세기업 '디패스(DFASS)'를 인수한다.

호텔신라는 전자공시를 통해 미국의 디패스와 지분참여를 통한 전략적 제휴를 추진하기로 결정했다며 디패스 지분 44%를 1억 500만달러에 인수해 면세사업 글로벌 경쟁력 강화 및 북미 면세사업 진출을 위한 교두보 확보에 나선다고 발표했다.

디패스는 1987년 미국 플로리다에 설립된 미주지역 중심의 면세사업자로 면세 도매유통, 기내 면세점, 공항 및 국경지역 면세점 사업을 운영하고 있다.

특히, 아메리카에어라인, 에어캐나다 등 전 세계 항공사 30여곳에 면세품을 공급하는 세계 1위 기내 면세점 업체로 기내면세 매출 규모가 전체 매출의 30%에 이른다.

호텔관계자는 디패스가 주류와 화장품 등에서 낮은 원가로 구매하는 경쟁력을 갖추고 있다며 기존에 신라면세점이 확보하고 있는 국내외 면세사업과의 시너지효과가 클 것으로 기대한다고 말했다.

호텔신라는 이번 계약에 디패스의 지분 44%를 우선 인수하고 5년 후 지분 36%를 추가로 확보할 수 있는 권리도 확보했다.

자료 : 매일경제, 2015년 3월 24일.

글 · 로 · 벌 · 서 · 비 · 스 · 경 · 영

GLOBAL
SERVICE
Management

02 경영의 이해

CHAPTER

경영의 이해

CHAPTER 02

1 경영(management)

어떠한 기업을 운영한다, 관리한다, 경영한다는 의미를 내포하고 있는 Management의 어원을 살펴보면 여러 가지 내용들이 있는데, 프랑스어 lemain(손), 이탈리아어 mannegiaire(정돈하다), man-age-ment 등 다양하다. 어떻든 경영(management)이란 조직내의 나누어진 일과 인적자원들, 그리고 그들이 사용하는 도구 및 원료 등 모든 자원들을 잘 배치하고 연결하여 조직의 공동목표를 최대한 달성하게 하는 복잡한 활동이라고 할 수 있다.

기업을 예로 들면, 기업을 운영하기 위해서는 기술, 자본, 설비, 정보 등 수많은 자원들이 투입되고 상호작용을 통해서 어떠한 제품이나 서비스가 생산되어 고객들에게 공급된다. 이 때 경영이란 이들 자원을 어떻게 연결시킬 것인가에 대한 계획을 세우고(planning), 계획한대로 조직을 짜서(organizing), 그대로 실행되도록 진두지휘하고(directing), 서로 협조가 잘되도록 조정과 연결을 잘하며(coordinating), 마지막에는 계획대로 잘되었는지 조사 · 감독(controlling)하는 것이다. 이를 간략하게 줄여서 계획(plan)-실행(do)-통제(see)의 과정이 바로 경영이라고 할 수 있으며, 이러한 일을 하는 사람을 바로 경영자(manager)라고 한다(임창희, 2002, p.10).

영리조직(profit organization)은 이윤(profit)을 극대화하기 위하여, 또한 비영리조직(non profit organization)은 공공 고객에게 최대한의 편익을 제공하기 위하여 조직의 활동이 원활하게 운영되어야 하는데, 이렇게 비즈니스를 효율적으로 운영하는 것이 경영(management)에 있어서 중요한 점이라고 할 수 있다.

이렇게 조직을 효율적으로 운영하기 위해서 경영자들은 경영마인드(business mind)를 갖는 것이 필요한데, 경영마인드란 경영자가 조직의 목표를 달성하기 위해서 자원을 가장 효율적으로 활용하고 최대의 효과를 얻으려고 생각하며 노력하는 자세라고 할 수 있다.

특히, 글로벌화의 가속화, 정보통신기술의 발전, 무역장벽의 감소 등의 이유로 인하여 국제관광수요가 급증하면서 호텔관광산업의 비중이 매우 커지고 있는 상황에서 서비스업의 management와 호텔관광산업의 management는 매우 중요한 주제이며, 특히 호텔관광산업의 경우 인적자원이 그 기업의 서비스 품질에 가장 큰 영향을 미칠 뿐만 아니라, 인적자원에 대한 의존도가 매우 크기 때문에 호텔관광기업들에게 있어서 인적자원관리는 기업의 전체적인 관점에 있어서 매우 중요한 부분이라고 할 수 있다.

1) 경영의 기능(management functions)

20세기 초에 프랑스의 Fayol은 모든 경영자들은 plan(계획), organize(조직구성), command(지휘), coordinate(조정), control(감독) 등 다섯 가지의 기능을 수행한다고 하였다. 그 이후에 일반적으로 여러 학자들이 planning, organizing, staffing, directing, controlling 등을 경영의 기능으로 받아들이게 되었다. 본서에서는 경영의 기능을 planning(계획), organizing(조직구성), leading(지휘), controlling(감독) 등으로 나누어 보았다.

(1) planning

경영에서 planning의 기능은 조직의 목표를 설정(defining goals)하고, 목표를 달성하기 위해서 전체적인 전략을 수립(establishing overall strategy)하고, 종합적으로 단계별 계획들을 조정하고 통합하는 활동 등을 발전시키는 것(developing a comprehensive hierarchy of plans to integrate and coordinate activities)을 포함한다.

(2) organizing

모든 경영자들은 조직구조(organization structure)의 디자인에 대한 책임을 가지고 있는데 이러한 기능을 우리는 organizing(조직구성)이라고 한다. organizing의 기능에는 어떤 업무를 수행할 것인가(what tasks are to be done), 누가 수행할 것인가(who is to do them), 업무를 어떻게 분류할 것인가(how the tasks are to be grouped), 조직구성원들 중 누가 누구에게 보고할 것인가(who reports to whom), 누가 의사결정을 할 것인가(where decisions are to be made) 등을 결정하는 기능을 포함한다.

(3) leading

모든 조직들은 두 사람 이상의 인적자원들로 구성되어 있기 때문에 모든 경영자들은 이러한 조직구성원들에게 업무를 지시(direct)하면서 조직구성원들의 업무를 조정(coordinate)해야 한다.

이러한 기능이 leading(지휘)의 기능이라고 할 수 있다. 4가지 세부적인 leading의 기능들로는 경영자가 하급자들의 동기부여(motivation)를 시키고, 다른 사람들의 활동을 지시하고, 조직구성원들끼리 가장 효과적인 커뮤니케이션 경로를 선택하고, 조직구성원들끼리의 갈등을 해소(resolve conflicts)하는 기능 등이 leading의 기능에 포함된다고 할 수 있다. 최근에는 leading의 기능과 관련하여 관리자들의 리더십이 중요한 부분으로 떠오르고 있다.

(4) controlling

경영의 마지막 기능으로 controlling(감독)이 있는데, controlling은 위에서 언급된대로 목표가 설정되고, 계획이 수립된 후 조직구성을 위해 인적자원들을 채용해서 훈련시키고 동기를 부여시킨 후 다른 기능(functions)들이 제대로 작동됐는지 조직의 성과(performance)를 점검(monitoring)하는 기능을 의미한다.

2) 경영의 구성요소

재화와 서비스를 산출하기 위해서는 여러 가지 자원이 필요한데, 산업사회 초기에는 경영활동이 이루어지기 위해서 토지나 기계와 같은 물적자원, 인적자원, 자본 등이 필요한 요소들이었지만, 현대사회의 복잡한 경영환경하에서는 인적자원, 물적자원, 자본과 더불어 여러 가지 정보(information)와 전략(strategy)이 필요하게 되었다.

(1) 인적자원

경영의 구성요소 중 인적자원은 다른 구성요소들과 비교해서 특이성을 가지고 있는 자원인데, 그 특이성으로는 능동성, 존엄성, 개발성, 소진성 등을 들 수 있다. 능동성이란 인적자원은 다른 자원과는 달리 어떠한 자극이 가해지느냐에 따라 능동적으로 반응한다. 존엄성이란 인적자원은 다른 자원과는 달리 근로자들 간의 인간관계도 신경써야 하고 작업으로부터 소외당하지 않도록 보살피고 경제적 보상 이외에도 심리적 만족도 어느 정도 채워주어야 한다. 개발성은 인적자원은 기업에서 교육개발을 통해서 잠재적인 능력을 개발하면 그 가치가 무한히 오를 수 있으며, 소진성은 인적자원은 연령 등에 따른 한계가 있기 때문에 인적자원이 제공할 수 있는 노동력은 사용하든 안하든 계속 소진될 수밖에 없다.

최근, 어떠한 조직을 경영하는데 있어서 인적자원(human resources)의 중요성은 과거에 비해서 점점 더 커져가고 있다.

특히, 대표적인 노동집약적 산업 중 하나인 호텔업, 여행업 등 관광관련 사업에 있어서는 인적자원에 대한 의존도가 높기 때문에 인적자원 요소가 더욱 중요하다고 할 수 있다. 호텔업은 일반대중을 고객으로 하고 숙박과 음식을 제공하기 위한 인적서비스와 물적서비스로 구성이 된다. 호텔기업의 상품은 객실, 식사, 음료, 부대시설 등과 같은 상품이 있지만, 궁극적으로 호텔에 대한 고객의 인식은 호텔에서 제공하는 무형의 인적서비스에 의해 많은 영향을 받는다. 다른 산업분야에서는 생산기능과 경영활동의 많은 부분을 자동화하여 인적요소를 감소시키려는 경향이 있지만, 호텔업에서 인적서비스는 기계화나 자동화가 불가능하다. 따라서 호텔업에 있어서 인적자원은 제공하는 상품에 대해 절대적으로 책임을 지게 될 뿐만 아니라 고객의 반응에 의해서 자신의 업무를 성취함으로써 나타나는 결과에 만족하는 특수한 업무형태를 가지고 있다(고석면, 2001, p.39).

여행업은 산업의 특성상 여행사마다 소비자들에게 제공하는 기초상품의 종류가 거의 비슷하기 때문에 각각의 여행사의 경쟁력을 좌우하는 가장 중요한 요소 중 하나가 인적자원의 역량이라고 할 수 있기 때문에, 다른 산업에 비해서 상대적으로 인적자원에 대한 중요성이 더욱 강조된다고 할 수 있다.

(2) 물적자원

물적자원(physical resources)이란 기업이 제품이나 서비스를 생산하는데 직접적으로 사용되는 유형의 자원을 의미한다.

하루가 다르게 경영환경이 급변하고 있는 최근에는 예전에 비해 부동산, 원재료, 생산설비 등과 같은 물적자원의 비중이 상대적으로 감소하고 있는 상황이라고 할 수 있으며, 특히 인터넷을 중심으로 한 디지털경제에는 더욱 이러한 현상이 심화될 것으로 예측된다.

(3) 자본

자본이란 기업을 창업하고 운용하는데 필요한 재무적인 자원(financial resources)을 의미하는 것으로 창업자가 자체적으로 조달할 수도 있으며, 주식이나 채권을 발행하여 투자자들에게 제공받을 수도 있고 금융기관 등을 통해서 마련할 수도 있다.

(4) 정보

요즘 기업의 경쟁력은 정보력이 좌우한다고 해도 과언이 아닐 정도로 현대사회에 있어서 기업을 경영하는데 가장 중요한 요소 중 하나가 정보(infomation)라고 할 수 있다.

정보란 정보이용자에게 가치를 줄 수 있는 유형과 무형의 모든 내용이라고 할 수 있는데, 자료(data)는 정보의 원천이며 정보는 이러한 여러 자료를 처리하여 얻어지게 된다.

자료와 정보는 자주 상호교환적으로 사용되는데, 자료는 정보를 제공하는 원자재(raw material)에 해당되며 정보는 특정한 의사결정의 상황에서 가치를 갖는 점에 차이가 있다고 할 수 있다.

정보는 공식적 정보(formal information)와 비공식적 정보(informal information)로 분류할 수 있는데, 일반적으로 공식적인 정보가 비공식적인 정보보다 많지만, 현실적으로 많은 경영자들은 비공식적인 정보들을 더 유용하게 사용하고 있는 것으로 여러 연구결과들이 나타내고 있다.

(5) 경영전략

경영전략(business strategy)이란 희소한 경영자원을 배분하여 기업에게 경쟁우위를 창출하고 유지시켜 줄 수 있는 주요한 의사결정을 의미한다. 대부분의 기업들은 희소한 자금이나 인력 등을 배분해야 하는 의사결정이 필요한데, 일반적으로 다른 기업들과의 경쟁상황하에서 어떻게 하면 자사에게 경쟁우위를 가져다 줄 수 있는가를 체계적으로 분석해주는 구체적인 사고방법이라고 할 수 있다. 무한경쟁으로 치닫고 있는 현대의 경영환경하에 경영전략에 대한 비중은 점점 더 커져가고 있다.

(6) 기업가정신(entrepreneurship)

위험을 감수하더라도 기업을 운영하려는 사람이 없다면 아마 새로운 기업이 만들어지는 것이 불가능할지도 모른다. 따라서 기업을 설립하고 더 많은 이익을 내보겠다는 기업가정신을 경영자들이 가지고 기업의 다른 조직구성원들에게도 이러한 기업가정신을 심어주는 것이 필요하다고 할 수 있다.

2 경영자(manager)

일반적으로 경영자(manager)라는 말은 넓은 의미로는 기업 내에서 종업원들을 감독하는 관리자로부터 가장 중요한 의사결정을 담당하는 최고경영자에 이르는 집단을 총칭하지만, 좁은 의미로는 최고경영자(CEO : Chief Executive Officer)를 의미한다고 할 수 있다.

1) 경영자는 누구인가?(Who is manager?)

경영자를 이해하기 위해서는 먼저 조직(organization)에 대한 이해가 필요하다. 조직이란 두 사람 이상이 서로 연결되어 상호작용을 하면서 공동의 목표를 달성해 나가는 모임을 말한다. 조직내에서는 분업(division of labor), 통합(coordination), 권한체계(hierarchy of authority), 공동목표(common goal) 등과 같은 요소들이 존재한다. 간단하게 정의하면, 경영자(manager)란 이러한 조직 안에서 다른 조직구성원들의 행동을 지시하는 사람이라고 할 수 있다(Managers are individuals in an organization who direct the activities of others).

2) 경영자의 유형

(1) 소유경영자

산업화 초기에는 기업의 규모가 그리 크지 않고 전문적인 경영능력도 별로 요구되지 않아 출자자인 소유주가 직접 경영권을 가지고 경영기능을 수행할 수 있었다.

이와 같은 경우 소유주가 경영자를 겸하는 것이 가능하므로 출자자와 경영자가 분리될 필요가 없는데 이러한 경영자를 소유경영자(owner manager)라고 한다.

(2) 고용경영자

고용경영자(salaried manager)란 소유경영자에게 고용되어 일부의 기능 혹은 대부분의 기능을 위탁받아 소유경영자에게 도움을 주는 형태의 경영자를 의미한다. 실질적으로는 소유경영자와 고용경영자의 차이가 별로 없다고 할 수 있다.

(3) 전문경영자

전문경영자란 전문적인 경영능력과 지식을 겸비하고 의사결정권한을 소유하여 실질적으로 조직을 운영해 나가는 경영자를 의미한다. 이렇게 전문경영자가 출현한 배경으로는 경영규모의 대규모화와 함께 급변하는 경영환경에 대한 대처, 복잡화된 관리체계, 다양화된 생산요소의 효율적 결합 등을 들 수 있다.

3) 경영자의 역할(What do managers do?)

민츠버그(Mintzberg)는 경영자들이 어떻게 시간을 사용하며, 어떠한 업무를 하느냐를 실증적인 관찰자료에 근거하여 설명하였다.

Mintzberg는 경영자의 역할을 크게 대인적 역할, 정보적 역할, 의사결정적 역할의 3가지로 분류하였다.

(1) 대인적 역할

경영자의 역할 중 대인적 역할이란 경영자가 기업을 지속적으로 원만하게 운영하기 위해 도움을 주는 역할을 말한다. 대인적 역할은 다시 3가지로 분류할 수 있는데 첫째, 기업의 외형적 대표자로서의 역할, 둘째, 종업원을 채용 · 훈련 · 동기를 유발시키는 리더로서의 역할, 셋째, 연락자로서의 역할 등이 있다. 연락자로서의 역할이란 기업내의 조직구성원들은 물론 기업밖의 공급자나 고객 등과 같은 여러 이해집단들과의 접촉을 함에 있어 연락자로서의 역할을 의미한다.

(2) 정보적 역할

경영자의 역할 중 정보적 역할이란 경영자가 정보를 수집하고 전달하는 역할을 의미하는 것으로 정보적 역할은 세 가지로 분류할 수 있는데, 첫째는 모니터로서의 역할인데, 이는 경영자가 정보를 꾸준하게 탐색함을 의미한다. 둘째는 전파자로서의 역할인데 이는 부하들이 필요한 중요한 정보를 전달해주는 역할을 의미한다. 마지막으로 대변인으로서의 역할이 있는데, 이는 경영자가 수집한 정보의 일부를 기업 내부나 외부인들에게 전달해주는 역할을 말한다.

(3) 의사결정적 역할

경영자의 역할 중 의사결정적 역할이란 수집된 정보를 바탕으로 여러 가지 경영과 관련된 문제들을 해결하는 역할을 의미한다. 의사결정적 역할은 기업가로서의 역할, 분쟁해결자로서의 역할, 자원배분자로서의 역할, 협상가로서의 역할 등으로 분류할 수 있다.

첫째, 기업가로서의 역할은 경영자가 기업의 성장과 발전을 위해 노력하는 것을 의미한다. 둘째, 분쟁해결자로서의 역할이란 노사문제와 같은 기업내부적인 상황이나 기업과 고객 간의 법률적인 갈등 및 기업외부적인 분쟁상황이 발생했을 때, 적극적으로 해결방안을 모색하는 역할을 의미한다. 셋째, 자원배분자로서의 역할이란 기업의 성과를 극대화시키기 위해 기업의 경영자원을 어떻게 배분할 것인가를 결정하는 역할을 말한다. 마지막으로 협상가로서의 역할이란 기업이 공급업자와 계약을 체결할 때 등과 같이 거래에 있어서 협상을 하는 역할을 말한다.

4) 경영층

경영활동의 내용이 많아지고 복잡해지면 한 사람의 경영자로서는 기업을 효율적으로 운영해 나가는 것이 어려워지게 된다. 따라서 여러 사람의 경영자가 서로 다른 경영기능을 나누어서 맡을 수밖에 없게 되는데, 이러한 집단을 경영층이라고 한다. 일반적으로 경영층은 최고경영층, 중간경영층, 일선경영층 등으로 나누어 볼 수 있다(임창희, 2002, p.17).

(1) 최고경영층

조직의 전반적 경영을 책임지는 위치에서 조직의 외부환경과 상호작용하는 업무를 주로 맡으며, 회장을 비롯하여 사장이나 대표이사, 전무, 상무, 이사 등의 중역이 최고경영층에 해당한다.

(2) 중간경영층

최고경영층에서 결정한 방침과 계획을 일선 경영층에게 전달하고 지휘하며 중간에서 상하 경영층의 요구사항을 조율해 주는 역할을 한다. 팀장, 부장, 과장 등의 직급으로서 경영자율화에 따라 점차 중요성이 더해가고 있다.

(3) 일선경영층

자기가 맡은 실무 담당자의 과업을 감독하고 조언, 조정해준다. 감독자, 반장, 대리 등의 직급으로서 다른 경영자의 활동은 감독하지 않는다.

3 기업

1) 기업의 유형

(1) 개인기업

개인기업(sole proprietorship)이란 한 사람이 단독으로 출자하고 지배하여 경영상의 모든 위험과 손실을 부담함과 동시에 이윤도 한 사람이 모두 챙기는 형태의 기업을 말한다.

(2) 공동기업

공동기업(partnership)이란 두 사람 이상이 공동적으로 영리를 목적으로 만든 기업을 의미하는데 소수공동기업과 다수공동기업으로 분류할 수 있다.

먼저, 소수공동기업을 살펴보면, 기업의 유형은 여러 가지 관점에 따라 다양하게 나눌 수 있는데, 현행 「상법」상의 분류에 따르면, 합명회사는 2인 이상의 무한책임사원만으로 구성되고 회사채권자에 대하여 직접 · 연대 · 무한책임을 지는 회사이며, 합자회사는 무한책임사원과 회사채권자에 대하여 출자액의 한도내에서 직접 · 연대책임을 지는 유한책임사원으로 이원적으로 구성된 회사이다. 유한회사란 모두가 유한책임사원으로 출자만 하고 경영은 제3자가 하되, 지분의 증권화나 타인에의 양도가 자유롭지 못한 것이 주식회사와의 차이점이라고 할 수 있다.

가) 합명회사

합명회사(unlimited partnership)는 2인 이상의 사원이 공동으로 출자하여 각 사원이 회사의 채무에 대하여 연대하여 무한책임을 지는 회사를 말한다. 따라서 각 사원은 출자와 동시에 원칙적으로 사원 전부가 경영을 담당하게 된다. 출자는 현금이나 현물 등의 재산 뿐만 아니라 노무도 출자할 수 있으나, 각 사원의 지분은 다른 사원의 승인을 얻지 않고서는 그것의 전부 또는 일부를 자유로이 다른 사람에게 양도할 수 없다.

나) 합자회사

합자회사(limited partnership)란 무한책임사원과 유한책임사원의 두 종류로 구성되는 이원적인 회사로서 무한책인사원은 출자를 함과 동시에 경영을 담당하며, 유한책임사원은 출자만 하고 경영의 관리에는 참여하지 않는다. 출자에 있어서 무한책임사원은 합명회사의 사원과 마찬가지로 금전, 기타의 재산 뿐만 아니라 노무도 출자할 수 있으나, 유한책임사원은 금전과 현물에 한하여 출자할 수 있다.

다) 유한회사

유한회사(private company)는 사원 전원이 그들의 출자액을 한도로 하여 회사채무에 대하여 유한책임을 부담하는 사원으로 조직되는 회사이다. 유한회사의 전 사원이 유한책임을 진다는 점은 주식회사의 경우와 같고, 전술한 합명회사 또는 합자회사와는 사원구성에 있어서 상이하다. 유한회사는 비교적 소수의 사원과 소수의 자본으로 운영되므로 중소규모의 기업경영에 주로 이용된다.

다수공동기업의 유형으로는 주식회사(corporation)가 있다.

(3) 주식회사

기업활동이 점점 확대되면서 더 많은 자본이 필요하게 되어 한두 명이 가진 자본으로 충당하기는 어렵게 되었다. 이때 기업의 신용을 담보로 하고 기업이 책임을 지는 기업명의의 증서(증권 혹은 주식)를 발행하여 수많은 사람들에게 나누어 주고 자본을 모아서 설립된 기업이 주식회사이다. 특히, 산업혁명 이후 대량생산체제로 진입하면서 초대형 기업의 필요성 때문에 거의 대부분의 기업들이 주식회사 형태를 취하게 되었다. 주식회사는 다음과 같은 특징을 가진다(임창희 2002, pp.71~72).

가) 유한책임제도

주식을 산 출자자(사실상의 소유자)들은 자신이 출자한 지분에 대해서만 유한책임을 지기 때문에 많은 사람들이 안심하고 자본을 투자할 수 있게 된다. 무한책임이라면 어느 누구도 선뜻 자본을 출자하려 하지 않을 것이기 때문이다.

나) 주식제도

출자의 단위가 되는 주식의 단위당 금액을 소액(5천원, 만원 등)으로 균등화하였기 때문에 적은 자금밖에 없는 소위 소액주주들도 참여할 수 있으며 또한 주식의 매매나 양도가 자유롭다. 그러므로 더 많은 사람들에게 출자를 유도할 수 있어서 주식회사로 자본이 집중되어 거대자본으로 회사를 운영할 수 있는 장점이 있다.

다) 소유와 경영의 분리

주주들은 출자분 만큼 회사에 대해 권한을 갖지만 참여자본가의 수가 매우 크기 때문에 일부 주주들이 경영에 대한 결정권을 가지기 어렵다. 따라서 경영은 전문경영인에게 위탁한 셈이 되고 출자자는 배당이나 받으면 되기 때문에 경영능력이 없는 자본가들도 안심하고 투자를 할 수 있다. 그들은 또한 자신들보다 훨씬 경영능력이 뛰어난 전문경영자에게 회사운영을 맡길 수 있다는 장점도 있다.

4 서비스기업과 글로벌문화

서비스기업을 포함하여 기업이 다른 국가에 진출하여 글로벌경영을 함에 있어서 기존의 경영과의 차이점은 진출하는 국가의 경제적 환경, 정치적 환경, 문화적 환경, 사회적 환경, 금융적 환경 등 다양한 환경을 고려해야 한다는 점이다.

일반적으로 글로벌서비스기업은 그 기업의 브랜드 가치를 활용하여 전 세계적으로 최대한 많은 지역에 진출하는 것이 규모의 경제적인 측면이나 시장에서 경쟁기업과의 치열한 경쟁에서 경쟁우위를 확보하는 데 있어서 도움이 된다고 할 수 있다.

하지만 글로벌 시장에서 이러한 서비스기업의 브랜드 가치를 극대화하기 위해서는 다른 여러 요인도 작용하지만, 지역별 혹은 국가별로 차이가 있는 고유한 문화를 이해하고 이에 맞는 적절한 전략을 구사하는 것이 매우 중요한 부분이라고 할 수 있다.

글로벌 경영환경하에서 이렇게 문화적 차이를 발견하려는 연구는 꾸준히 진행되어 왔는데 그 중에서 Hofstede의 연구는 특히 글로벌 경영환경에서 각국의 문화적 차이를 실증적으로 보였다는 점에서 중요한 연구로 평가받고 있다.

Hofstede는 네덜란드 심리학자로 전 세계적으로 10만명이 넘는 IBM의 종업원들에게 그들이 갖고 있는 태도와 가치관에 대한 자료를 수집하였으며 이 연구는 많은 나라의 문화적인 차이를 실증적으로 분석할 수 있게끔 해주었다.

IBM의 40개국의 10만명에 달하는 직원들의 성향을 분석해 본 결과 Hofstede는 문화적인 차이에 크게 네 가지 차원이 있다는 것을 발견하였다.

물론 Hofstede의 연구가 정보화, 글로벌화 등으로 인하여 빠르게 변화하는 글로벌 경영환경하에서 매우 오래 전에 이루어진 연구일 뿐만 아니라 글로벌서비스기업을 대상으로 진행되지 않았다는 한계점은 있음에도 불구하고 글로벌서비스기업들이 특정한 지역이나 국가에 진출하거나 마케팅 활동을 수행함에 있어서 다양한 관점에서 도움이 될 것으로 생각된다.

Hofstede의 연구는 네 가지 차원으로 분류할 수 있는데, 첫째는 권력거리(power distance)로서 사회 내에서 부와 권력이 불평등하게 배분되어 있다거나 혹은 편중되어 있을 경우 이를 어느 정도로 수용하는가를 나타낸다. 권력거리가 큰 문화에서는 권력과 부의 불균등성이 점차 확대되는 추세를 보이고 권력거리가 낮은 문화의 사회에서는 사람들이 이러한 격차를 가능하면 줄이려고 노력하는 성향을 보인다.

둘째는 개인주의와 집단주의적 성향(individualism vs collectivism)의 차원으로 사람들이 얼마나 개인주의적이거나 집단주의적인 성향을 보이는가를 의미한다. 개인주의적인 사회에서는 개인들 간의 연계가 느슨하며 개인의 성취와 자유가 높게 평가된다. 반면 집단주의적 사회에서는 개인 간의 관계가 밀접하게 연계되어 있다.

셋째는 불확실성 회피(uncertainty avoidance)란 사람들이 모호한 상황이나 불확실성을 용인하는 정도를 나타낸다. 불확실성 회피성향이 높은 문화에 있는 사람들은 직업안정성이나 직급의 승진패턴에 대해서 상당히 높은 가치를 부여하며 관리자들이 아주 분명한 지시를 내려줄 것을 기대한다. 그 반면에 불확실성 회피성향이 낮은 문화에서는 변화에 대해서 두려워하지 않으며 위험을 극복하려는 성향이 높게 나타난다.

마지막으로는 남성다움과 여성다움(masculinity vs femininity)은 성의 역할을 나타낸다. 남성중심적인 문화에서는 남녀 간의 역할분담이 이루어져 있고 성취감이나 자기주장, 물질적인 성공에 대해서 강한 선호를 나타낸다. 반면에 여성중심적인 문화에서는 관계유지를 중요시하거나 구성원에 대해 배려해 주는 경향, 삶의 질을 강조하는 면이 강하게 나타난다. 따라서 남성주의적인 성향이 강한 문화에서는 경쟁과 성취에 더 높은 가치를 두고, 여성주의적인 성향이 강한 문화에서는 복지와 화목에 더 높은 가치를 두는 경향이 있다.

Hofstede는 이와 같은 4개의 측면에서 각국의 문화가 어떠한 성격을 갖는지 0에서 100 사이로 점수화하여 연구를 수행하였다.

글 · 로 · 벌 · 서 · 비 · 스 · 경 · 영

GLOBAL
SERVICE
Management

03 글로벌기업의 이해

CHAPTER

글로벌기업의 이해

CHAPTER 03

1 국제경영의 이해

1) 국제경영의 개념 및 의의

국제경영이란 간단히 말해서 두 개 이상의 국가와 관련하여 이루어지는 모든 기업활동, 혹은 이를 경영하는 활동을 의미한다. 여러 학자들의 견해 중 대표적인 몇 가지를 들어보면, Robock과 Simmonds 및 Zwick는 그들의 공저인 『International Business and Multinational Enterprises』에서 국제경영을 다음과 같이 정의하고 있다. "국제경영이란 국경을 넘는 사업활동을 경영교육 및 학문적 연구의 대상으로 하는 분야로서, 여기서 국경을 넘는 사업활동의 대상에는 재화, 서비스, 자본, 인력, 기술이전, 그리고 인력관리 등이 모두 포함된다"(International Business as a field of management training and scholarly research deais primarily with business activities that cross national boundaries, whether they be movements of goods, services, capital, or personnel; transfer of technology; or even the supervision of employees)(johanson & Vahlne, 1977).

한편, Robinson은 그의 저서 『International Business Management』에서 국제경영을 다음과 같이 정의하고 있다. "국제경영이란 한 나라, 한 영토 또는 한 식민지 이상의 사람 또는 기관에 영향을 미치는 공사(公私 : public and private)의 경영활동을 대상으로 하는 연구 및 실무의 한 분야이다(International Business as a field of study and practice encompasses that public and private business activity affecting the persons or instiutions of more than on national state, territory or colony)(Davidson, 1980).

다시 말해서 만약 기업의 모든 경영활동이 순순하게 국내에서만 이루어지지 않는다면 이 기업은 국제경영에 참여하고 있다고 말할 수 있다. 오늘날의 거의 모든 기업들은 국제경영활동과 관련되어 있다고 해도 과언이 아니다. 우리들이 가장 잘 알고 있는 국제경영활동의 형태로는 수출입과 현지생산활동이 있다. 또한 라이센싱(licensing)과 프랜차이징(franchising) 등의 계약방식과 관광 · 운송 · 보험 등의 각종 국제서비스활동도 국제경영의 주요 형태이다.

사례

6성급 '롯데호텔 모스크바' 오픈

IT기술 강점 살린 편의시설 완비 … "따듯한 한국의 情으로 고객 모실 것"

호텔업계 토종 선두주자인 롯데호텔이 아시아 호텔로선 처음으로 러시아에 진출했다. 이는 국내호텔 브랜드의 최초 해외 진출이기도 하다. 롯데호텔은 6월 15일 모스크바 뉴아르바트(New Arbat)에 6성급인 '롯데호텔 모스크바'를 부분 개관했다. 뉴아르바트 거리는 러시아를 대표하는 붉은 광장과 크렘린 궁전, 볼쇼이 극장 등이 자리한 중심가. 롯데호텔이 사실상 러시아의 심장부로 들어간 셈이다. 특히 올해는 한 · 러 수교 20주년이 되는 해여서 상징적인 의미가 크다.

호텔 주변에는 러시아 외무성과 정부종합청사, 80여 개국의 대사관과 전 세계 다국적기업도 밀집해 있다. 롯데호텔은 이러한 최적의 조건을 노리고 입성한 리츠칼튼, 파크하얏트 등 세계 특급호텔과 치열한 고객유치 경쟁을 벌일 전망이다. '롯데호텔 모스크바'는 지상 10층, 지하 4층 규모로 총 객실 수는 304실(일반 266실, 스위트룸 38실)

이다. 여기에 모스크바를 방문하는 각 나라 국빈을 위해 521㎡ 규모의 러시아 최대 크기를 자랑하는 로열 스위트룸이 상징적으로 마련됐다.

한국형 호텔 서비스 해외 진출 교두보

한국의 강점을 최대한 살린 편의시설은 세계 특급호텔을 압도한다. 어느 나라도 따라올 수 없는 세계 최정상의 정보기술(IT)이 호텔 곳곳에 활용됐다. 객실 전체에선 유·무선 초고속 인터넷도 이용할 수 있다. 또한 호텔 3층에는 비즈니스 미팅에서부터 화상회의까지 가능한 회의실, 500㎡ 규모의 클럽라운지가 들어서 비즈니스맨들의 편의를 해준다.

동양인보다 유럽 고객이 많기 때문에 침대도 큰 사이즈를 비치했으며, 러시아는 겨울이 6개월 이상 지속된다는 점을 고려해 객실 화장실마다 온열 바닥과 비데를 설치했다. 지하 1층엔 상류층과 외교관 등을 겨냥한 피트니스센터와 실내 수영장, 세계 1위 스파체인인 '만다라 스파'가 마련돼 있다. 레스토랑 역시 이름만 들어도 전 세계 미식가의 오감을 자극할 만한 세계 최고의 레스토랑이 들어선다. 미슐랭 3스타를 2001년부터 9년 연속 거머쥔 피에르 가니에르 셰프가 운영하는 '르 메뉴 파 피에르 가니에르(Les Menus par Pierre Gagnaire)'와 뉴욕 최고급 일본식 레스토랑 '메구(MEGU)'가 러시아인과 세계인의 미각을 유혹할 것이다. 세계 최고 수준의 하드웨어뿐 아니라 한국 특유의 부드럽고 섬세한 서비스도 제공해 고객들의 마음을 사로잡는다. 이른바 따스함과 배려의 '정(情)'을 강조한 친절 서비스로, 얼음장 같은 러시아 특유의 딱딱한 호텔 서비스에 대한 고정관념을 깨트릴 참이다. 한국형 호텔 서비스의 봄바람이 러시아에 부는 것이다.

한국적 서비스 교육을 실시했다. 그 결과, 리츠칼튼이나 파크하얏트 등에서 지원한 직원들도 고객을 향해 정을 담아 무릎을 꿇고 머리를 숙이는 서비스 마인드에 익숙해지게 됐다.

롯데호텔은 이번 '롯데호텔 모스크바'의 오픈을 한국형 호텔 서비스를 해외에 알리는 기폭제로 삼는다는 각오다. 그런 의미에서 모스크바점 오픈은 단순히 건물의 해외 진출이라는 의미를 뛰어넘는다. 좌상봉 대표이사는 "호텔 영업 외에도 위탁경영, 기술지도 등 다양한 사업을 추진해 외국 호텔 체인들에게 한국 호텔 브랜드의 저력을 보여줄 것"이라며 "'롯데호텔 모스크바'의 성공을 발판 삼아 2013년에 베트남 하노이, 2014년에는 중국 선양과 인도 등에 진출해 2018년까지 국내외에 50개 호텔 체인을 운영하겠다"는 포부를 밝혔다.

자료 : 2010. 7.27, 동아일보.

2) 다국적기업에 대한 이해

다국적기업(multinational corporation)에 대한 정의는 여러 학자들마다 다양하지만, 일반적으로 두 개 국가 이상에서 현지법인을 운영하고 있는 기업이라고 정의할 수 있다. 다국적기업은 말 그대로 여러 개의 국적을 가진 기업을 뜻하는 것으로서 해외직접투자(foreingn direct investment)를 통해 현지 핀매법인이나 현지생신법인을 소유하고 있는 기업을 의미한다.

표 3-1 다국적기업의 기준과 명칭

관점	기 준	명 칭	학 자
구조	경영활동이 일어나는 국가의 수≥2	Multinational Firm	D.E. Lilienthal J. Fayerweather
	• 기업의 소유권자의 국적의 수≥2 • 최고경영층의 국적의 수≥2 • 6개국 이상에 제조업 투자 • 초국적주체에 의하여 관리되는 기업	Multinational Firm Transnational Enterprise Multinational Enterprise Cosmo Corporation	J. Behrman D. Kircher R. Vemen G. Ball
성과	• 해외부문의 매출액 · 투자 · 생산 · 고용 등〉25%	International Corporation	S. Rolfe
	• 해외부분의 매출액 · 이익 · 자산 · 종업원수〉일정비율	Multinational Corporation	J. Bruck & F. Lee
형태	• 경영의 관점이 국제적 • 세계적인 관점에서 자원배분 • 본국중심적 사고, 현지중심적 사고, 세계중심적 사고 • 세계시장을 하나의 시스템으로 보아 각국의 경영전략을 유기적으로 조정	World Corporation Supernational Corporation Ethnocentric Firm Polycentric Firm Geocentric Firm Global Corporation	G. Clee & A. Discipio R. Robinson H. Perlmutter M. Porter

3) 다국적기업의 조직구조

다국적기업의 조직구조와 관련해서 중요한 점은 조직구조의 집권화와 분권화에 관련된 부분인데, 다국적기업의 집권화와 분권화에 있어서 의사결정의 집권화란 다국적기업 조직내에서의 의사결정이 어느 수준에서 이루어지는 것인가에 초점을 맞춘 것이다. 의사결정이 본사 수준에서 내려질 경우 집권화(centralization)에 속하고, 자회사 수준에서 많은 의사결정권한이 주어질 경우 분권화(decentralization)에 속한다고 할 수 있다.

이것은 조직이론에서 조직의 기본변수 중 하나인 집권화 개념의 특성 중 장소적 분석개념이 외국에 해외자회사를 하부단위조직으로 구성하고 있는 다국적기업의 조직에 적용된 것이다. 다국적기업의 본사는 자회사의 모든 활동에 직접 개입한다는 것은 사실상 불가능하고 비능률적이므로 의사결정의 비중에 따라 선택적으로 관여한다고 할 수 있다. 따라서 모든 기능영역이 동일한 정도로 집권화되어 있지는 않다고 할 수 있다.

집권화와 분권화는 경향성을 나타내는 용어라고 할 수 있다. 이는 극단적인 의미의 집권화와 분권화는 존재하지 않음을 의미하며, 어떠한 다국적기업 조직도 의사결정을 본사에서 또는 자회사에서 단독으로 결정하지는 않는다는 의미이다. 따라서 집권화와 분권화를 연속선상의 개념으로 파악하려 한다든지, 집권화 정도 혹은 분권화 정도 등으로 분석하게 된다. 즉 상대적인 비교의 틀로서 스펙트럼상의 어느 위치를 차지하는 것으로 판단하게 된다(양창삼, 1990).

Johanson과 Vahlne은 기업들의 해외진출과정이 처음에 수출로 시작하여 판매법인으로 확장되고, 그 다음 단계에서 생산법인을 설립하여 순차적으로 해외시장에 진출한다고 주장하였다. 즉 점점 그 해외시장의 중요성이 증가함에 따라 그만큼 투자를 증대시킨다는 이론이다. 이러한 기업들의 순차적인 해외시장의 진출은 Johanson과 Vahlne의 주장대로 그 해외시장의 중요성이 점점 높아진다는 관점에서도 볼 수 있지만, 한편으로는 기업들이 해외시장에 대해서 순차적으로 진출하는 이유를 위험관리의 측면에서도 볼 수 있다. 다시 말하면 기업들이 해외시장의 진출 초반에는 해외시장 진출 경험부족과 현지시장에 대한 정보부족으로 수출로 해외시장에 진출한 후 어느 정도 해외시장 진출에 대한 정보가 축적되면 판매법인을 설립하고, 그 이후에 생산법인을 설립하게 된다.

한편, Davidson은 기업이 세계의 여러 국가에 진출할 때에 동시다발적으로 진출하기보다 문화 · 언어 · 경제적 환경이 비슷한 국가로부터 상이한 국가의 순서로 순차적으로 진출한다고 주장하였다.

또한, 장세진은 기업이 여러 사업부를 가지고 있는 다각화기업일 경우 현지기업에 비해 경쟁우위가 강한 사업부에 최초의 투자가 이루어지고, 경쟁우위가 약한 사업분야로 순차적으로 진입한다고 주장하였다(Chang, 1995; 장세진, 2004 : 250 재인용).

위에서 언급한대로 기업들이 해외시장에 순차적으로 진입하면서 다국적기업의 조직구조도 계속해서 변화하게 되는데, 그 내용은 다음과 같다.

(1) 수출부서 조직구조

내수위주의 기업이 수출량이 늘어나면서 수출만을 전담할 조직을 영업부 산하에 두는 조직구조를 말한다. 처음에는 수출부서를 조직하여 활동하다 수출제품이 증가하고 수출지역이 다변화되면서 수출부서가 제품별 혹은 지역별로 분화된다.

(2) 국제사업부 조직구조

국제사업부 조직구조는 기업들이 해외시장에 대한 비중이 증가하면서 기존의 제품별 국내 사업부와 마찬가지로 해외영업부나 국제사업부와 같은 새로운 사업부를 설치하여 국제업무를 담당하게 하는 조직구조를 말한다. 국제사업부 조직구조는 내수에 초점을 맞추는 조직구조이기 때문에 주요 의사결정권한이 내수위주의 제품별 사업부에 집중되어 있다. 그렇기 때문에 국제사업부는 해외영업의 제한된 영역에서 의사결정권한만 행사할 수 있기 때문에 전반적인 기업활동이 내수위주에 초점이 맞춰지는 조직구조이다.

(3) 글로벌사업부 조직구조

기업의 해외사업비중이 증가하면서 국제사업부 조직은 글로벌사업부 조직으로 확대개편되는데, 기업의 상황과 해외시장의 외부환경에 따라 제품별 글로벌사업부제와 지역별 글로벌사업부제 및 글로벌 매트릭스조직 중에서 선택해서 운용한다. 세 조직구조의 특성은 다음과 같다.

가) 제품별 글로벌사업부제

국제사업부가 별도로 존재하였던 국제사업부조직은 내수부문은 제품사업부로, 해외부문은 국제사업부로 각각 분리되어 운영되었지만, 제품별 글로벌사업부제 조직구조에서는 개별제품별 사업부가 내수부문과 해외부문을 모두 관리하게 된다. 현재 글로벌경쟁을 하고 있는 서양의 대규모 기업들의 구조를 살펴보면, 대부분의 경우 글로벌제품별 사업부제 조직을 갖춘 기업들이 많은데, 그 이유는 제품별 사업부가 내수사업만이 아니라 해외영업과 전 세계에 대한 모든 생산과 판매활동을 함으로써 규모의 경제를 살리고, 제품을 동시다발적으로 많은 시장에 판매하는 등 효율적인 생산체제를 갖출 수 있다는 점에서 글로벌사업부 조직의 장점이 있다고 하겠다(장세진, 1994 : 356~357).

그러나 제품별 글로벌사업부제 조직구조는 해외사업 관련 제품사업부간 조정의 어려움이 있고, 해외지역에 대한 전문성이 축적되어 활용되기가 어렵다. 또한 제품사업부간 지역에 대한 정보가 공유되지 못하고, 해외에 있는 다제품 생산공장의 경우 원가배분과 수익측정 등에서 갈등요소가 존재하는 단점이 있다.

나) 지역별 글로벌사업부제

지역별 글로벌사업부제는 전 세계지역을 몇 개의 주요 지역으로 나누고 각각의 지역사업부가 생산 · 판매 · 연구개발 등을 책임지는 조직구조이다. 지역별 글로벌사업부제는 현지시장 특성에 맞추어 제품의 생산과 마케팅을 현지화시킬 수 있는 장점이 있지만, 의사결정권한이 지역사업부에 있기 때문에 개별제품의 글로벌 표준화 가능성이 약해지고, 제품에 대한 전문지식 축적 및 활용이 어렵게 된다.

지역별 글로벌사업부제는 다음과 같은 경우에 적용할 수 있다.

① 현지국가의 특수한 여건에 대응하여 지역별 생산체제를 갖출 필요가 있는 기업의 경우
② 제품이 상당히 표준화되어 있어 기술적인 문제보다는 마케팅이 중요한 이유
③ 제품이 제품수명주기상 성숙단계에 위치하는 경우
④ 현지시장의 여건에 대응하는 것이 가장 중요한 목표인 경우
⑤ 총매출에서 해외시장의 매출비중이 확대되는 경우

다) 글로벌 매트릭스 조직구조

매트릭스 조직은 기업을 제품차원과 지역차원으로 나누어 조직에 소속된 모든 사람들을 제품과 지역 양쪽 조직에 속하게 만든 조직형태이다. 매트릭스 조직은 해당 사업부가 제품측면과 지역측면을 함께 같은 비중으로 관리하기 때문에 제품과 지역 차원에서 발생하는 경영문제를 유연하게 관리할 수 있는 장점이 있다(전용욱 외, 2003 : 50~51).

그러나 매트릭스 조직을 취했던 많은 기업들이 얼마후 다시 지역별 혹은 제품별 사업부조직으로 돌아가게 되었는데, 그 가장 큰 이유는 매트릭스 조직이 구조상 무척 복잡하고 혼란스럽기 때문이다. 특히 두 명의 상급관리자의 지시를 받아야 하는 중간관리자들에게는 만약 제품별 상급관리자와 지역별 상급관리자의 의견이 다를 경우 어느 의견을 따라야 하는지의 문제가 발생하게 된다.

4) 해외자회사의 유형

Barlett과 Ghoshal은 다국적기업 조직이 획일적인 통제시스템을 가진 조직이 아니라 각 시장의 특성과 개별 자회사의 능력에 따라 차별화된 네트워크 조직이라고 주장하였다. 또한 자회사의 현지시장의 중요성과 자회사의 핵심역량에 따라 전략적 리더(strategic leader), 기여자(contributor), 실행자(implementer), 블랙홀(black hole)의 4가지로 분류하였다(Barlett & Ghoshat, 1989). 여기서 핵심역량(core competencies)이란 경쟁기업에 비해서 우월한 능력을 의미한다.

(1) 전략적 리더

전략적 리더(strategic leader)란 자회사가 전략적으로 중요한 시장에 위치하고 있고, 높은 수준의 핵심역량(core competencies)을 보유하고 있는 경우를 말한다. 여기서 전략적으로 중요한 시장이란 다음과 같은 면에서 평가될 수 있다(장세진, 2004 : 181~182).

① 시장규모가 크고 그 시장에서 이익을 얻을 수 있는 가능성이 높은 시장 : 중요 시장에서 성공하면 그만큼 규모의 경제를 활용할 가능성이 높아지고, 신규시장의 진출을 위하 재원 마련에도 크게 도움이 된다.

② 글로벌고객의 모국 : 글로벌고객을 상대하는 기업은 전 세계적으로 사업활동을 하는 고객에게 효과적인 서비스를 제공하기 위해서 고객의 모국과 그 고객이 활동하는 주요 국가에 진출하고 있어야 한다.

③ 경쟁기업의 내수시장 : 경쟁기업을 가장 효과적으로 견제할 수 있는 방법은 그 경쟁기업의 가장 중요한 시장을 공략하는 방법이다.

④ 기술혁신이 많이 일어나는 시장 : 기술혁신의 본거지에 위치하는 것은 뛰어난 기술력을 확보함과 동시에, 경쟁기업의 움직임을 포착하는 데 크게 도움이 된다.

(2) 기여자

기여자(contributor)란 시장규모가 작거나 전략적으로 중요하지 않은 시장에 위치하고 있지만 높은 수준의 핵심역량을 보유하고 있는 자회사의 유형을 말한다.

(3) 실행자

실행자(implementer)란 전략적으로 그다지 중요한 시장에 위치하고 있지 않으며, 단순한 현지업무를 수행할 수 있는 정도의 핵심역량을 보유한 자회사의 형태를 의미한다.

(4) 블랙홀

블랙홀(black hole)은 본사에서 계속해서 경영자원을 투입해도 핵심역량을 개발하지 못하는 자회사의 형태를 의미한다.

해외자회사의 유형

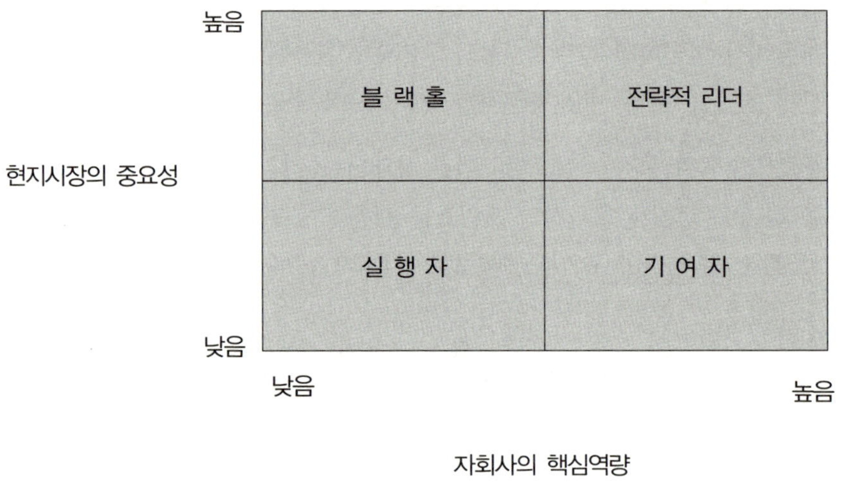

5) 해외지역 본사제도

(1) 해외지역 본사제도의 개념

해외지역 본사(regional headquarters)제도란 지역별 전략국가에 현지를 관할하는 제2의 본사를 설립하는 것을 말한다. 해외지역 본사는 금융 · 정보 · 컨설팅 · 자원조직을 전략적으로 보강하여 제반 경영요소의 통합 · 분배 · 조정기능을 갖게 되며, 이러한 해외지역 본사제도가 정착되면 지역내 사업장 간의 시너지효과가 극대화 될 뿐만 아니라 현지에서 신속한 의사결정이 이루어지고, 현지문화에도 쉽게 적응할 수 있게 된다.

(2) 해외지역 본사의 역할

해외지역 본사의 역할은 기업적인 역할과 통합적인 역할로 분류할 수 있다. 기업적인 역할은 신규사업 추진과 해외지역 전략 실행력 강화 및 전략지역에 대한 상징부여 등의 역할을 수행하는 것을 의미한다.

첫째, 신규사업 추진의 역할이란 해당 지역내 신규사업을 개발하고, 개발과 관련된 마케팅정보 · 전략정보를 수집하며, 사업기회를 발굴하고, 제휴대상 기업을 탐색하는 역할 등을 수행하는 것을 말한다.

둘째, 해외지역 전략 실행력 강화의 역할이란 다음과 같은 내용을 의미한다. 환경의 변화가 빠른 지역이나 시장정보와 경쟁정보가 체계적으로 수집되지 않은 지역의 경우 본사의 글로벌전략의 차원에서 사업 추진이 어려운 경우가 많이 있다. 또한 국가별로 나뉘어져 있는 지역의 경우도 특정국가의 관리자가 사업추진에 대한 아이디어를 본사적략에 반영시키기 어려운데, 이러한 경우 해외지역 본사는 글로벌 전략에 지역 및 국가전략을 반영할 때, 특정국가의 아이디어를 적극적으로 반영하는 역할을 수행할 수 있다.

셋째, 전략지역에 대한 상징성 부여의 역할이란 특정지역이 전략적으로 중요하다고 판단될 때 대내외적으로 중요성을 알리는 역할을 들 수 있다. 그러기 위해서는 먼저 대내적으로 본사의 사업담당 또는 자원담당의 임원들에게 지역의 미래 잠재력에 대한 확신을 심어 주고 태도의 변화를 일으키게 하는 역할을 담당해야 하는데, 이러한 상황에서 지역본사 담당자는 고위 임원이어야 한다.

통합적 역할은 조정역할과 자원공동활용의 역할로 나눌 수 있다. 조정역할이란 지역전략과 사업전략이 서로 일관성을 유지하고, 상호 상충되지 않게 하면, 사업간 혹은 국가간 시너지효과가 충분히 발휘될 수 있게 하는 역할을 의미한다.

자원의 공동활용은 지원센터기능과 관리센터기능으로 나눌 수 있다. 지원센터기능이란 역내 자회사간 업무가 중복되어 낭비가 발생되는 경우 이를 관장하여 공통서비스를 제공하는 역할을 수행하는 것을 의미한다. 예를 들면, 입찰준비 · 재고관리 · 인적자산관리업무 · 제품개발 등의 업무가 있다. 관리센터의 기능은 외환관리 · 조세관리 · 재무관리 등을 효율적으로 수행하기 위하여 특정자원의 집중관리를 위한 전문가를 공동활용하는 역할을 의미한다.

특히, 최근에는 각종 경제활동 및 기업활동과 관련된 사항에 협력하기 위하여 해당 지역의 국가들이 체결하는 협정들인 지역경제통합과 관련된 부분이 국가별로 활발한 편이라고 할 수 있다. 이러한 지역경제통합은 해외지역본사제도와도 밀접한 관련이 있다고 할 수 있으며 이를 통해서 지역의 국가들은 같은 지역에 위치한 국가들끼리의 활발한 경제활동을 공유하며 제공할 수 있다.

특히, 서비스산업의 경우에는 이러한 지역경제통합을 통해서 지리적으로 가까운 이점을 활용할 수 있는데 대표적인 사례가 관광산업을 통해서 같은 지역내의 관광객들을 적극적으로 유치하는 것이라고 할 수 있다.

지역경제통합 사례

아시아인프라투자은행 (Asian Infrastructure Investment Bank)

미국 · 일본 주도의 세계은행, 아시아개발은행(ADB : Asian Development Bank) 등에 대항하기 위해 설립되는 은행으로, 2013년 10월 시진핑(習近平) 중국 국가주석이 아시아를 순방하던 중 공식 제안하였고, 1년 후인 2014년 10월 24일 500억 달러 규모의 아시아인프라투자은행(AIIB)이 공식 출범하였다.

초기 자본금의 대부분을 중국이 투자하여 500억 달러 규모로 시작된 AIIB의 총 자본금은 각국의 투자를 받아 1000억 달러까지 늘린다는 계획이다. 참여 국가는 중국, 인도, 파키스탄, 몽골, 스리랑카, 우즈베키스탄, 카자흐스탄, 네팔, 방글라데시, 오만, 쿠웨이트, 필리핀, 베트남, 브루나이, 캄보디아, 라오스, 말레이시아, 싱가포르, 미얀마, 태국, 카타르 등 인도네시아를 제외한 아세안(ASEAN : 동남아국가연합) 10개국을 포함한 21개국이다.

반면 미국, 일본, 한국 등은 포함되지 않았으나 중국은 이들 국가의 참여를 환영한다는 입장이다. 기존 국제금융기구 내의 지분이 미미했던 한국이 AIIB에 가입할 경우 국제적 위상을 높일 수 있고, 한국 내 위안화의 청산, 결제은행 설립 등 중국의 지원을 받을 수 있는 장점이 있다. 반면, 중국 지분이 50%를 차지해 한국이 주도적인 역할을 할 수 없을 가능성이 높고, 지분을 많이 차지하기 위해서는 많은 자금을 투입해야 한다는 단점이 있다.

한편, 중국이 한구 정부에 AIIB 가입을 요청한 것이 알려지자 미국은 한국 정부에 "한국의 AIIB 참여에 깊은 우려를 표명한다"고 통보하였다. 미 정부는 AIIB를 중국이 정치적으로 악용할 가능성이 높아 한국이 가입할 경우 한미 양국의 우방으로서의 신인도에 영향을 받을 것이라고 밝혔다.

자료 : 네이버

(3) 해외지역 본사제도의 성공요건

가) 권한있는 임원의 지역본사 배치

해당 지역내 법인들에게 실질적인 조언을 하고 권한을 행사할 수 있는 임원이 지역본사에 배치되게 되면 지역본사의 위상이 높아질 것이다.

나) 본사와의 협력

해외지역 본사의 현지화 추구전략에도 불구하고 일반적인 경우에 대부분의 경영자원을 본사가 보유하고 있기 때문에 현실적으로 본사와 해외지역 본사와의 협력이 필요하다. 그러기 위해서는 본사에서는 지역본사에 힘을 실어 주는 노력이 필요하고, 해외지역 본사의 입장에서는 본사의 의사결정권자와의 정기적인 만남을 통하여 권한을 부여받을 수 있다.

다) 현지인력의 활용

지역내 현지화(localization)를 추진하기 위한 해외지역 본사의 인사정책은 본사에서 파견된 관리자의 활용이 아니고 효과적인 현지 인적자원의 활용이다. 따라서 우수한 현지 인적자원의 선발과 교육 프로그램의 개발 및 선발 · 교육된 우수한 인적자원의 효과적인 관리가 중요하다.

라) 경영자원 보유를 위한 노력

핵심적인 자원의 본사보유로 해외지역 본사의 책임 및 권한은 제한적일 수밖에 없다. 해외지역 본사의 궁극적인 목적인 각 지역에 본국모회사의 기능에 필적하는 능력을 구축하기 위해서는 경영자원의 독립된 기업으로서의 경영능력을 겸비했을 때에만 가능하다.

마) 본국중심주의적 사고방식의 타파

본국중심주의적 사고방식이란 본국에서 파견된 해외파견인력이 현지국에 가서도 본국의 가치관과 행동방식을 그대로 적용하려는 성향을 의미한다. 이러한 본국중심주의적인 사고방식의 서로 이질적인 문화환경 속에서 효과적인 해외사업을 운영하는 데 있어서 커다란 장애요인이 될 수 있다.

6) 해외자회사 자율성의 개념

해외자회사의 자율성은 다국적기업의 해외자회사에 대한 통제(control)에 관한 문제인데, 그중에서도 의사결정의 집권화(centralization)와 분권화(decentralization)와 관련된 문제이다. 즉 해외자회사(subsidiary)를 관리하는 데 있어서의 의사결정 권한을 본사와 자회사가 어떻게 보유하고 배분하는가에 관한 문제이다. 다시 말하면 다국적기업 해외자회사의 자율성(autonomy)이란 해외자회사가 본사(headquarters)의 통제(control)와 상관없이 가질 수 있는 의사결정권한(decision-making authority)의 정도(degree)를 의미한다. 지금까지 다국적기업 해외자회사의 자율성 결정요인에 관한 많은 연구들이 진행되었지만, 아직까지 일관된 연구결과들이 도출되지 못하고 있다.

7) 본사전략과 자회사 자율성

다국적기업의 해외자회사들은 조직구조상 기업의 일부이지만 지리적으로 다른 국가에 위치하고 있다.

다국적기업들은 해외자회사를 관리하는데 있어서 이러한 특수한 상황을 고려해야 한다. 많은 산업에서 글로벌화가 촉진되면서 다국적기업 내부적으로 다른 여러 부서들이 하나로 통합되기 위해서 하나의 중요한 전략이 요구되는데, 이러한 상황은 다국적기업의 통합적인 활동을 촉진한다(Porter 1986; Prahalad and Doz 1987). 동시에, 다국적기업은 현지국 소비자들의 독특한 취향과 특수한 상황을 고려해야 하며, 많은 산업에서는 글로벌화와 현지화가 동시에 요구되기 때문에 다국적기업들은 이러한 두 가지 요구를 모두 만족시키기 위해 노력한다(Bartlett and Ghoshal 1987). 위에서 언급된 두 가지 전략적인 요구인 통합(integration)과 차별화(differentiation)는 다국적기업들의 전략과 밀접한 관련이 있다. 글로벌화가 가속화되면서 나타나는 다국적기업들의 국제화 유형은 크게 세 가지로 나누어 볼 수 있다. 그 세 가지는 현지화전략(multidomestic strategy), 글로벌전략(global strategy), 초국적전략(transnational strategy) 이다.

첫째, 현지화전략을 구사하는 다국적기업은 기업활동의 범세계적인 배치는 넓게 퍼져 있으면서 기업활동의 범세계적인 조정은 낮은 형태의 전략을 사용한다. 다시 말하면 현지화전략을 사용하는 다국적기업의 형태를 의미하는데, 이러한 다국적기업들은 각 국가별로 자회사를 설립하고 각 자회사의 관리는 각 국가별 자회사에 일임하는 형태의 전략을 구사하기 때문에 본사와 자회사의 협조관계는 긴밀하지 못한 경향을 나타낸다. 산업별로는 건설, 제약 등의 업종에서 주로 이루어진다.

둘째, 글로벌전략을 사용하는 다국적기업들은 기업활동의 범세계적인 배치는 지역적으로 집중화되어 있으면서, 기업활동의 범세계적인 조정은 높은 강도인 국제전략을 의미한다. 여기서 기업활동의 범세계적인 조정이 높은 강도라는 것은 본사에서 자회사에 대한 통제의 정도가 강하다는 의미이다. 즉 다국적기업의 본사가 전 세계 주요 지역에 소수의 자회사를 설치하고 본사가 강하게 조정하고 통제하는 형태의 전략을 의미한다. 이러한 전략은 가전제품과 같이 표준화된 제품의 시장에 적합한 전략이며 규모의 경제를 이용하여 비용을 절감할 수 있는 장점이 있다.

셋째, 초국적 전략을 구사하는 다국적기업들은 기업활동의 범세계적인 배치가 지역적으로 넓게 퍼져 있으면서 기업활동의 범세계적인 조정의 강도가 높은 형태의 국제전략을 의미한다. 초국적 전략을 구사하는 다국적기업들은 세계 여러 지역에 해외 직접투자를 통해서 해외자회사를 설립하고 이들 자회사에 대해서 강력한 통제를 하는 전략을 구사한다.

대부분의 국제경영 관련 연구에서는 기업의 유형을 낮은 통합(low integration)과 높은 현지화(responsiveness)로 구성된 국가별(multidomestic) 기업, 높은 통합과 낮은 현지화로 구성된 글로벌기업, 높은 통합과 높은 현지화로 구성된 초국적(transnational)기업으로 구분한다.

지금까지 통합적인 시각에서 다국적기업의 유형을 분류한 연구는 매우 미미한 편인데, 그래도 Bartlett and Ghoshal(1989)의 연구가 가장 폭넓은 연구라고 할 수 있다. Bartlett and Ghoshal의 연구 중 초국적기업(transnational)에 대한 연구가 이 분야에서 가장 많은 영향을 미쳤다고 할 수 있다. 하지만 Bartlett and Ghoshal의 연구는 단지 9개의 다국적기업만을 대상으로 하였고 다양한 종류의 특성을 체계적으로 분석하지 못하였다(Harzing, 2000).

같은 유형의 다국적기업을 표현하는데 있어서 학자들끼리 약간의 표현의 차이가 있다. 예를 들어 Bartlett and Ghoshal(1989)의 표현과 달리 Adler and Ghadar의 연구에서 글로벌(global)기업은 Bartlett and Ghoshal 연구의 초국적기업(transnational)을 의미하고 multinational과 international은 global과 현지화 기업을 의미한다.

Bartlett and Ghoshal(1990)은 다국적기업의 주요한 글로벌전략을 비용적인 측면과 현지화에 대한 압력의 정도에 따라 현지화전략(multidomestic), 글로벌전략(global), 초국적전략(transnational) 등으로 분류하였다. 국가별전략을 추구하는 다국적기업들은 일반적으로 각국에 자회사를 설립하고 자회사의 운영은 자회사에게 일임하기 때문에 본사와 자회사 간의 상호의존성이 낮은 전략유형이다. 글로벌전략은 경험효과와 location economies를 통해 비용절감을 추구하는 전략이라고 할 수 있는데, 기업이 생산, 마케팅, 연구개발 등을 수행함에 있어서 세계 주요한 몇 지역에 자회사를 설치해 두고 본사에서 자회사들을 통제하는 형태의 전략이다. 초국적전략은 다국적기업이 경쟁이 치열한 글로벌 경영환경 하에서 생존하기 위해서 세계 여러 지역에 자회사를 설치해두고 비용절감효과가 있는 글로벌전략의 추구와 동시에 현지화에 대한 압력에 대해서도 대처하는 전략을 말한다. local responsiveness란 소비자의 선호도에 대한 지역적인 차이에 대한 자회사가 반응하는 범위를 말하는데 그렇기 때문에 자회사의 전략과 역할에 있어서 매우 중요한 구성요소이다(Harzing, 2000).

경쟁적인 측면을 살펴보면, 글로벌기업과 초국적기업은 글로벌 level에서 경쟁해야 하지만 현지화 기업은 국내적으로 경쟁해야 한다. 조직구조를 살펴보면, 글로벌기업은 집권화되어 있고 자회사는 주로 본사의 전략을 보완해주는 역할을 수행한다. 이것이 제품과 전략에 있어 pipeline 역할을 수행한다는 의미이다(Harzing, 2000). 현지화기업은 특성상 분권화되어 있고 조직의 구조가 상대적으로 느슨하다.

초국적기업은 현지화와 글로벌의 특성을 모두 포함하고 있다. Bartlett and Ghoshal(1989)은 글로벌기업의 전략적인 기본은 규모의 경제를 이용해 비용을 절감하는 것이고, 현지화 기업은 국가간의 차이에 대해 최대한 반응하는 것이고, 초국적기업은 위에서 언급된 두 가지 요구에 대한 측면을 동시에 모두 수용하는 것이라고 하였다.

Perlmutter(1969)는 다국적기업이 추구하는 목표, 통제방식, 의사소통, 자원배분, 전략, 구조 및 문화 등에 따라 다국적기업의 경영방식을 본국지향(ethnocentric), 현지지향(polycentric), 세계지향(geocentric) 등 네 가지로 분류하였다(1985). 본국지향방식은 본사가 대부분의 의사결정권한을 가지고 자회사들을 통제하는 방식이고, 현지지향방식은 현지 자회사의 경영을 현지 관리자에게 일임하는 방식이며, 지역지향방식은 경영환경이 유사한 국가들을 하나의 지역으로 통합해서 경영하는 방식이며, 세계지향방식은 글로벌화와 현지화를 동시에 추구하는 경영방식으로 본사와 자회사, 자회사와 자회사 간에 글로벌 네트워크를 구성하여 협조하는 방식을 말한다.

Perlmutter의 다국적기업 분류방식과 자회사의 자율성관계를 살펴보면 본국지향방식은 본사가 대부분의 의사결정권한을 가지고 있기 때문에 자회사의 자율성이 가장 적다고 할 수 있고, 현지지향방식은 자회사의 경영을 현지 관리자에게 일임하는 방식이기 때문에 자회사의 자율성이 가장 많은 다국적기업의 유형이라고 할 수 있다.

8) 자회사 유형과 자율성

다국적기업의 국제경영활동과 관련된 주요한 유형과 역할에 대한 연구들을 살펴보면 Holm and Pedersen(2000), Bartlett and Ghoshal(1990), Jarillo and Martinez(1990) 등의 연구가 있다.

(1) Holm and Pedersen의 연구

Holm and Pedersen(2000)은 자회사의 역량보유 정도와 그 역량(competence)을 다국적기업 전체에서 사용할 수 있는 정도(level of MNC use of subsidiary competence)에 따라 자회사의 유형을 center of excellence, unit of excellence, non-excellent unit center, unit with local threshold competence 등의 네 가지로 분류하였다.

center of excellece로 발전한 다국적기업의 자회사들은 center와 excellence의 두 가지 중요한 특성을 가지고 있으며, 시장에서 다른 경쟁자들에 비해 경쟁우위를 가질 만한 확실한 역량을 가지고 있는 자회사는 excellent하다고 할 수 있다. 이러한 자회사들의 역량이란 생산, 제품개발, 미게팅 등 기업의 기능별 부문에 있어서의 역량을 의미한다. center of excellence는 center와 excellent의 특성이 모두 필요하다. Holm and Pedersen은 자회사의 역량보유의 정도와 그 역량을 다국적기업 전체에서 사용할 수 있는 정도에 따라 자회사를 위에서 언급된 네 가지 유형으로 분류하였다. 첫째, center of excellence는 자회사가 보유한 역량이 우수하고 이러한 자회사의 역량이 다국적기업의 다른 unit에서 사용되는 정도가 높은 유형의 자회사이다. 둘째, unit of excellence는 자회사가 확실한 역량을 개발했지만 이러한 역량이 다국적기업 전체적으로 사용되지 못하고 특정 자회사에서만 독자적으로 사용되는 자회사 유형을 말한다. 셋째, units of local threshold competence는 다른 경쟁자들에 비해서 확실한 역량도 보유하지 못하고 다국적기업 전체적으로 자회사의 역량이 적용되고 있지 못한 자회사의 형태이다. 마지막으로 non excellent center는 다국적기업의 본사에서 center로 임명을 받았지만 아직 set up이 덜 돼서 확실한 역량을 개발하지 못한 상태의 자회사이거나 center of excellence의 위치에서 확실한 역량이 상실되어 non excellent center로 변화한 유형을 들 수 있다.

(2) Bartlett and Ghoshal의 연구

Bartlett and Ghoshal(1989)은 다국적기업의 자회사를 현지시장의 중요성과 자회사의 핵심역량 보유 정도에 따라 전략적 리더, 기여자, 실행자, 블랙홀의 네 가지 유형으로 분류하였다. 첫째, 전략적 리더(strategic leader)는 전략적으로 중요한 시장에 위치하고 있는 자회사가 높은 수준의 핵심역량을 보유하고 있는 경우이며, 둘째, 기여자(contributor)는 전략적으로 그다지 중요한 시장에 위치하고 있지는 않지만 높은 수준의 핵심역량을 보유하고 있는 자회사의 유형을 말한다. 셋째, 실행자(implementer)는 전략적으로 그다지 중요하지 않은 시장에 위치하고 있으면서 현지업무만을 수행하는 자회사 유형이며, 넷째, 블랙홀(black hole)은 본사에서 경영 자원을 투입하지만 핵심역량을 보유하지 못한 자회사 유형을 의미한다.

(3) Jarillo and Martinez의 연구

Jarillo and Martinez(1991)는 현지화 정도와 조직과의 통합 정도에 따라 자회사를 autonomous 자회사, active 자회사, receptive 자회사 등 세 가지 유형으로 분류하였다. 첫째, autonomous 자회사는 다른 유형의 자회사들과 비교해서 상대적으로 기업의 대부분의 기능적인 부문을 독립적으로 운영한다. 둘째, receptive한 자회사는 몇몇 기능부문을 수행하며, 마지막으로 active한 유형의 자회사는 많은 기능별 부문을 수행하며, 본사 및 다른 자회사들과 상호의존적인 관계를 형성한다. 그래서 탄탄한 네트워크를 통한 active한 node를 구성하게 된다. 여기서 중요한 점은, 초국적전략을 구사하는 모든 다국적기업들이 active한 전략을 구사하지는 않는다는 것이며, 사실상 통합적인 다국적기업의 대부분의 자회사들은 receptive한 전략을 구사한다고 할 수 있다.

(4) Gupta and Govindrajan의 연구

Gupta and Govindrajan(1991)은 지식흐름의 패턴(knowledge flow pattern)을 기준으로 자회사의 유형을 integrated player, global innovator, implementer, local innovator 등의 네 가지로 분류하였다. 먼저, Gupta and Govindrajan이 정의한 지식흐름이란 기술이나 능력과 같은 전문지식(expertise)이나 전략적 가치가 있는 외부시장(external market)의 자료(data)의 이전(transfer)을 의미한다. 전문지식유형의 이전은 구매기술(purchasing skills)과 같은 투입과정(input process), 제품디자인, 과정디자인, 포장디자인(product design, process design, packaging design)과 같은 throughput(처리량)과정, 혹은 마케팅 노하우와 유통 전문지식과 같은 결과과정 등을 들 수 있다. 외부시장 자료의 이전이란 핵심고객, 경쟁자, 공급자에 관련된 글로벌한 정보를 말한다. 하지만, 월 재무자료와 같은 기업 내부적인 행정정보(internal administrative information) 등의 이전을 의미하는 것은 아니다. 위에서 언급된 지식흐름의 패턴에 따라 자회사의 유형을 분류한 것에 대해서 좀더 자세하게 설명하면 두 가지 요인으로 요약할 수 있는데, 첫째, 자회사가 지식의 흐름을 본사 및 다른 자회사들에게 얼마나 유출(outflow)시키느냐 하는 점과, 둘째, 자회사가 본사 및 다른 자회사들로부터 지식을 얼마나 유입(inflow)하는가 하는 정도에 관한 것이다. 위에서 언급된 바와 같이 지식흐름의 패턴 면에서 분류된 네 가지 자회사의 유형 중 global innovator(high outflow, low inflow)의 역할은 다른 자회사들에게 근원(fountainhead)의 역할을 한다. 전통적으로 특히 미국과 일본의 다국적기업들은 글로벌 혁신자의 역할을 국내에 위치한 본사에서 수행하였다. 그러나 Bartlett and Ghoshal(1989), Harrigan(1994), Ronstadt and Kramer(1992) 등의 연구에 의해서 변화를 겪게 되었는데, 그 내용은 다양한 국가의 다양성과 기술적 발전으로 변화를 가져오게 되었다는 이론적인 설명이다.

integrated player(high outflow, high inflow)의 역할도 global innovator의 역할과 유사한데, 왜냐하면 integrated player에서 창출된 지식을 다른 자회사들이 활용할 수 있는 책임을 내포하고 있기 때문이다. 하지만, 글로벌 혁신자 유형의 자회사와는 다르게 integrated player는 자사의 지식적 필요를 스스로 충족시킬 만한 역량을 보유하지 못하였다. integrated player의 대표적인 사례로는 IBM사의 일본 자회사를 들 수 있다. implementer(low outflow, high inflow)의 역할은 직접 지식을 창출하지는 않지만 본사나 다른 자회사들로부터 많은 지식을 받아들이는 유형의 자회사이다. local innovator(low outflow, low inflow)는 대부분의 기능적인 부문에서 거의 완전하게 지역적인 책임을 맡고 있는 유형의 자회사로 전통적으로 multi-domestic 다국적기업들이 local innovator의 역할을 수행하였다. 또한, local innovator의 역할은 초국적기업이나 글로벌기업에서도 나타날 수 있는 자회사 유형이다. local innovator의 사례로 켄터키 후라이드 치킨의 일본 자회사를 들 수 있는데, 대부분의 켄터키 후라이드 치킨은 미국의 본사와 여러 가지 면에서 유사하지만, 일본의 자회사는 메뉴, 규모, 건축적인 부분, 광고테마 등이 미국이나 다른 국가와는 매우 다르다. 한편, Gupta and Govindrajan의 연구에 대하여 Johnston(2005)은 Gupta and Govindrajan의 연구는 너무 자회사의 관점에서 연구가 진행되었고, 본사 및 자회사들끼리의 활발한(munificence) 거래는 직접적으로 서로 상호의존성과 관련이 있기 때문에 다국적기업의 전체적인 통합의 정도(degree of integration)에 영향을 준다고 하였다. 또한, 본사 및 자회사들 사이에서 일어나는 지식의 유입과 유출을 통해서 자회사의 자율성 정도를 이해할 수 있음을 내포하고 있다고 하였다.

(5) Benito and Narula의 연구

Benito and Narula(2003)는 외부환경이 자회사의 역할에 어떠한 영향을 미치는지 연구하고자 하였는데, 외부환경은 자회사의 범위(scope)와 경쟁우위(level of competence)에 중요한 영향을 미친다.

Benito and Narula(2003)는 연구를 통해서 다국적기업의 자회사가 새로운 역할을 통해서 기업 전체를 발전시키는 것에 대한 중요성에 초점을 맞추면서, 높은 수준의 경쟁우위를 창출하는 자회사일수록 더 많은 자율성을 누린다고 하였다. 또한, 다국적기업 자회사의 유형을 경쟁우위 보유의 정도(level of competence)와 활동의 범위(scope of activities)에 따라 strategic center, highly specialized unit, miniature replica 등으로 분류하였다. 먼저, miniature replica는 많은 활동을 하지만 경쟁우위수준이 낮은 유형의 자회사로 기본적으로 본사의 통제를 벗어나지 못하는 자회사이다. 이러한 유형의 자회사들은 전략적인 위치에서 규모와 범위의 경제를 통해서 가치를 창출하는 전형적인 유형이라고 할 수 있다. 한편, 활동의 범위는 낮지만 높은 수준의 경쟁우위수준을 보유한 highly specialized unit은 지식(knowledge)과 경쟁력을 통해서 다국적기업 전체의 가치를 창출한다. 일반적으로 이러한 유형의 자회사들은 연구개발활동(research and development activities)과 관련된 자회사들이 많다.

Benito and Narula의 연구에 나타난 자회사의 유형과 자율성의 관계를 살펴보면 높은 수준의 경쟁우위를 보유한 자회사의 유형일수록 더 많은 자율성이 있다는 저자들의 이론을 바탕으로 보면 가장 많은 자율성을 가지는 자회사의 유형은 strategic center이며, 자율성이 가장 적은 유형의 자회사는 miniature replica라고 할 수 있다.

9) 다국적기업의 인적자원관리

인적자원관리(human resources management)는 조직 내의 인적자원을 가장 효과적으로 활용하기 위한 활동인데, 다국적기업의 인적자원관리는 국내기업들과 비교해서 더 복잡하기 때문에 고려해야 할 사항이 상대적으로 더 많다고 할 수 있다. 그 이유는 국가별로 노동시장(labor market), 문화(culture), 법률시스템(legal system), 경제시스템(economic system)이 다르기 때문에 선발. 승진. 성과 측정. 보상 등에 관한 사항도 일치하지 않기 때문이다.

사례

외국인 파워 엘리트가 몰려 온다.

재계의 외국인 파워가 거세다. LG전자가 최고경영자급 8명 중 6명을 외국인으로 채웠고, 기아자동차, SK텔레콤, 두산 등도 최근 잇따라 외국인 임원을 영입했다. 이같은 바람은 새로운 일이 아니다. 10여년전 외환위기때도 이미 경험했다. 1998년 OB맥주엔 벨기에 측 합작사인 인터브루 사장이 취임했다. 독일 코메르츠 방크와 합작한 외환은행도 외국인 임원을 선임했다. 대한항공은 2000년 초 미국 델타의 운항본부장을 부사장으로 영입했다. 그 당시 재계는 외국인 전문경영시대가 올 것으로 예상했다. 하지만 아직까지는 그런 현상이 일어나지 않고 있는데, 그 이유는 당시 대부분의 외국인 임원의 영입이 실패로 돌아갔다. 대한항공만 비교적 성공한 편이었고 나머지 기업들은 모두 실패했다. 하지만 지금은 그 때와는 상황이 조금 다르다고 할 수 있는데, 삼성전자, LG전자, 기아자동차 등 외국인 임원을 영입한 기업들은 글로벌 금융위기에도 불구하고 좋은 성과를 냈다. 외국인 임원 한두 사람이 낸 성과는 아니지만 그래도 이들이 일정부분 기여했다고 할 수 있다.

지난 1월 LG전자에 영입된 토머스 린튼 부사장(CPO : 최고 구매책임자)은 사업부별로 원자재. 부품을 구매했던 것을 전사적으로 통합하는 혁신을 단행했다. 올해 3조원 비용절감 목표 가운데 1조원을 린튼 부사장이 책임지고 있는데 목표를 초과달성할 것으로 전망된다. 이 회사 직원들은 사내 의사결정이 빨라진 데 대해 놀라고 있다.

이 회사의 글로벌 구매전략 그룹 소속 관계자는 린튼 부사장이 먼저 찾아와 의견을 묻고 의사결정을 해주니 업무처리가 빨라졌다고 말했다. 아우디 출신 디자이너 피터

슈라이어를 부사장으로 영입한 기아자동차는 지난해 슈라이어 부사장이 내놓은 쏘울과 포르테, 로체 이노베이션의 3가지 신차의 디자인 경영에 본격적으로 나섰다. 기아자동차 홍보팀은 슈라이어 부사장은 BMW가 그렇듯이 차종이 달라도 저건 우리 기아자동차라고 알아볼 수 있는 패밀리룩 디자인을 제안하고 완성한 사람이라고 하였다. 외환위기 때 우리나라에 온 외국인 임원들은 투자지분만큼 권리를 행사하거나 얼굴만 빌려주고 높은 연봉을 받는 경우가 많았지만, 지금은 국내기업들의 꼭 필요한 부분을 적극적으로 지원하는 역할을 수행한다고 할 수 있다.

2002년 외국인으로선 처음 삼성전자 임원에 오른 데이비스 스틸 북미 총괄 상무는 외국인 임원으로서 한국기업에서 살아남을 수 있었던 이유로 유연성을 꼽았다. 유연성이란 다른 말로 한국문화 이해하기다. 스틸 상무는 삼성전자는 내가 자란 환경과 다른 문화적 배경을 가진 사람들이 모여 있는 곳인 만큼 내가 사고를 유연하게 하는 게 중요하다며 한국어를 배우고 한국 사람들과 친밀함을 쌓기 위해 정말 많이 노력했다고 했다.

LG전자 1호 외국인 임원인 더모트 보든 부사장(CMO : 최고 마케팅 책임자)역시 한국은 관계중심적인 사회라며 인맥 쌓는 게 중요하다고 생각해 이 부분을 신경쓰고 있다고 했다.

그러나 여전히 외국인 임원이 조직에 적응하기는 쉽지 않다. 한 헤드헌팅 업체에서는 겉으로는 잘 드러나지 않지만 LG전자의 파격적인 외국인 임원 영입으로 인해 내부의 충격이 있었다며, 외국인 임원을 한두 명만 영입하면 도태되지만 한꺼번에 많이 영입하면 하나의 세력으로 자리잡고, 거대한 글로벌 조직에 영향을 미치게 된다고 하였다.

자료 : 중앙일보, 2009년 10월 20일

위의 사례와 같이 호텔관광산업에서도 외국인 관리자들이 많이 영입되고 있으며, 특히, 글로벌화의 가속화로 예전과는 달리 많은 인적자원들이 해외근무를 경험하게 되기 때문에 글로벌한 관점에서의 인적자원관리에 대한 필요성이 중요해지고 있다고 할 수 있다.

(1) 다국적기업의 인적자원관리정책

다국적기업의 인적자원관리정책은 크게 본국중심주의(ethnocentrism), 현지국중심주의(polycentrism), 세계중심주의(geocentrism)로 나눌 수 있다.

가) 본국중심주의

본국중심주의(ethnocentrism) 인사정책은 기업이 본사(headquarters) 및 자회사(subsidiary)의 주요 책임자를 모두 본국 출신 관리자가 맡게 하는 형태의 인사정책을 말한다. 원래 이러한 형태의 인사정책은 일반적으로 한국, 일본 등 본국중심적인 성향이 강한 국가의 다국적기업들이 사용한 정책이었다. 다국적기업들이 본국중심주의 인사정책을 사용하는 이유는 첫째, 현지국에서 기업의 주요 책임자의 업무를 수행할 만한 자격을 갖춘 인적자원을 찾기 힘들다고 생각하기 때문이다. 특히 이러한 현상은 다국적기업들이 저개발국에 진출할 때 많이 나타나는 현상이다. 둘째, 다국적기업들은 본국중심주의 인사정책을 사용하는 것이 통일된 기업문화를 유지하는 가장 좋은 방법으로 생각한다. 셋째, 다국적기업들은 그들의 핵심역량(core competencies)을 해외로 이전시켜 가치를 창조하려 할 때, 그들의 핵심역량을 가장 잘 이전시킬 수 있는 지식을 본국의 인적자원들이 보유하고 있다고 생각한다. 위와 같은 여러 가지 장점에도 불구하고 본국중심주의 인사정책은 다음과 같은 문제점을 지니고 있다. 첫째, 현지국 직원들의 채용 · 승진 · 보수 등에 대한 대우가 본국에서 파견되는 직원들에 비해 좋지 않음으로 인해 현지국 직원들의 사기가 저하되고, 불만이 고조될 수 있다. 이러한 현상은 이직률의 증가와 생산성의 저하 등으로 이어질 수 있고, 유능한 현지국 직원들의 지원기피현상으로 이어져 장기적으로 다국적기업의 입장에서 문제점을 내포할 수 있다. 둘째, 본국중심주의 인사정책은 지나친 본국중심적인 기업문화와 경영방식으로 인하여 현지국과의 문화적 차이를 이해하지 못하게 된다. 이러한 현상은 현지국에서의 마케팅과 경영방식에 문제가 생길 수 있다.

나) 현지국중심주의

현지국중심주의(polycentrism) 인사정책은 현지국에서 채용한 인적자원이 현지 자회사를 운영하도록 하는 인사정책이다. 현지국중심주의적 인사정책을 추구하는 글로벌 기업들은 본국에서 해외인력을 파견하는 것에 비해서 많은 비용을 절감할 수 있고, 현지국의 문화와 환경에 보다 잘 적응할 수 있다. 하지만 현지국중심주의 인사정책은 몇 가지 문제점을 가지고 있다. 첫째, 현지에서 채용된 직원들은 자신의 자회사 이외에 다른 국가의 자회사에서 일어나는 기업활동에 대한 정보에 어둡고 관심이 낮아 자신이 근무하는 국가 중심으로 사고하는 편협성이 생길 수 있다. 또한, 다른 국가의 자회사에서는 근무하기가 어려운 문제점을 안고 있다. 언어장벽과 문화의 차이로 인해서 본사와 해외 자회사의 인적자원교류가 긴밀하지 않아 본사와 해외 자회사 간의 갈등이 일어날 소지가 있는 점도 현지국중심주의적인 인적자원관리정책을 운영하는 데 있어서 문제점이라고 할 수 있다.

다) 세계중심주의

세계중심주의(geocentrism) 인사정책은 인적자원의 국적에 관계없이 직원들을 채용하고 활용하는 인사정책이다. 글로벌 기업이 세계중심주의적인 인사정책을 실시하게 되면 기업이 보유한 인적자원을 효과적으로 활용할 수 있다. 또한 다른 문호나 환경에 노출되더라도 효과적을 업무를 수행할 수 있는 인력을 양성하는데 도움이 된다. 하지만 이렇게 글로벌 기업에 적합한 인력을 양성하는 데는 많은 비용이 소요된다는 점과 각 나라마다 다른 관리정책과 고용규제는 글로벌 기업이 세계중심주의적인 인적자원관리 정책을 추구하는 데 문제점이라고 할 수 있다.

표 3-2 다국적기업 인적자원관리정책 비교

인사정책	장점	단점
본국중심주의	- 현지국에 적합한 관리자가 없는 것을 극복할 수 있음. - 통일된 기업문화 가능 - 본국 핵심역량 이전 용이	- 현지 직원들의 불만 고조 - 본국위주의 사고방식이 지배함
현지국중심주의	- 본국위주의 사고방식 강요문제 약화 - 비용 절감	- 직원이동의 한계성 - 본사와 자회사의 거리감
세계중심주의	- 효율적인 인력활용 가능 - 강력한 기업문화와 비공식적 관리 네트워크 구성 가능	- 국가별 출입국 관리 정책의 차이로 인한 인력이동의 문제점 - 비용 상승

(2) 해외파견 인적자원관리

위에서 언급된 다국적기업의 인적자원관리정책 3가지 중에서 본국중심주의(ethnocentrism) 인사정책과 세계중심주의(geocentrism) 인사정책은 해외파견인력의 비중이 큰 인적자원관리정책이다. 해외파견인력과 관련된 가장 큰 주제 중 한 가지가 해외파견인력의 실패와 관련된 주제이다. 해외파견인력의 실패(expatriate failure)란 해외파견인력이 파견기간을 다 채우지 못하고 조기에 본국으로 귀환하는 것을 의미한다.

Tung의 연구결과에 따르면, 미국 · 유럽 · 일본의 다국적기업을 대상으로 조사한 결과 미국 다국적기업의 약 76%가 해외파견인력의 실패율이 10% 이상 된다고 보고하고 있다. 또한 Tung의 연구에 따르면 미국의 다국적기업들 중 약 7% 정도는 해외파견인력의 실패율이 20% 이상이라고 보고하고 있다. 또한 〈표 1-4〉에 나타나는 바와 같이 미국 다국적기업들은 유럽과 일본 다국적기업들과 비교해서 훨씬 높은 해외 파견인력의 실패율을 나타낸다고 하였다. 해외파견인력을 활용하는 데는 선발 · 훈련 · 평가 및 귀환 후 재적응의 문제가 발생하게 된다.

표 3-3 해외파견인력 실패율

구 분	조기귀환비율% (recall rate percent)	기업% (percent of companies)
미국 다국적기업	20~40%	7%
	10~20	69
	<10	24
유럽 다국적기업	11~15%	3%
	6~10	38
	<5	59
일본 다국적기업	11~19%	14%
	6~10	10
	<5	76

자료 : R.L. Tung, "Selection and training procedures of U.S., European, and Japanese Multinationals", California Management Review, 25(1982), pp. 57-71.

가) 선발

해외파견인력 실패율을 줄이려면 미리 적절한 인력선발과정을 통해서 해외파견 업무에 알맞은 인력을 선발하는 것이 중요하다. 기업들은 해외파견인력을 선발함에 있어 단순히 업무능력만을 고려해서 선발하게 되면 실패할 가능성이 커진다. 그렇기 때문에 기업들은 배우자를 포함한 가족문제나 파견관리자의 다른 문화에 대한 적응능력 등 다양한 측면에서 선발기준을 마련하는 것이 적절하다. Mendenhall과 Oddou는 해외파견인력이 갖추어야 할 자질로서 해외파견인력의 자신감(self-orientation), 타인에 대한 이해능력(others-orientation), 감지력(perceptual ability), 문화수용능력(cultural toughness) 등 4가지가 필요하다고 하였다.

나) 훈련

해외파견인력 실패의 가장 일반적인 두 가지 요인은 해외파견인력의 배우자를 포함한 가족이 새로운 현지 환경에 실패하는 것과 해외파견 관리자가 현지의 새로운 환경에 잘 적응하지 못하는 것이다. 이러한 문제점은 훈련(training)을 통해서 상당

부분 극복할 수 있다. 하지만 일반적으로 아직까지도 많은 기업들이 해외파견인력의 훈련부분에 있어서 체계적인 관리가 미흡한 상태이다. 해외파견인력과 그 배우자 및 가족들을 위한 훈련은 문화적응훈련(cultural training), 언어적응훈련(language training), 업무적응훈련(practical training) 등이 있다.

다) 성과측정

다국적기업의 입장에서 가장 어려운 업무 중 하나는 해외파견인력의 업무성과를 측정하는 일이다. 해외파견인력의 성과를 객관적으로 측정하는 일은 매우 어려운데, 일반적으로 해외파견인력의 성과측정은 본국의 관리책임자와 현지국의 관리책임자가 동시에 평가하게 된다. 이와 같은 평가시스템은 본국의 평가자와 현지국의 평가자가 서로 다른 평가기준을 적용할 수 있는 문제점을 안고 있다. 현지국관리자는 해외파견관리자가 얼마나 효과적으로 현지국의 경영환경에 적응하여 문화적 차이를 극복하고 현지업무를 잘 관리하는가에 초점을 두는 반면, 본사에서는 현지관리자의 활동이 본사가 추구하는 전략과 얼마나 일치하는가에 초점을 두기 쉽다(장세진, 2004 : 376-377).

일반적으로 본국평가자들은 지리적으로 해외자회사와 멀리 떨어져 있기 때문에 외형적으로 드러난 자료만으로 해외파견인력들을 평가하지만, 경기변동사항과 환율변동 등 해외파견인력을 평가하는 데 있어서의 외부적인 여러 변수들도 고려되어야 한다. 많은 해외파견인력들은 본사의 해외파견인력에 대한 평가가 적절하지 못하다고 생각한다. 따라서 이러한 적절하지 못한 해외파견인력에 대한 성과평가(performance appraisal)는 해외근무를 기피하는 현상을 유발시킬 수 있다.

라) 보상

위에서 언급된 해외파견인력의 성과측정과 더불어 다국적기업의 인적자원관리정책에 있어서 중요한 주제가 되는 것이 해외파견인력의 급여수준과 그 밖의 보상에 관한 문제이다. 특히 세계중심주의(geocentrism)적인 인사정책을 사용하는 글로벌 기업에서는 이와 같은 급여수준의 결정이 중요한 문제로 대두된다. 그 이유는 현지국 중심주의적인 글로벌 기업에서는 현지수준에 맞는 임금을 지급하는 것만으로 충분할 것이고, 본국중심주의적인 글로벌 기업에서는 본국에서 파견된 인력의 급여를 어떻게 설정할 것인가는 단순한 문제이다. 그러나 세계중심주의적인 기업처럼 국적과 관계없이 인력을 세계 각 국가의 자회사에서 활용하는 경우에는 해외파견인력에 대해 어느 정도의 급여를 지급하는 것이 상당히 복잡한 문제가 될 수 있다.

이와 같은 문제에 있어 임금수준 결정방법 중 가장 일반적으로 사용되는 방법은 각 국가별로 물가수준과 생활환경에 따라 동일한 수준의 구매력(purchasing power)을 가질 수 있도록 하는 방법이다. 또한, 해외파견인력에게 급여를 지급할 때 고려해야 할 점은 해외근무에 대한 수당, 생활비 보조 및 자녀들의 교육보조비 등의 수당, 의료보험, 연금, 세금 등의 문제를 고려해야 한다.

마) 귀환 후 재적응

다국적기업은 해외파견인력을 선정하고 훈련시키는 것도 중요하지만, 해외파견인력들이 본국으로 돌아왔을 때 다시 본국의 업무에 잘 적응할 수 있도록 하는 일도 매우 중요하다. 한 조사에 의하면 본국으로 돌아가는 근무자의 60~70%가 본인들이 어떤 위치(position)에서 근무할지를 알지 못했고, 60%의 응답자는 조직 내에서 그들의 역할과 경력의 진행에 대해서 알지 못했으며, 77%가 실질적으로 해외에서 근무할 때보다 낮은 수준의 업무를 수행하였다(Hill, 2001 : 46). 또한 본국으로 돌아온 15%의 해외근무자들이 1년 이내에 직장을 그만 두었고, 40%는 3년 이내에 직장을 그만두었다(Grant, 2001 : 469). 이러한 문제들을 해결하는 방법이 인적자원계획(human resources planning)인데, 해외파견인력의 선발과 훈련 뿐만 아니라 이들이 해외업무를 마치고 본국으로 돌아왔을 때 그들의 지식과 경험을 조직 내에서 어떻게 효과적으로 활용할 것인가에 대한 프로그램 개발이 필요하다.

글·로·벌·서·비·스·경·영

04 CHAPTER

서비스의 이해

서비스의 이해

CHAPTER 04

1 서비스의 개념 및 특성

우리가 일상생활에서 사용하는 서비스(service)에 관한 정의는 매우 다양하다고 할 수 있다. 예를 들어, '이 물건을 하나 서비스로 드립니다'의 의미는 어떠한 제품을 구입할 때 무료로 하나 준다는 의미이고, 직원들의 서비스가 좋다는 의미는 직원들이 고객을 대하는 자세와 태도가 좋다는 의미이다. 하지만 이러한 서비스에 대한 해석은 매우 좁은 의미의 해석이라고 할 수 있다.

간단히 말해서 서비스는 행위(deeds), 과정(process) 및 그 결과인 성과(performance)라고 할 수 있는데, 호텔, 병원, 은행 등의 서비스도 고객을 위해 종업원이 수행하는 행위이다. 이와 같이 넓은 의미로 서비스를 정의할 때 서비스는 서비스업에서 제공될 뿐만 아니라 여러 제조업에서 제품과 결합되어 제공되고 있음을 알 수 있다. 예를 들어 자동차회사는 판매차량에 대해 보증 및 수리서비스를 제공하는데 이러한 예도 행위, 과정, 성과의 예라고 할 수 있다. 위에서 정의한 대로 간단하면서도 넓은 의미의 서비스의 의미와 더불어 서비스의 정의가 다양함을 인지하고 있으면 서비스를 정의할 때 생길 수 있는 혼동이나 의견의 불일치를 이해할 수 있다. 위에서 언급된 넓은 의미의 정의와 부합할 수 있는 정의는 서비스는 산출물이 물적인 제품이나 구조물이 아니며, 일반적으로 생산되는 시점에 소멸되고 구매자에게 무형적인 형태의 가치를 제공하는 모든 경제적인 활동을 포함한다고 할 수 있다. 서비스의 다양한 의미와 관련된 정의는 아래와 같다.

1) 서비스의 정의

경영학에서 서비스에 관한 연구는 1960년대 초반부터 시작되었으며, 연구 초기에는 제품과 서비스의 특성 및 서비스마케팅의 적용에 관한 연구가 활발하게 이루어졌으며, 1990년대부터는 보다 체계적으로 서비스에 관한 이론과 전략적인 측면에서의 서비스의 중요성에 관한 연구가 이루어지고 있다고 할 수 있다.

서비스의 활동론적인 정의를 살펴보면 미국마케팅학회(1960)는 서비스를 판매목적으로 제공되거나 상품판매와 연계해 제공되는 모든 활동, 편익, 만족이라고 정의하였다.

한편, 상호관계론적인 관점에서 대부분의 경우 서비스는 고객이 서비스 제공자와 상호작용을 하게 된다. 따라서 서비스란 “무형의 성격을 띠는 일련의 활동으로서 고객과 종업원의 상호관계에서부터 발생해 고객의 문제를 해결해 주는 것”이라고 할 수 있다.

2) 서비스의 특성

서비스는 제품과는 다르게 서비스만의 여러 가지 특성을 가지고 있다.

(1) 무형성

무형성(tangibility)은 서비스의 특성 중 가장 대표적인 특성으로 일반 제품들은 구매 이전에 소비자들이 제품을 시험해 보거나 만져볼 수 있지만, 서비스는 무형적인 특성을 가지고 있기 때문에 미리 시험해 보거나 만져볼 수 없는 특성을 가지고 있다. 예를 들면 여행사의 관광상품의 경우 소비자들은 브로슈어나 관광 가이드들의 경험효과 등을 통해서만 제한적으로 정보를 접할 수 있으며, 호텔의 객실이나, 항공사의 좌석과 같은 경우도 소비자들은 서비스를 구매하기 전에 미리 서비스를 접할 수 없다.

이와 같이 서비스의 특성 중 무형성은 두 가지 의미를 내포하고 있다고 할 수 있는데, 첫째는 실체를 보거나 만질 수 없다는 객관적인 의미이고, 둘째는 이렇게 서비스는 보거나 만질 수 없기 때문에 그 서비스에 대해서 상상하기가 어렵다는 점이라고 할 수 있다.

이러한 서비스의 특성 중 무형성이 우리에게 주는 시사점을 몇 가지 살펴보면, 호텔의 경우 서비스를 받기 전에는 고객들이 그 호텔의 서비스 수준을 모르기 때문에 호텔의 유형적인 측면을 보고 그 호텔의 서비스 수준에 대한 기대수준을 갖게 된다고 할 수 있다. 무형성과 관련하여 또 하나 중요한 점은 완전히 유형적이거나 완전히 무형적인 서비스나 제품은 존재하지 않는다는 점이다.

(2) 이질성

서비스의 이질성(heterogeneity)이란 서비스의 생산 및 인도과정에는 여러 가지 가변적인 요소가 많기 때문에 한 고객에 대한 서비스가 다른 고객에게 제공되는 서비스 품질과 다를 수 있다는 것을 의미한다. 예를 들면, 같은 서비스기업의 종업원일지라도 각각 제공되는 서비스의 품질을 달라질 수 있다고 할 수 있다. 기업들은 이러한 서비스의 이질성을 통해서 위기와 기회를 함께 맞을 수 있는데, 서비스 품질의 균일화가 어렵기 때문에 기업으로서는 어떻게 하면 서비스의 품질을 일정수준 이상으로 유지시킬 것인가와 표준화시키는가에 대해서 많은 고민을 하게 된다.

(3) 소멸성

소멸성(perishability)이란 서비스는 일반 재화와는 다르게 재고에 대한 저장이 불가능하다는 의미이다. 일반 재화의 경우는 재고에 대한 저장이 가능하기 때문에 오늘 판매하지 않으면 내일 판매가 가능하지만, 항공사의 좌석이나 호텔의 객실같은 경우에는 저장했다가 수요가 있을 때 다시 판매하는 것이 불가능하다는 의미이다.

호텔의 경우, 호텔이 일년 내내 보유하는 객실의 수는 일정하지만, 성수기에는 객실이 가득 차거나 혹은 객실이 모자랄 수도 있지만, 비수기에는 고객이 없어 객실이 많이 비어 있을 수 있는데, 이렇게 비어 있는 객실을 저장했다가 성수기에 사용할 수 없다.

(4) 비분리성

비분리성(inseperability)이란 서비스의 생산과정에서 소비가 동시에 이루어지는 것을 의미하는데, 제품의 경우는 생산이 먼저 되고 나중에 판매될 수 있지만, 서비스는 서비스의 제공과정에서 서비스를 제공받는 고객이 존재해야 한다.

이렇게 재화와 비교해서 서비스의 특성과 관련된 연구들이 활발하게 진행되었는데 주요한 연구들을 살펴보면 아래의 표와 같다.

표 4-1 재화와 서비스의 특성 비교

재화	서비스	관리적 의미
유형	무형	- 서비스는 저장할 수 없다. - 서비스는 특허를 낼 수 없다. - 서비스는 쉽게 전시되거나 전달할 수도 없다. - 가격책정이 어렵다.
표준	이질	- 서비스 제공과 고객만족은 종업원의 행위에 달렸다. - 서비스 품질은 많은 통제불가능한 요인에 달렸다. - 제공된 서비스가 계획되거나 촉진된 것과 일치하는지를 확신하기 어렵다.
생산과 소비가 분리	생산과 소비가 동시	- 고객이 거래에 참여하고 영향을 미친다. - 고객은 서로에게 영향을 미친다. - 종업원이 서비스 결과에 영향을 미친다. - 분권화가 필수적이다. - 대량생산이 어렵다.
비소멸	소멸	- 수요와 공급을 맞추기가 어렵다. - 서비스는 반품될 수 없다.

위에서 언급한 바와 같은 특성을 서비스는 가지고 있는데, 이러한 특성으로 인해 장점도 있지만 문제점도 발생할 수 있다. 따라서 이러한 서비스의 특성으로 인한 문제점을 해결하기 위한 대응전략은 다음과 같다.

표 4-2 서비스의 특성, 문제점 및 대응전략

제품	서비스	문제점	대응전략
유형성	무형성	- 저장이 불가능함 - 특허를 통한 서비스 보호가 불가능함 - 진열 및 커뮤니케이션을 할 수 없음 - 가격설정기준이 모호함 - 표본추출이 곤란함	- 유형적인 단서 강조 - 인적 원천을 정보제공에 사용 - 구전 커뮤니케이션을 활성화 함 - 강력한 기업이미지 창출 - 대고객 접촉빈도 제고 - 제공되는 효익 강조 - 구매 후에도 커뮤니케이션에 관여함
비소멸성	소멸성	- 저장 및 재판매 불가능 - 수요 및 공급의 균형 문제	- 수급 및 제공능력의 동시 조절 - 비수기의 수요변동에 대한 대비
분리성	비분리성	- 서비스 제공자의 현존 - 서비스 생산에 고객 참여 - 직접 판매만이 가능 - 집중화된 대규모 생산의 어려움	- 종업원 선발 및 교육에 비중을 둠 - 서비스 제공자의 자동화 강화 - 세심한 고객관리가 필요함 - 복수점포 입지전략 사용
동질성	이질성	- 표준화 및 품질 통제의 어려움	- 서비스 표준의 설계 및 수행 - 사전 패키지 서비스 제공 - 서비스의 기계화, 산업화 강화 - 서비스의 맞춤화 시행

자료 : 이명식, 2004, p.30 참조 수정.

이렇게 재화와 서비스의 특성 차이로 인하여 서비스마케터들은 여러 가지 문제점에 직면하게 되는데, 서비스에 대한 고객의 욕구와 기대에 대한 이해, 서비스제공물의 유형화에 관한 문제, 서비스 제공과정에서 생기는 문제를 관리하는 문제, 고객과의 약속에 관한 문제 등 여러 가지 문제점에 부딪힐 수 있다.

2 서비스의 분류

일반적으로 제품과 관련된 연구에 비해서 서비스와 관련된 이론적인 연구가 미비한 것은 서비스의 정의를 너무 넓은 관점에서 보면 깊게 분석하는 데 어려움이 있고, 너무 좁은 관점에서 살펴보면 일반화시키는 데 어려움이 있기 때문이라고 할 수 있다.

서비스를 분류하는 것은 여러 가지 측면에서 도움이 될 수 있는데, 먼저 잘 분류된 서비스의 체계는 특정 서비스를 이해하는데 큰 도움이 될 수 있으며, 분류된 서비스의 유사점과 차이점을 조명할 수 있다. 이렇게 서비스의 유사점과 차이점을 조명할 수 있게 되면 기업의 입장에서는 마케팅전략을 수립하는데 크게 도움이 될 수 있을 뿐만 아니라, 고객의 입장에서도 서비스를 이용하는데 더 많은 정보를 획득하여 더 좋은 품질의 서비스를 제공받을 수 있게 된다. 서비스 분류에 관한 선행연구들을 살펴보면, Judd(1964)에 의해 처음 시도되었으며, 이후 Rothmell(1974), Shostack(1977), Hill(1977), Thomas(1978), Chase(1978), Kotler(1980), Lovelock(1980) 등에 의해서 지속적으로 연구가 이어져 왔으며, 서비스 분류와 관련된 연구의 내용은 다음 표와 같다.

표 4-3 서비스 분류에 관한 연구

학자	분류기준
Judd(1964)	- 임대된 상품 서비스(일정기간 동안 상품을 소유하고 사용할 권리를 가짐) - 소유된 상품 서비스(고객이 자신이 보유한 상품을 유지하고 보수함) - 비상품적인 서비스(개인적 경험, 경험적 소유)
Rothmell(1974)	- 판매자 유형 - 구매자 유형 - 구매동기 - 구매형태 - 규정제도
Shostack(1977)	각 제공물 단위에 포함되어 있는 물리적인 제품과 무형적인 서비스의 비율

Hill(1977)	- 사람에게 영향을 주는 서비스와 사물에 영향을 주는 서비스 -시비스의 영원한 효과와 일시적인 효과 - 이러한 효과의 전환가능성과 비전환 가능성 - 물직적인 효과와 정신적인 효과 - 개별적인 서비스와 집단적인 서비스
Thomas(1978)	- 기본적으로 설비중심의 서비스 - 자동화 서비스(자동세차) - 미숙련 작업자에 의해 운영되는 서비스(영화관) - 숙련 작업자에 의해 운영되는 서비스(비행기) - 기본적으로 사람중심의 서비스 - 미숙련 노동자(잔디깎기) - 숙련 노동자(수선업무) - 전문가(의사, 변호사)
Chase(1978)	서비스 제공에서 요구되는 대고객접촉의 정도에 따라 분류 - 높은 수준의 접촉(호텔, 레스토랑) - 낮은 수준의 접촉(우편, 도매)
Kotler(1980)	- 사람중심과 설비중심 - 고객의 참여가 필요한 정도 - 개인의 욕구충족과 기업의 욕구 충족 - 영리추구와 비영리추구에 대한 공적 서비스 혹은 사적 서비스
Lovelock(1980)	- 수요의 기본적 특성 - 서비스 대상(사람과 사물) - 수급불균형의 정도 - 고객과 서비스 제공자 사이의 단절적 관계와 지속적 관계 - 서비스의 내용과 효익 - 물리적 제품의 포함 정도 - 개인적 서비스의 포함 정도 - 단일 서비스와 서비스의 묶음 - 서비스의 제공 절차 - 복수 입지와 단일 입지의 서비스 제공 - 서비스 역량의 배분(예약과 선착순) - 독립적 소비와 집합적 소비 - 정해진 사간에 따른 거래와 정해진 과업에 따른 거래 - 서비스 제공 동안에 고객이 참여해야 하는 정도

자료 : Lovelock, Christopher H.(1983), Classifying services to gain strategic marketing insight, Journal of Marketing, 47, p.11.

이러한 서비스의 분류와 관련된 연구들을 종합하여 서비스 속성에 따른 분류를 해보면, 서비스행위의 성격에 따른 분류, 고객과의 관계유형에 따른 분류, 고객별 서비스의 변화와 재량의 정도에 따른 분류, 수요와 공급에 따른 분류, 서비스제공방식에 따른 분류, 서비스상품의 특성에 따른 분류 등으로 나누어서 살펴볼 수 있다.

표 4-4 서비스의 성격에 따른 분류

구분	내용
서비스행위의 성격에 따른 분류	서비스행위의 성격은 유형적인 성격과 무형적인 성격으로 나눌 수 있으며, 서비스의 직접적인 대상은 사람과 사물로 나눌 수 있다. - 유형적이면서 사람을 대상으로 하는 서비스(호텔, 의료, 여객운송) - 유형적이면서 사물을 대상으로 하는 서비스(화물운송, 장비수리) - 무형적이면서 사람을 대상으로 하는 서비스(광고, 컨설팅, 교육) - 무형적이면서 사물을 대상으로 하는 서비스(은행, 법률서비스)
고객과의 관계유형에 따른 분류	서비스 제공의 성격은 계속적인 제공과 단발성 제공으로 나눌 수 있으며, 서비스 조직과 고객과의 관계유형은 회원관계와 공식적으로 관계가 없는 유형으로 나눌 수 있다. - 계속적인 제공이면서 회원관계인 서비스(은행, 전화, 보험) - 계속적인 제공이면서 공식적인 관계가 없는 서비스(라디오, 경찰) - 단발성 제공이면서 회원관계인 서비스(국제전화, 정기승차권, 연극회원) - 단발성 제공이면서 공식적인 관계가 없는 서비스(렌터카, 우편서비스)
고객별 서비스의 변화와 재량의 정도에 따른 분류	종업원이 고객욕구에 따라 발휘하는 재량정도가 높은 성격과 낮은 성격으로 분류할 수 있으며, 고객에 따라 서비스를 변화시킬 수 있는 정도가 높은 성격과 낮은 성격으로 분류할 수 있다. - 종업원의 재량이 높으면서 고객에 따라 변화시킬 수 있는 정도가 높은 서비스(별률, 의료, 사교육) - 종업원의 재량이 높으면서 고객에 따라 변화시킬 수 있는 정도가 낮은 서비스(교육, 예방의료) - 종업원의 재량이 낮으면서 고객에 따라 변화시킬 수 있는 정도가 높은 서비스(호텔, 전화, 은행, 고급음식점) - 종업원의 재량이 낮으면서 고객에 따라 변화시킬 수 있는 정도가 낮은 서비스(대중운송서비스, 영화관, 패스트푸드)

수요와 공급의 관계에 따른 분류	공급의 제한을 피크수요를 충족시킬 수 있는 정도와 시간에 따른 수요의 변동성 정도가 많고 적은 서비스로 분류하였다. - 피크수요를 충족시킬 수 있으면서 시간에 따른 수요의 변동성이 많은 서비스(전기, 전화, 소방) - 피크수요를 충족시킬 수 있으면서 시간에 따른 수요의 변동성이 적은 서비스(보험, 법률, 은행, 세탁서비스) - 피크수요를 충족시킬 수 있는 능력이 적으면서 시간에 따른 수요의 변동성이 많은 서비스(호텔, 회계, 식당, 극장, 여객운송) - 피크수요를 충족시킬 수 있는 능력이 적면서 시간에 따른 수요의 변동성이 적은 서비스(위와 비슷하지만 기본적으로 불충분한 설비능력을 지님)
서비스 제공방식에 따른 분류	고객과 서비스의 관계 및 서비스 지점으로 분류한다. - 고객이 서비스기업으로 가면서 단일입지인 서비스(극장, 이발소) - 고객이 서비스기업으로 가면서 복수입지인 서비스(버스, 패스트푸드, 레스토랑) - 서비스기업이 고객으로 가면서 단일 입지인 서비스(잔디관리, 택시, 방역) - 서비스기업이 고객으로 가면서 복수입지인 서비스(우편, 긴급자동차수리) - 떨어져서 거래하면서 단일입지인 서비스(신용카드, 케이블 텔레비전) - 떨어져서 거래하면서 복수입지인 서비스(방송네트워크, 전화)
서비스상품의 특성에 따른 분류	서비스가 사람에 근거한 정도와 서비스가 설비 또는 시설에 근거한 정도와 관련된 서비스가 높고 낮은 정도 - 서비스가 사람에 근거한 정도가 높으면서 서비스가 설비 또는 시설에 근거한 정도가 높은 서비스(고급호텔, 병원) - 서비스가 사람에 근거한 정도가 높으면서 서비스가 설비 또는 시설에 근거한 정도가 낮은 서비스(컨설팅, 회계) - 서비스가 사람에 근거한 정도가 낮으면서 서비스가 설비 또는 시설에 근거한 정도가 낮은 서비스(지하철, 렌터카) - 서비스가 사람에 근거한 정도가 낮으면서 서비스가 설비 또는 시설에 근거한 정도가 낮은 서비스(전화)

자료 : 이유재, 2004, p.34. 기초로 재작성.

사례

서비스의 차별화

매출 · 효율 · 안정 '세 토끼' 잡아, 고객들은 걱정 덜며 계약 연장. 비상 대비할 서비스 구축도 필수

2008년 9월 세계 금융위기가 발생한 이후, 비교적 빨리 어려움을 극복한 기업의 상당수는 뛰어난 서비스전략을 무기로 했다는 공통점이 있다.

독일의 풍력터빈 회사 에네르콘(Enercon)은 고객들과 점검 · 안전서비스 · 손질 · 수선 등을 포함한 '포괄적인 서비스'를 보장하는 서비스계약을 맺고, 서비스 가격은 그들이 풍력발전 시설을 가동해서 얻는 수익에 비례하도록 구성했다. 또 고객인 풍력발전소 회사들에 97%라는 매우 높은 정상가동률을 보장했다. 에네르콘으로선 상당한 위험을 부담한 것이다. 하지만 이런 과감한 보장이 매우 좋은 반응을 일으켰고, 그 결과 에네르콘 고객 중 85%가 이 포괄적 서비스계약을 맺었다.

상업용 폭약시장의 선두 업체인 호주 오리카(Orica)는 채석장 운영업체에 포괄적인 서비스상품을 제공한다. 오리카는 폭약 판매뿐만 아니라 암석 분석, 굴착작업, 발파까지 모두 해준다. 사실 맞춤형 서비스인 만큼 가격 투명성은 떨어지는 대신, 고객당 매출 · 효율성 · 안정성은 올라간다. 고객은 발파과정을 걱정할 필요가 없기 때문에 그만큼 거래를 끊기가 어려워진다. 즉 공급계약이 연장된다.

에네르콘과 오리카처럼 차별화된 서비스를 도입한 회사는 특히 불황기에 큰 힘을 발휘한다. 차별화된 높은 수준의 서비스는 기업의 믿음직스러운 전략적 경쟁우위가 될 수 있기 때문이다.

어느 기업이든 치열한 경쟁의 세계에서 살아남고 지속적으로 성장하려면 반드시 다음 세 요건을 갖춘, 뚜렷한 전략적 경쟁우위가 있어야 한다. ▲고객이 중요하다고 생각하는 부문에서 강해야 한다 ▲기업이 갖추고 있는 우위를 고객이 실제로 인지해야 한다 ▲경쟁사가 쉽게 따라잡을 수 없는 부문에서 강해야 한다. 차별화된 높은 수준의 서비스는 특히 다른 회사들이 적어도 짧은 시간 내에는 흉내내기 힘들기 때문에 기업의 전략적 경쟁우위가 될 수 있다.

그런데 요즘 국내외를 막론하고 고객의 서비스 기대 수준은 상상을 초월할 만큼 높다. 이러한 상황에서 기업은 어떻게 서비스를 전략적 무기로 만들 수 있을까? 오랜 시간 여러 기업의 흥망성쇠를 지켜보니 몇 가지 비법을 도출해낼 수 있었다. 역량 · 외관 · 친절 · 신속이라는 서비스의 기본에 더욱더 충실을 기할 것, 그리고 비상사태 대처 능력을 향상시킬 것, 이 두 가지다.

먼저 역량 부분이다. 우리나라 기업이 수출하는 제품 구조가 더욱 복잡하고 정교해질수록 서비스 담당 직원의 역할은 더 중요해진다. 상당수의 수입국에는 실력 있는 서비스 직원이 아직 많이 모자란다. 우리가 수출하는 제품들을 능수능란하게 다룰 수 있도록 직원들을 지속적으로 철저히 교육해야 한다. 특히 개발도상국 또는 신규 시장의 경우에는 제품의 품질보다는 서비스가 좋지 않다는 불평이 더 많이 들린다는 사실을 우리 기업들은 알아야 할 것이다.

서비스의 '외관'도 중요하다. 점점 더 많은 회사가 통일되고 일관된 기업 이미지를 투사하기 위하여 직원들에게 제복을 입게 하고 있다. 특히 고객 관점에서는 서비스 담당 직원들의 외관이 그대로 기업 정체성(corporate identity)을 반영해, 고객들의 충성심에 적지 않은 영향을 미친다.

친절은 서비스의 기본 중 기본이라고 볼 수 있다. 삼성에버랜드 같은 놀이동산이나 대한항공 등의 비행기 안에서 직접 경험하는 직원의 친절은 상당한 수준이지만, 모든 회사가 다 그런 것은 아니다. 친절을 베푸는 데는 돈이 들지 않는다. 돈 안 드는 친절이 당신 회사와 당신 자신에게 많은 혜택을 가져다 줄 수 있다.

빠른 서비스만큼 고객에게 큰 감동을 안겨주는 것도 드물다. 그러나 서비스를 빨리 제공하려다 보면 일상적인 절차와 충돌할 수 있다. 여기 두 가지 사례를 통해 해법을 찾아볼 수 있다.

2013년 7월 미국 샌프란시스코 공항에 착륙하려던 아시아나항공 OZ214 편이 사고가 나서 승객 3명이 숨지고 100여 명이 부상을 입었다. 이때 이 비행기의 여자 승무원들은 목숨을 건 승객 구조로 현지 언론으로부터 '영웅'이라는 찬사를 들었다.

또 다른 사례. 플라스틱 볼 베어링 분야의 세계적인 회사 IGUS는 "임원의 허가 없이는 절대로 고객에게 '아니요'라고 하지 말라"는 법칙을 갖고 있다. 예를 들어, 어느 고객이 이 회사에 전화를 걸어 한 제품을 사흘 내에 갖고 싶다고 말한다 치자. 실제 생산 계획으로는 불가능한 일일지라도, 이 직원은 먼저 담당 임원과 상의한 뒤 그의 허락이 떨어져야만 고객의 요청을 거절할 수 있다. IGUS의 회장 프랑크 블라제에 따르면, 도저히 안 될 것 같았던 이런 무리한 고객 요구의 약 80%에 대한 해결책을 마련할 수 있었다고 한다.

이상에서 보았듯, '정말로 빼어난 서비스'는 일상적인 절차에 의해 모든 것이 원활하게 진행될 때 나오는 것이 아니고, 예외적인 비상사태가 일어났을 때 창출된다. 일상적인 절차와 훈련만으로는 예외적으로 뛰어난 서비스를 제공할 수 없는 것이다. 따라서 기업이 서비스를 효과적인 차별화의 수단으로 쓰려면 그 이상의 조치가 필요하다. 즉 기업은 서비스 직원들이 정해진 서비스 절차나 매뉴얼에만 매달리지 않고 어떤 상황에서도 고객에게 좋은 서비스를 제공할 수 있도록 그들을 선발하고, 가르치고, 이끌어야 한다.

자료 : 2014년 11월 25일, 조선일보

글 · 로 · 벌 · 서 · 비 · 스 · 경 · 영

05 고객만족과 서비스

CHAPTER

고객만족과 서비스

CHAPTER 05

고객만족(customer satisfaction)의 사고는 1980년대에 서비스경제의 중요성이 증대되면서 미국과 유럽에서 새로운 경영이념으로 자리잡게 되었는데, 미국의 GE사가 도입한 소비자 대응창구(answer center)와 서비스 품질의 향상으로 높은 경영성과를 올린 스칸디나비아 항공사의 사례가 많은 영향을 미쳤다고 할 수 있다. 고객만족의 창출과 유지를 위해서는 기업이 제공하는 제품 혹은 서비스의 높은 품질과 기능이 제공되어져야 하며, 고객서비스 기능이 차별화의 중요한 요인이 될 수 있다. 한편, 고객만족경영이란 기업이 경영을 함에 있어서 고객의 입장에서 객관적인 관점에서 고객이 완벽한 만족을 추구하며, 고객만족을 최종 목표로 삼고 전사적으로 그 성과를 향상시키는 데 모든 경영활동을 집중하는 것을 의미한다.

고객만족과 관련하여 미국의 사우스웨스트 항공사는 창의적인 아이디어, 유머감각과 팀워크를 기반으로 한 자유로운 조직문화, 상호신뢰를 바탕으로 한 노사협력을 기반으로 처음 시장에 진입했을 때 주변에서 경영이 쉽지 않을 것이라는 예상을 뛰어넘어 미국의 주요 항공사로 성장했다.

또한, 다양한 차별화된 서비스를 기반으로 최저의 고객불평 건수, 가장 빠른 수화물 처리 등 고객들에게 최고의 서비스를 제공하는 항공사 중 하나라고 할 수 있다.

사우스웨스트 항공사의 사례에서 볼 수 있듯이 고객만족(customer satisfaction)은 서비스산업에 있어서 가장 중요한 부분이라고 할 수 있는데, 이러한 고객만족을 통해서 서비스기업들은 경쟁기업들과의 치열한 경쟁환경 속에서 경쟁우위를 확보할 수 있게 된다.

1 고객기대모델

고객기대(customer expectation)란 서비스 성과 판단에 이용되는 표준 및 준거로써 어떤 고객이 서비스를 제공받기 전에 그 성과에 대해서 가지고 있는 신념이라고 정의할 수 있다(이명식, 2004; p.77). 또한, 고객의 기대는 최고서비스(ideal service), 희망서비스(desired service), 최저서비스(adequate service), 허용구간(tolerance zone), 예상서비스(predicted service) 등의 5가지 수준으로 구성되어 있다.

1) 최고서비스 수준

최고서비스 수준(ideal service level)이란 서비스를 제공받고자 하는 고객이 기대할 수 있는 가장 최상의 서비스수준을 의미한다. 서비스가 이루어지기 전에 고객이 나름대로 원하고 있었던 부분은 물론 미처 깨닫지 못한 부분까지도 제공되어져 고객의 효익을 제고시켜 주는 서비스수준을 의미한다.

2) 희망서비스 수준

희망서비스 수준(desired service level)이란 고객이 서비스를 제공받기 전 서비스 제공자로부터 받기를 희망하는 서비스의 성과 수준을 의미한다. 일반적으로 고객들은 최고서비스 수준의 서비스는 제공받기가 쉽지 않기 때문에 희망서비스 수준의 서비스를 제공받기를 기대하게 된다. 한편, 고객에 따라서는 최고서비스 수준과 희망서비스 수준이 일치하는 경우도 있을 수 있다.

3) 최저서비스 수준

최저서비스 수준(adequate service level)이란 고객이 불만족스럽게 생각하지 않고 받아들일 수 있는 최소한의 서비스 수준을 의미한다. 이러한 경우 고객들은 제공되고 있는 서비스에 대해 최소 허용기대치만을 가지게 된다.

4) 허용구간

허용구간(tolerance zone)이란 고객이 서비스에 대한 가변성을 인정하고 수용하고자 하는 정도로서 희망서비스 수준과 최저서비스 수준 사이에 위치하는 구간을 의미한다. 고객들은 허용구간 내에서 서비스를 제공받게 되면 받아들이지만, 제공되는 서비스가 최저서비스 수준보다 낮아서 허용구간 밖에서 서비스가 수행되면 불만족스럽게 생각한다. 또한, 제공되는 서비스가 희망서비스 수준을 넘어서서 허용구간 밖에서 제공되면 고객들의 만족도는 높아지게 된다. 허용구간은 서비스가 제공되는 상황 및 고객의 특성에 따라서 가변적이라고 할 수 있다.

5) 예상서비스 수준

예상서비스 수준(predicted service level)이란 고객들이 서비스를 제공받을 때 기대하는 서비스 수준으로 최고서비스 수준부터 최저서비스 수준까지의 범위에 걸쳐 있다. 예를 들어, 어떤 고객이 음식점에서 주문을 해서 음식이 준비되어 나오는 시간이 5분 걸린다는 말을 들었을 때 최고서비스 수준은 5분 이내에 주문된 음식이 준비되는 것이지만 과거의 경험상 10분이나 15분이 소요될 수도 있다. 이러한 경우, 고객의 예상서비스 수준은 5분 이내에 주문한 음식이 준비되면 최고의 서비스 수준의 서비스를 제공받는 것이지만, 10분이나 15분 후에 음식이 준비될 수도 있기 때문에 서비스수준은 고객 자신의 기대에 맞추어 변경될 수 있다고 할 수 있다.

2 고객기대의 선행요인

Kurtz and Clow(1998)에 따르면 고객의 기대는 내부요인, 외부요인, 상황요인, 서비스기업요인 등에 의해서 영향을 받는다.

1) 내부요인

(1) 개인적 니즈

개인적 니즈는 Maslow의 욕구단계설(hierarchy of needs)에 근거하고 있는데, 그 내용은 인간의 행동에 높은 차원의 욕구가 영향을 미치기 이전에 그보다 낮은 차원의 욕구가 완전하거나 부분적으로 충족되어져야 한다는 내용이다. 이러한 인간의 욕구는 생리적 욕구(physiological needs), 안전욕구(safety needs), 사회적 욕구(social needs), 자기존중욕구(self-esteem needs), 자아실현욕구(self-actualization needs) 등으로 나누어진다.

먼저, 가장 낮은 차원의 욕구는 생리적 욕구인데, 생리적 욕구는 의식주와 같이 인간이 생활해 나가는데 있어서 가장 기본적인 욕구를 의미한다. 이렇게 생리적 욕구가 충족되면 인간은 안전욕구를 가지게 되는데, 안전욕구는 안전 및 위험 회피, 물리적인 손상으로부터의 보호와 관련된 욕구를 의미하며, 그 다음 단계의 욕구는 어떤 집단에 소속하고자 하거나 가족을 이루고자 하는 등의 사회적 욕구이다.

그 다음 단계로 높은 차원의 욕구들인 자기존중욕구와 자아실현욕구 등이 있는데, 자기존중욕구는 소속된 사회에서 지위를 가지고 자신을 존중하며 남으로부터 존경을 받고 싶어 하는 욕구를 말하며, 자아실현욕구는 인간이 자신이 이룰 수 있는 모든 것을 얻고자 하는 욕구를 의미한다.

(2) 관여수준

관여(involvement)는 인간이 어떠한 상황에서 특정행위를 할 때 가지게 되는 중요성이나 관심의 정도를 의미하는데, 관여는 고객의 기대에 두 가지 효과를 가지고 있다. 첫째, 관여수준이 높아질수록 최고서비스와 희망서비스 수준과의 차이가 줄어들게 된다. 둘째, 관여수준이 높아질수록 허용구간의 폭은 줄어들게 되며, 이러한 경우 고객들은 서비스 제공사항에 변동이 생기면 예민해지게 되어 덜 관용적이게 된다.

(3) 과거경험

서비스에 대한 고객의 기대에 영향을 미치는 가장 중요한 요인은 고객의 과거경험이라고 할 수 있다. 과거경험에는 특정 서비스 제공자와의 경험, 같은 산업내의 다른 서비스제공자와의 경험 및 유사한 서비스에 대한 경험 등이 포함된다고 할 수 있다.

2) 외부요인

고객기대의 선행요인 중 외부요인들로는 경쟁자 상황, 사회적 상황, 구전 커뮤니케이션 등이 있다.

(1) 경쟁자 상황

고객들의 서비스 기대수준은 같은 산업내의 경쟁자의 상황에 의해서 영향을 받게 되는데, 예를 들어 같은 산업내의 다른 경쟁기업이 서비스의 가격을 인하한다면 다른 경쟁기업들도 가격을 인하하거나 다른 촉진수단을 사용하게 된다. 또한, 경쟁은 같은 산업내의 다른 경쟁자들하고만 하는 것이 아니라 다른 산업의 대체가능한 경쟁자들과도 일어나게 된다.

(2) 사회적 상황

고객들이 처한 사회적 상황도 서비스에 대한 기대수준에 영향을 미치게 되는데,

고객들은 자신들이 조금 더 신경 쓰는 사람들과 함께 있을 때 서비스 기대수준이 증가하게 되며 허용구간은 상대적으로 줄어들게 된다.

(3) 구전 커뮤니케이션

구전 커뮤니케이션(word of mouth communication)은 고객들의 기대형성에 큰 영향을 끼치게 되는데, 특히 서비스는 경험품질 혹은 신용품질의 특성을 가지고 있기 때문에 다른 사람의 의견을 요청하는 경우가 많이 발생한다. 특히 구전 커뮤니케이션은 서비스에 대한 최고수준과 희망수준을 형성하는데 많은 영향을 미치게 된다.

3) 상황요인

상황요인은 정상적인 상황에서의 일시적인 변화로 구매이유, 고객의 기분, 날씨, 시간의 제약 등이 있다.

(1) 구매이유

구매이유는 서비스에 대한 고객의 기대에 많은 영향을 미치는데, 예를 들어 호텔을 선택할 때 그 선택이유가 무엇인가에 따라 고객들의 기대는 크게 달라지게 된다.

(2) 고객의 기분

고객의 서비스 제공 당시 기분은 서비스에 대한 기대에 많은 영향을 미치게 되는데, 고객의 기분이 좋을 때에는 서비스제공자에 대해서 보다 관용적이기 때문에 허용구간의 범위가 보다 커지게 되고 최저서비스 수준도 보다 낮아지게 된다. 반면, 고객의 기분이 좋지 않을 때에는 위와는 반대로 허용구간도 작아지며 최저서비스 수준도 올라가게 된다.

(3) 날씨

날씨도 고객의 서비스기대에 영향을 미치는데, 날씨가 좋을 때와 나쁠 때 고객들은 서비스에 대한 기대수준이 다르게 나타나게 된다. 서비스에 대한 희망수준은 동일하지만 날씨가 나쁘면 서비스 예상수준은 낮아지게 된다.

(4) 시간의 제약

시간의 제약성(time constraints)도 고객의 기대에 영향을 미치게 되는데, 예를 들어 급하게 인쇄물을 맡긴 고객의 경우, 예상기대수준은 낮아지게 되면 허용구간의 범위도 넓어지게 된다. 이와 같이 시간적으로 제약이 있는 서비스의 경우 고객들도 정상적인 상황에서 기대할 수 있는 서비스 수준을 그 시간의 제약성에 맞추어 변경시키게 된다.

4) 서비스기업요인

고객기대에 영향을 미칠 수 있는 서비스기업요인들로는 촉진, 유통, 가격, 서비스 종업원, 다른 고객들, 유형적 단서, 기업이미지, 서비스제공전 대기 등이 있다.

(1) 촉진

고객들은 광고나 판매촉진 등을 통한 기업의 촉진전략에 의해서 그 기업에 대한 예상서비스 수준을 형성하게 되는데, 이에 따라 고객들은 희망서비스 수준, 최저서비스수준, 허용구간 등을 변경시킬 수 있다.

(2) 유통

브랜드자산이 구축되어 있고 복수의 유통체인점을 가지고 있는 기업들이 제공하고 있는 서비스는 고객들의 예상기대를 강화시키고 있다. 고객들은 그 서비스기업의 각 점포에서는 거의 비슷한 수준으로 서비스를 제공받을 것으로 기대하게 된다.

(3) 가격

일반적으로 가격이 높을수록 고객들의 서비스에 대한 기대도 높아지게 되고 허용구간도 좁아지게 된다. 또한, 가격에 있어서 경쟁기업 및 대체인에 따라 고객의 기대도 변화하게 되며, 예상서비스수준은 가격과 정비례하지만 허용구간의 범위는 반비례하는 경향이 나타나게 된다. 다시 말하면 가격이 높을수록 고객들의 최저서비스 수준은 올라가고 허용구간도 좁아지게 된다.

(4) 서비스 종업원

서비스 종업원의 고객에 대한 응대 및 대화는 그 서비스를 제공받고 있는 고객들의 기대수준에 영향을 미치게 된다.

(5) 다른 고객들

고객의 기대는 다른 고객들에 의해서도 영향을 받게 되는데, 다른 고객들이 어떻게 서비스 제공을 받는지 관찰함으로써 자신이 받을 서비스의 수준을 기대하게 된다. 또한, 다른 고객들이 고객기대에 미치는 또다른 영향은 서비스에 대한 수요를 나타내 보이는 것이라 할 수 있는데, 예를 들어, 어떤 음식점에서는 많은 사람들이 음식을 주문하기 위해서 줄을 서서 기다리는 것을 보는 경우 그 서비스에 대한 기대수준은 높아지게 된다.

(6) 유형적 단서

서비스의 유형적 단서에는 서비스시설의 내부·외부 모양, 배치된 가구, 서비스에 사용될 설비, 인테리어, 청결도 등이 포함된다. 이러한 유형적 단서에 의해 고객들의 기대수준은 영향을 받게 된다.

(7) 기업이미지

고객들이 서비스 제공 기업에 대해서 좋은 이미지를 가지고 있으면 그 기업에서 제공되는 서비스의 기대도 크고 그렇지 않으면 서비스에 대한 기대수준도 낮아지게 된다.

(8) 서비스제공 전 대기

고객들은 나름대로의 기준을 가지고 대기시간을 예상하게 되며 예상보다 실제 대기시간이 길어지게 되면 고객은 그 서비스에 대해서 덜 관용적이게 된다.

사례

스타일을 중요시하는 W호텔

고전적인 호텔의 이미지를 깨고 업계에 신선한 바람을 불러일으킨 W호텔은 도시적인 이미지의 스타일이 살아 있는 곳이다. W호텔은 보다 특별한 것을 원하는 신세대 비즈니스 여행객들의 취향을 공략했고 그 전략은 성공적으로 들어맞았다. 대중에게 선보인 지 5년 만에 독특한 스타일을 내세우며 부티크 호텔이라고까지 불리게 되었다. W호텔은 웨스틴, 쉐라톤, 포 포인츠 드의 호텔 그룹을 소유한 Starwood and Resorts World에 속한 새로운 개념의 호텔이다. 업계의 치열한 경쟁 속에서 처음부터 도회적인 라이프스타일과 첨단시설이 조화된 새로운 환경에 초점을 맞추었다.

W호텔이라는 특이한 이름은 w라는 글자에서 시작한다. 따뜻한(warm) 분위기, 훌륭한(wonderful) 시설, 위트(witty) 있는 디자인과 첨단 시설을 완전히 갖춘(wired) 호텔이 보내는 환영(welcome)의 메시지, 그것이 바로 W호텔이다. 최초의 W호텔은 전형적이고 전통적인 개념의 호텔을 거부하고 새로운 움직임을 창조하는 비전을 기반으로 1998년 12월에 뉴욕에서 문을 열었다. Starwood 계열 최초의 스타일 호텔인 W뉴욕의 로비는 오픈한 지 2주만에 레스토랑과 바를 찾는 고객으로 가득 찼다. 고객들의 폭발적인 반응은 대단해서 출입구에서 호텔 객실키를 확인하는 방법으로 방문객의 출입을 제한해야 할 정도였다. W호텔은 현재 뉴욕에 5개, 전 미대륙에 16개, 시드니에 1개가 있으며, 멕시코시티, 몬트리올, 서울에 오픈을 앞두고 있다. 세계의 모든 W호텔에서는 발을

들여놓는 순간 각각 위치한 도시와 조화된 W만의 스타일을 느낄 수 있다. W호텔의 디자이너들과 각 지역 최고의 디자이너들이 함께 모여 브랜드의 이미지를 유지하면서도 지역의 특성을 최대한 살린 디자인을 만들기 때문이다. 예를 들어, W시드니는 과거 양털 창고였던 항구의 건물을 개조해 세련된 디자인의 호텔로 만들었다. 붉은 유리벽으로 장식된 로비에 물결모양의 철강과 원목으로 된 빌딩 구조가 그대로 드러난다. 바닥에서 천장까지 이어지는 통유리창에는 항구가 그대로 내다보인다. 원형 카펫으로 편안한 분위기를 만들어 이 건물의 과거 이미지를 살려 푹신한 양털 안락의자를 배치해 놓았다. W뉴욕의 오아시스 로비는 땅, 바람, 불, 그리고 물 등의 자연 요소에서 영감을 얻었다. 투숙객들이 폭포를 둘러싼 드라마틱한 유리벽을 거쳐 내부로 들어오게 디자인된 로비가 이를 단적으로 보여준다. W호텔 로스앤젤레스에 들어서면 서리가 내린 듯한 유리 계단을 지나 조명이 있는 폭포를 거쳐 가게 되어 마치 물위를 걷는 듯한 느낌이 든다.

W호텔 시카고 레이크쇼어는 간결한 젠 스타일의 장식이 압도적이다. W호텔의 객실은 비즈니스맨의 필요를 충족시키기 위한 최상의 엔터테인먼트 시스템과 첨단시설을 갖추고 있다. 예를 들어, W로스앤젤레스는 기업회의시에 오감을 자극해 능률과 의욕을 향상시키기 위해 고안된 감각적인 룸세팅을 제공한다. 무드 있는 배경음악을 깔고 아로마테라피를 이용해 회의실의 분위기를 상쾌하게 하는 식이다. 또한, 각종 과일, 민트가 우러난 물과 새콤한 알사탕 등을 항시 비치하고 있다. 참석자들을 안정시키는 용도로 W스트레스 볼, 핀 임프레션과 숫자 퍼즐 등도 제공된다. W호텔의 객실은 다양한 영화와 주문형 비디오, 초고속 인터넷 등의 서비스가 제공될 뿐만 아니라 팩스 송수신과 스피커폰 기능을 갖춘 전화도 설치되어 있다. 그러나 객실의 본질은 휴식에 있음을 W호텔은 잊지 않는다. 고객들이 조용하고 아늑한 분위기에서 쉴 수 있도록 디자인된 W호텔의 객실은 포근한 안식처를 컨셉으로 한다. 객실마다 거위털로 채워진 린넨 이불과 베개, 커다란 책상, 간단한 음료와 스낵이 준비되어 있다.

W호텔은 스타일과 시설 못지 않게 세심하고 개별화된 서비스를 중요시한다. W호텔은 고객이 원한다면 무엇이든지(whatever), 언제든지(whenever) 서비스 한다는 W철학을 가지고 있다.

자료원 : 한국경제신문, 2003년 4월 21일.

3 고객만족 지표의 이해

고객만족도는 고객이 거래한 제품이나 서비스에 대해서 거래 및 이용시의 체험을 근거로 하여 어느 정도 만족하는가를 측정하고, 만족하는 각 요소에 대해서 고객의 평가를 측정하는 것이라고 할 수 있다. 현재의 고객만족도 수준을 이해하고 어떠한 개선활동을 추진할 것인가를 검토하기 위해서는 고객의 가치기준에 기반을 둔 조사에 의해 도출된 고객만족도지수(customer satisfaction index : CSI)를 측정하고, 이를 위해 핵심이 되는 질문 항목이 무엇인지를 파악해야 하며, 설문의 대상자를 선정함에 있어서도 유의해야 한다. 고객만족 측정의 목적은 고객만족도를 제고하기 위한 개선활동이기 때문에 실제 고객만족도지수를 산출하는 과정에서 종합적인 만족감을 상승시키는 데 크게 기여하는 요인이 무엇인지를 알아야 하며, 측정결과를 기본으로 하여 직원들이 어떻게 해야 할지를 스스로 생각해보도록 해야 한다. 고객만족도 조사를 위해서는 계속성의 원칙, 정량성의 원칙, 정확성의 원칙 등이 필요하다고 할 수 있다(김연성 외, 1999, p.208).

1) 계속성의 원칙

고객만족도 조사를 특정 시점에 한 번 실시하는 것으로는 고객만족도 제고를 위해서는 부족하며, 지속적으로 고객만족도를 조사하여 이 결과를 체계적인 개선활동에 반영하는 것이 필요하다.

2) 정량성의 원칙

고객만족도 조사에서 중요한 것은 이전과 비교해서 어느 정도 개선되었는지를 파악하는 것이 중요한 목적이기 때문에 비교의 기준이 제시된다. 따라서 일정한 시기에 일정한 방법에 의해서 계속적으로 조사를 실시하는 것이 중요하며 시계열적인 비교가 가능해지면 고객만족의 상황과 문제점을 파악할 수 있다.

3) 정확성의 원칙

또한, 위에서 언급된 계속성의 원칙과 정량성의 원칙과 더불어 조사대상자의 표본이 적합한지, 조사항목이 경영상황을 충분히 반영하는지, 조사방법이 적절한지 등에 대한 원칙도 매우 중요한 부분이라고 할 수 있다.

GLOBAL
SERVICE
Management

06 서비스 품질

CHAPTER

서비스 품질

CHAPTER 06

서비스기업의 경우 품질관리를 통해서 기업의 경쟁우위를 확보해야 하며, 이를 통해서 산업내에서 지속적으로 성장할 수 있는 기회를 마련할 수 있다. 이러한 서비스 품질관리를 위해서는 먼저 서비스 품질을 측정하는 일이 선행되어야 하는데, 서비는 제품과 달리 품질을 측정하는 데 여러 가지 어려움이 생길 수 있다(김연성 외 1999, p.479). 이렇게 서비스 품질을 측정하는 데 부딪히는 어려움은 첫째, 서비스 품질의 개념이 주관적이기 때문에 객관화하여 측정하기 어려우며, 모든 경우에 적용되는 서비스 품질을 정의하기는 매우 어렵다. 둘째, 서비스 품질은 서비스이 전달이 완료되기 이전에는 검증되기가 어려운데, 이것은 서비스의 특성상 생산과 소비가 동시에 이루어지기 때문이다. 셋째, 서비스 품질을 측정하려면 고객에게 물어봐야 하는데 고객으로부터 데이터를 수집하는 일이 시간과 비용이 많이 소요되며 회수율도 낮은 편이기 때문에 서비스 품질 측정에 어려움이 있다. 넷째, 자원이 서비스 전달과정 중에 고객과 함께 이동하는 경우에는 고객이 자원의 흐름을 관찰할 수 있는데, 이러한 점은 서비스 품질의 객관성을 저해할 수 있다. 마지막으로 고객은 서비스 프로세스의 일부이며, 변화를 일으킬 수 있는 중요한 요인이기도 하다. 따라서 고객을 대상으로 하는 서비스 품질의 연구 및 측정에 본질적인 어려움이 있다고 할 수 있다.

특히 글로벌서비스기업들은 일반적으로 기업의 브랜드가치를 활용하여 전 세계 여러 지역에 진출하는 경우가 많기 때문에 보다 높은 수준의 서비스 품질을 유지하기 위해서는 서비스 품질의 표준화(standardization)가 매우 중요한 부분이 될 수 있다.

1 서비스 품질의 이해

기업의 품질은 그 기업의 경쟁력을 좌우하는 매우 중요한 부분이라고 할 수 있는데, 품질경영과 관련하여 최근까지 여러 기업과 연구자들에 의해서 여러 발전과정의 단계를 거쳐 왔으며, 이러한 품질경영에 관한 발전과정을 통해서 전통적 품질경영과 현대적 품질경영을 비교하면 다음과 같다.

표 6-1 품질경영관점의 비교

전통적 품질경영의 관점	현대적 품질경영의 관점
- 대응형(reactive) - 검사 중심 - AQL(Accepted Quality Level)이 표준 - 제품 중심(product-oriented) - 일정 최우선 - 품질과 비용의 양자 택일 - 품질의 대상은 작업 - 품질비용에 대한 대략적 짐작 - 품질은 품질부문의 문제 - 규격에 적합하면 됨 - 품질은 기술적 문제임	- 선행형(proactive) - 예방 중심 - Zero Defect가 표준 - 과정 중심 - 품질 최우선 - 품질과 비용의 동시 추구 - 개발에서부터 서비스까지 관여함 - 품질비용에 대한 공식적인 조사 - 품질은 기업의 전 부문의 문제임 - 지속적인 개선이 요구됨 - 품질은 경영의 문제임

자료 : 김연성 외, 1999, p.31.

특히, 재화와 비교해서 서비스는 무형성, 이질성, 생산과 소비의 동시성 등의 특성으로 인해 품질의 평가가 더 어렵다고 할 수 있다. 이러한 어려움 때문에 소비자는 서비스의 품질을 평가할 때 다른 단서(clue)나 과정(process)에 의존하는 경향을 나타낸다. 또한, 서비스는 탐색품질(search quality) 속성을 거의 없고 경험품질(experience quality) 속성을 많이 가지고 있다. 고객이 서비스를 평가할 때 기대가 매우 중요한 역할을 하기 때문에 마케터는 이러한 기대를 형성하는 요인을 이해할 필요가 있는데, 실질적으로 고객의 기대에 영향을 미치는 요인 중에는 통제 가능한 요인보다 통제 불가능한 요인이 더 많다고 할 수 있다.

제품 및 서비스에 대한 품질평가는 탐색품질(search quality), 경험품질(experience quality), 신용품질(credence quality) 등으로 나눌 수 있는데, 제품의 경우는 탐색품질의 특성이 강한 반면 서비스는 경험품질과 신용품질의 특성이 강한 특성을 가지고 있다.

1) 품질의 평가

(1) 탐색품질

제품이나 서비스를 구매하기 전에 소비자들이 평가할 수 있는 속성을 말하는 것으로 모양, 느낌, 가격 등과 같은 항목을 포함하고 있다. 컴퓨터, 냉장고 등과 같은 소비재(consumer goods)와 원자재, 부품 등과 같은 산업재(industrial goods)들은 제품을 구매하기 전 소비자들이 그 품질을 평가할 수 있기 때문에 탐색품질(search quality)의 속성이 강한 편이라고 할 수 있다.

(2) 경험품질

경험품질(experience quality)은 소비자들이 소비중이거나 소비한 후에야만 평가할 수 있는 속성으로 경험을 통해서야만 그 품질을 인지할 수 있게 된다. 식사나 성형수술 등은 경험품질의 속성이 강한 서비스 상품이라고 할수 있다. 또한, 호텔, 항공사, 여행사 등의 서비스들도 경험을 통해서만 서비스의 품질을 평가할 수 있는 대표적인 산업들이라고 할 수 있다.

(3) 신용품질

신용품질(credence quality)이란 서비스 종류후에도 그 평가가 힘든 속성을 가지고 있는 서비스들이 포함된다고 할 수 있는데, 교육, 의료, 회계 서비스 등이 포함된다고 할 수 있다.

탐색품질, 경험품질, 신용품질 등과 관련된 표는 아래와 같다.

표 6-2 제품 및 서비스의 특성

품질	정의	소비자대상	기업대상
탐색품질	구매전 평가될 수 있는 것	구두, 청바지, 냉장고, 컴퓨터, 휴대폰	원료, 부품, 사무용품, 공구
경험품질	소비중이거나 소비가 끝난 후에만 평가될 수 있는 것	음식, 오락, 성형수술	사무실관리, 운송
신용품질	서비스 수행후에도 평가하기 어려운 것	회계서비스, 교육, 병원서비스	컨설팅, 광고, 보험

2) 과정품질과 기술적 결과품질

고객들은 제공되어진 서비스의 기술적 결과에 대한 인식과 그 결과가 어떤 과정을 거쳐 제공되었는지를 기반으로 해서 서비스 품질을 판단하게 된다. 예를 들어, 병원에서 제공되는 의료서비스에 대한 기술적 결과품질은 환자들의 병을 완쾌시켜 주는 일이다. 의료서비스의 과정품질은 의사의 시의적절한 치료, 의사 및 간호사들의 고객들에 대한 이해, 정중한 응대, 그리고 환자들의 이야기를 듣는 태도 등을 생각해 볼 수 있다. 만약, 고객들이 음식점에 갔을 때 기술적 결과품질이, 제공된 음식이라면 과정품질은 음식제공 절차 및 방법, 종업원들의 응대태도라고 할 수 있다. 만약, 서비스가 어떤 구체적인 결과를 가지고 있다면 고객들은 그 결과에 의거해서 그 서비스의 효과를 판단하게 된다. 그러나 일반적으로 서비스는 제품에 비해서 상대적으로 매우 복잡하여 뚜렷한 결과가 항상 명백하게 나오는 것이 아니다. 이러한 상황에서 서비스제공자의 실제 능력이나 그 결과의 유효성 등으로 나타나는 서비스의 기술적 품질은 고객들이 쉽게 판단할 수 없게 된다. 심지어 어떤 경우, 고객들은 제공된 서비스가 제대로 수행되었는지의 여부조차 모르는 경우가 있다. 많은 서비스의 경우 고객들은 자신들이 지급하는 비용에 대해서 의문을 품게 된다. 따라서 고객들은 자격을 소지하고 훌륭한 기술을 갖는 것 이외에도 서비스제공자가 대인관계를 제대로 할 수 있는 능력을 가졌으면 하고 바라게 된다. 즉 고객들이 제공된 서비스 결과의 기술적 품질을 효과적으로 판단할 수 없다면 그들은 문제해결능력, 고객과의 공감능력, 고객에 대한 정중한 태도, 약속이행수준 등과 같은 서비스의 과정품질 차원에 따라 서비스 품질에 대해서 자신들의 판단을 내리게 되는 것이다(이명식, 2004, pp.112-113).

2 서비스 품질 차원

서비스 품질 차원과 관련하여 많은 연구자들은 서비스의 품질이 단일차원의 개념이 아닌 여러 요인들에 의해서 평가가 이루어져 왔다고 생각했다. 이렇게 서비스 품질 차원과 관련된 연구들이 진행되다 1985년 Parsuraman, Zeithmal, Berry 등의 학자에 의해서 아래와 같이 10가지 차원의 서비스 품질 평가기준이 제시되었다.

표 6-3 서비스 품질의 10가지 평가차원

서비스 품질 차원	정의
신용도	서비스 제공자의 솔직함, 믿음성, 신뢰감
안전성	위기, 위험, 의심제거
접근성	접근가능성 및 용이한 접촉
커뮤니케이션	고객들의 말을 청취하고 그들이 이해할 수 있도록 의사전달하기
고객 이해하기	고객 및 그들의 니즈를 알려고 노력
유형성	물리적 시설, 장비, 종업원들의 모습
신뢰성	약속한 서비스를 믿음직스럽고 정확하게 수행하는 능력
반응성	고객에게 도와 주고 신속한 서비스를 제공
능력	서비스 제공에 필요한 지식과 기술을 보유
예절성	서비스 접촉 종업원의 정중함, 존경심, 신중함, 친절함

그러나 서비스 품질의 10가지 차원들이 상호간에 중복되는 부분이 있고 그 내용을 명확하게 구별하기 힘들다는 의견 등에 따라 PZB(1988)는 1985년 자신들의 연구를 보다 정교하게 만들고 상호간에 중복되는 부분들을 5가지 차원으로 다음과 같이 통합하였으며, 최근, 서비스 품질과 평가에서는 이 5가지 차원이 널리 사용되고 있는 상황이다.

(1) 유형성

유형성(tangibility)은 물리적 시설, 장비, 종업원, 사용되는 커뮤니케이션 자료 등의 외형을 의미한다. 호텔의 경우, 호텔의 외형을 의미하며 호텔산업의 특성상 일반적으로 이렇게 서비스 품질 평가차원에서 유형성에 대한 소비자들의 평가가 포함된다는 것을 인지하고 있기 때문에 청결하고 화려한 이미지를 구축한다고 할 수 있다.

(2) 신뢰성

신뢰성(reliability)이란 약속한 서비스를 정확하게 제공하는 능력을 말하는데, PZB(1988)에 의하면, 미국에서 신뢰성이 서비스 품질 차원 5가지 중에서 서비스 품질에 대한 고객들의 인식을 결정하는 데 있어서 가장 중요한 요소로 작용되고 있다고 한다.

(3) 반응성

반응성(responsiveness)은 고객을 도와주고 신속한 서비스를 제공하고자 하는 의지를 의미한다. 반응성은 고객들의 요구, 질문, 불평 및 문제를 처리하는데 있어서 관심과 신속성을 강조한다.

(4) 공감성

공감성(empathy)이란 고객을 개별화시켜 이해하려는 노력으로 접근의 용이성과 서로 커뮤니케이션이 잘 이루어지는 것이 포함된다.

서비스 품질 평가기준 5가지 중에서 공감성은 글로벌서비스기업들에게 있어서는 매우 신중하게 접근해야 하는 부분이다. 공감성은 국가별 혹은 지역별로 문화적인 차이에서 오는 커뮤니케이션의 다양성이 존재하기 때문에 글로벌서비스기업들은 이러한 다양성을 고려해서 서비스 품질을 관리해야 한다.

(5) 확신성

확신성(assurance)은 종업원들의 지식과 정중함, 그리고 기업과 종업원들이 불러 일으키는 믿음직스러운 모습을 의미한다.

3 고객만족과 서비스 품질 업그레이드

고객만족(customer satisfaction)이란 고객의 필요와 욕구에 의해 생겨난 기대를 충족시키거나 초과할 때 만족이 발생하고, 반대로 고객의 기대를 충족시키지 못할 때 불만족이 발생하는 것을 의미한다. 한편, 서비스 품질을 평가하기 위해서 고객들은 고객들이 받은 서비스를 서비스를 제공받기 전 기대했던 서비스와 비교하게 된다. 만약, 제공받은 서비스의 수준이 기대했던 서비스 수준보다 높으면 만족도가 올라가고, 반대로 제공받은 서비스 수준이 기대했던 서비스 수준보다 낮으면 만족도는 낮아지게 된다.

PZB는 갭(gap)이란 소비자가 서비스기업이 제공해야 한다고 느끼는 서비스와 소비자 서비스기업의 서비스 공정 및 결과에 대해 지각한 성과의 차이로 정의하고 있다. 서비스 품질과 관련해서 서비스 품질을 업그레이드 시키는데 있어서의 문제점(제공자 갭)은 고객의 기대를 파악하지 못하는 것, 적절한 서비스표준을 정하지 못하는 것, 서비스표준을 제대로 제공하지 못하는 것, 성과가 약속에 미치지 못하는 것 등을 들 수 있다. 고객의 기대서비스와 지각서비스의 차이인 갭(gap)은 네 가지로 나누어 볼 수 있다(전인수, 1999, p.48. 참조).

1) Gap 1 : 고객의 기대를 모른다.

(1) 마케팅조사의 중요성에 대한 이해 부족

- 불충분한 마케팅 조사

- 서비스 품질에 대한 초점을 맞추지 않은 조사
- 마케팅조사결과의 부적절한 사용

(2) 상향 커뮤니케이션 부족

- 관리자와 고객 간의 상호작용 부족
- 접점직원과 고객 간의 커뮤니케이션 부족
- 접점직원과 최고경영자 간에 너무 많은 계층

(3) 관계에 초점을 맞추지 못함

- 시장세분화 부족
- 관계보다는 거래에 초점
- 단골고객보다는 신규고객에 초점

2) Gap 2 : 적절한 서비스표준을 정하지 못한다.

(1) 고객중심적 표준의 부재

- 고객중심적 서비스표준의 부재
- 고객에 초점을 맞춘 프로세스 관리 부재
- 서비스 품질 설정을 위한 공식과정의 부재

(2) 부적절한 서비스리더십

- 서비스리더십이 불가능하다고 생각
- 부적절한 경영자 몰입

(3) 어설픈 서비스설계

- 체계적이지 못한 서비스개발과정
- 모호한 서비스설계
- 서비스설계를 서비스포지셔닝에 연결시키지 못함

3) Gap 3 : 서비스표준을 제대로 제공하지 못한다.

(1) 인사정책의 결함

- 효과적이지 못함 채용
- 역할 모호성과 역할 갈등
- 직원의 업무지식 부족
- 부적절한 평가 및 보상시스템
- 권한이양, 지각된 통제 및 팀워크의 부재

(2) 공급과 수요를 일치시키는데 실패

- 수요의 정점과 저점을 완만하게 하지 못함
- 조화롭지 못한 고객믹스
- 수요를 평탄화하기 위해서 가격에 지나치게 의존

(3) 역할을 제대로 수행하지 못하는 고객

- 고객이 그들의 역할과 책임에 대해 잘 모름
- 고객이 서로에게 부정적인 영향을 미침

4) Gap 4 : 성과가 약속에 미치지 못한다.

(1) 고객기대를 효과적으로 관리하지 못함

- 여러 커뮤니케이션 방식으로 고객기대를 관리하는 데 실패
- 고객을 충분히 교육하는 데 실패

(2) 과잉 약속

- 광고로 과잉 약속
- 인적판매로 과잉 약속
- 물리적 증거 단서로 과잉 약속

(3) 수평적 커뮤니케이션이 불충분/부적절

- 영업부서와 타부서 간의 불충분한 커뮤니케이션
- 광고부서와 타부서 간의 불충분한 커뮤니케이션
- 유통점 간의 절차나 정책의 차이

이와 같이 서비스 품질은 보다 많은 수준 높은 고객들을 창출하는데 많은 영향을 미치기 때문에 경쟁기업에 비해서 좋은 평판을 얻을 수 있기 때문에 서비스기업 입장에서는 이를 통해서 시장점유율을 높이고 고가격 전략을 수행할 수 있다. 또한, 서비스 품질은 기업의 경제적인 요인에 많은 영향을 미치고 있으며, 전사적 품질관리(total quality management; TQM)와 같은 접근방법은 비용을 낮추거나 생산성을 증가시키는 가운데 서비스 품질의 향상이 기업에게 어떠한 영향을 미치는지를 보여주고 있다고 할 수 있다.

4 품질비용의 이해

품질과 관련된 부분에서 가장 중요한 부분 중 하나가 품질비용과 관련된 것인데, 품질비용이란 품질이 좋은 제품과 서비스를 만드는데 사용된 모든 비용을 의미하는 것으로서, 예방비용, 평가비용, 내부실패비용, 외부실패비용, 고객의 요구를 초과하여 충족시켜 주기 위한 비용, 상실한 기회비용 등이 모두 포함된다. 또한 품질경영의 핵심적인 부분은 품질비용을 줄이는 것과 관련된 부분이라고 할 수 있다. 품질비용의 정의는 지금까지 매우 다양하게 정의되어 왔는데, 몇 가지 주요한 정의를 살펴보면, 첫째, 제품이나 서비스를 만들어 파는데 드는 실제비용과 만약 제조 및 사용중에 어떠한 실패도 없으며 실패의 가능성도 없을 경우의 비용의 차이이다. 둘째, 품질비용은 보통 나쁜 품질이 존재할 수 있거나 또는 실제로 존재하기 때문에 발생하는 비용으로 정의된다. 셋째, 품질비용은 고객의 요구사항을 충족시키지 못하는 비용, 즉 일을 잘못해서 생기는 비용이다. 마지막으로 품질목표를 달성하는 데 들어가는 모든 활동이 품질비용이라고 할 수 있다. 특히 제조업 뿐만 아니라 서비스기업의 경우에도 품질비용은 매우 중요한 개념이라고 할 수 있으며, 향후 서비스 품질비용과 관련된 부분이 서비스기업에게는 경쟁기업들과 비교해서 경쟁우위를 창출하는데 핵심적인 내용이 될 것으로 생각된다.

품질비용은 적합한 품질을 달성하기 위해 지출되는 적합품질비용(conformance cost)과 나쁜 품질에 의해 발생되는 비적합품질비용(nonconformance cost) 또는 실패비용(failure)으로 구분된다. 적합비용은 다시 예방비용(prevention cost)과 평가비용(appraisal cost)으로 구분되며, 비적합비용은 내적실패비용(internal failure cost)과 외적실패비용(external failure cost)으로 구분되며, 각각의 비용에 관한 자세한 설명은 아래와 같다(김연성외, 2000, p.91).

표 6-4 품질비용의 구성

구분	내용
예방비용	문제를 피하는 것과 관련된 비용, 교육 · 계획 등의 비용
평가비용	제품이나 서비스가 제대로 적용되는지 검사하는 것과 관련된 비용 검사, 실험실 실험, 현장 실험 등의 비용
내적실패비용	제품을 고객에게 배달하기 전에 문제를 발견하여 수정하는 것과 관련된 비용, 폐기, 재생산, 라인정지시간, 품질미달로 인한 염가판매 등의 비용
외적실패비용	제품이나 서비스가 고객에게 배달된 후 발견된 문제와 관련된 비용, 품질보증, 교환비용, 환급, 고객불만 처리비용 등

또한, 위에서 언급되지 않은 품질비용의 기타 요소들도 존재하는데, 예를 들면, 고객의 요구를 초과 충족시킨데 따른 비용(exceeding requirement)과 상실한 기회비용(lost opportunities) 등이 여기에 포함된다고 할 수 있다.

글 · 로 · 벌 · 서 · 비 · 스 · 경 · 영

07

호텔업과 글로벌서비스경영

CHAPTER

글로벌서비스경영

호텔업과 글로벌서비스경영

CHAPTER 07

1 호텔업의 이해

1) 호텔업의 개념

호텔의 어원은 라틴어의 Hospitale이라는 말에서 찾아 볼 수 있는데, 이 Hospitale이라는 단어에서 Hospital, Hostel, Inn 등으로 현대에 와서 Hotel이라는 말이 되었다고 할 수 있다. Hospital이라는 단어는 현재에는 병원이라는 의미로 사용되고 있지만, "Webster's Dictionary"에서는 "A place for shelter and rest for travelers"로 여행자의 숙박과 휴식의 장소이며, 원시적 숙박시설의 기원을 의미하고 있다. 현대적인 의미로서는 "A building or institution providing Lodging, Meals, and Service for the Public"로 호텔은 숙박과 식사 및 서비스를 일반대중에게 제공하는 시설 혹은 그 건물 자체를 뜻한다고 볼 수 있다.

이러한 관점에서 본다면 호텔과 병원은 가장 밀접한 관련을 가지고 있으며, 병원과 호텔경영관리를 동일시하는 것도 이 때문이다. 한편, 호텔업의 본고장인 영미법률에서 살펴볼 때, 일반법은 그 개념을 다음과 같이 설명하고 있다. "호텔이란 예절 바르게 받은 접대에 대한 지불능력 및 준비가 되어 있는 모든 사람들에게는 시설의 여유가 있는 한 수용이 허락되며, 체재기간 및 보상의 율 등에 관한 약정없이 체재 중에 타당한 대가를 지불하면 식사 · 침실 등이 제공되며, 그 집을 임시적으로 가정으로 이용하는데 필연적으로 부수되는 서비스와 관리를 받을 수 있는 장소이다"(A place where all who conduct themselves properly, and who, being able and ready to pay for their entertainment, are received, if there be accommodation for them, and who without any stipulated engagement as to the duration of their stay or as to the rate of compensation, are while their supplied at a resonable cost with their meals, lodging, and such services and attention as are necessarily incident to the use of the house as a temporary home).

2) 호텔의 역사

호텔이라는 용어가 사용된 것은 약 200년 전부터이며 교통수단으로 마차가 등장하였는데, 이 마차에 의해 승객들을 위한 대규모의 고급 숙소로서 숙박시설이 생겨나기 시작하였다.

19세기가 되면서 호화호텔 건설의 구체적인 형태가 나타나기 공되었다.

현재의 호화로운 건물의 외관과 내장 및 시설은 이 시기에 상업화되었던 양식이 그대로 내려오고 있다고 할 수 있다.

미국에서의 호텔의 역사는 1829년 보스턴에 최초의 현대식 호텔인 Tremont House가 등장하였으며, 상용호텔의 시대로 들어오면서 여행수요 및 관광객의 증가로 인해 고객들이 원하는 숙박시설의 형태, 서비스의 개발, 중산층 고객에 맞는 객실요금 등으로 호텔산업은 새로운 국면을 맞게 된다.

이후에 대규모 체인호텔들이 출현하게 되는데, 1940년 이후 대공황의 여파가 지나가면서 호텔산업은 다시 점점 회복기로 접어들었으며, 이러한 상황에서 Sheraton과 Hilton이라는 대규모의 호텔체인기업이 호텔산업을 주도하게 되었다. 이후, 자본력을 가진 프랜차이즈시스템을 통한 체인호텔형태의 호텔기업들이 계속 등장하면서 현재의 호텔산업의 경쟁구도가 형성되게 되었다.

2 호텔업의 특성

호텔업은 다른 산업과 비교해서 몇 가지 고유한 특성을 가지고 있는데 그 주요한 특성은 다음과 같다.

1) 인적자원에 대한 의존성

호텔산업은 다른 산업에 비해서 인적자원에 대한 의존도가 상대적으로 가장 큰 산업 중 하나라고 할 수 있다. 이러한 인적자원의 높은 품질의 서비스를 통해서 호텔의 상품이 생산되고 판매되면 고객만족을 최대화할 수 있다. 호텔업은 다른 산업에 비해서 상대적으로 호텔기업들이 핵심역량을 보유하기가 어렵다고 할 수 있는데, 이러한 상황에서 호텔기업들이 핵심역량을 보유하여 다른 기업에 비해서 경쟁우위를 확보하려면 서비스 품질을 높여야 한다. 서비스 품질을 평가하는 기준은 여러 기준이 있지만, 가장 일반적으로 사용되고 있는 PZB의 서비스 품질 평가기준인 유형성(tangibility), 신뢰성(reliability), 확신성(assurance), 반응성(responsiveness), 공감성(empathy)을 최대화하기 위해서는 결국 인적자원의 서비스 품질이 호텔기업의 경쟁력을 좌우한다고 할 수 있다. 따라서 자동화나 기계화로 대체될 수 없는 산업의 특성을 가진 호텔산업에서는 인적자원에 대한 의존도가 매우 높다고 할 수 있다.

2) 높은 초기 투자비용

호텔산업은 토지의 확보, 호텔건물의 건축, 내부시설 등을 완전히 갖추어서 사업을 시작해야 하고 이러한 부분에 투자되는 비용이 상당히 높은 편이기 때문에 초기 투자비용이 다른 산업에 비해서 매우 높다고 할 수 있다.

3) 연중무휴 영업

호텔기업은 산업의 특성상 하루 24시간, 1년 365일 휴업하지 않고 사업을 해야 하는 특성을 가지고 있다. 따라서 다른 부분도 중요하지만 특히 인적자원관리가 다른 산업에 비해서 더욱 중요한 산업 중 하나라고 할 수 있다.

4) 글로벌화된 산업 특성

다른 산업에 호텔산업은 매우 글로벌화된 산업이라고 할 수 있다. 글로벌화(globalization)에 관한 정의는 다양하지만 일반적으로 세계경제시스템이 하나로 통합되는 현상을 보이는 것으로 정의할 수 있는데, 정보통신기술의 발전, 무역장벽의 감소 등으로 인하여 국가별 국경에 관한 경계가 점점 약해지고 있는 상황에서 국제관광인구는 빠르게 증가하고 있다. 이러한 상황으로 인하여 글로벌화된 파워브랜드를 가진 Hyatt, Hilton, Marriott 등 규모가 큰 호텔기업들이 세계호텔산업에서의 점유율을 높이고 있으며, 산업전체적인 관점에서 보더라도 호텔산업은 다른 산업에 비해 상대적으로 글로벌화된 산업 중 하나라고 할 수 있다.

3 호텔의 분류

호텔은 여러 가지 기준에 따라 분류할 수 있으나, 일반적으로 객실의 규모, 지리적 위치, 체재목적, 숙박기간, 숙박시설 형태, 요금자급방식, 호텔등급 등에 따라 다양하게 분류하고 있다.

1) 관광법규에 따른 분류

현행 「관관진흥법」은 관광숙박업을 호텔업과 휴양콘도미니엄업으로 분류하고, 호텔업을 다시 관광호텔업, 수상관광호텔업, 한국전통호텔업, 가족호텔업, 호스텔업, 소형호텔업, 의료관광호텔업 등으로 세분하고 있다.

(1) 관광호텔업

관광호텔업은 관광객의 숙박에 적합한 시설을 갖추어 관광객에게 이용하게 하고 숙박에 딸린 음식 · 운동 · 오락 · 휴양 · 공연 또는 연수에 적합한 시설 등(이하 "부대시설"이라 한다)을 함께 갖추어 관광객에게 이용하게 하는 업(業)을 말한다. 한때는 관광호텔업을 종합관광호텔업과 일반관광호텔업으로 세분한 적도 있었으나, 2003년 8월 「관광진흥법 시행령」을 개정하면서 이를 관광호텔업으로 통일하였다.

(2) 수상관광호텔업

수상관광호텔업은 수상에 구조물 또는 선박을 고정하거나 매어 놓고 관광객의 숙박에 적합한 시설을 갖추거나 부대시설을 함께 갖추어 관광객에게 이용하게 하는 업으로서, 수려한 해상경관을 볼 수 있도록 해상에 구조물 또는 선박을 개조하여 설치한 숙박시설을 말한다.

(3) 한국전통호텔업

한국전통호텔업은 한국전통의 건축물에 관광객의 숙박에 적합한 시설을 갖추거나 부대시설을 함께 갖추어 관광객에게 이용하게 하는 업을 말한다.

(4) 가족호텔업

가족호텔업은 가족단위 관광객의 숙박에 적합하도록 숙박시설 및 취사도구를 갖추어 관광객에게 이용하게 하거나 숙박에 딸린 음식 · 운동 · 휴양 또는 연수에 적합한 시설을 함께 갖추어 관광객에게 이용하게 하는 업을 말한다.

(5) 호스텔업

호스텔업은 배낭여행객 등 개별 관광객의 숙박에 적합한 시설로서 샤워장, 취사장 등의 편의시설과 외국인 및 내국인 관광객을 위한 문화 · 정보교류시설 등을 함께 갖추어 이용하게 하는 업을 말한다. 이는 2009년 10월 7일「관광진흥법 시행령」개정 때 호텔업의 한 종류로 신설된 것이다.

(6) 소형호텔업

관광객의 숙박에 적합한 시설을 소규모로 갖추고 숙박에 딸린 음식 · 운동 · 휴양 또는 연수에 적합한 시설을 함께 갖추어 관광객에게 이용하게 하는 업을 말한다. 이는 외국인관광객 1,200만명 시대를 맞이하여 관광숙박서비스의 다양성을 제고하고 부가가치가 높은 고품격의 융 · 복합형 관광산업을 집중적으로 육성하기 위하여 2013년 11월「관광진흥법 시행령」개정 때 호텔업의 한 종류로 신설된 것이다.

(7) 의료관광호텔업

의료관광객의 숙박에 적합한 시설 및 취사도구를 갖추거나 숙박에 딸린 음식 · 운동 또는 휴양에 적합한 시설을 함께 갖추어 관광객에게 이용하게 하는 업을 말한다. 이는 외국인관광객 1,200만명 시대를 맞이하여 관광숙박서비스의 다양성을 제고하고 부가가치가 높은 고품격의 융 · 복합형 관광산업을 집중적으로 육성하기 위하여 2013년 11월 「관광진흥법 시행령」 개정 때 호텔업의 한 종류로 신설된 것이다.

(8) 휴양콘도미니엄업

휴양콘도미니엄업이란 관광객의 숙박과 취사에 적합한 시설을 갖추어 이를 그 시설의 회원이나 공유자, 그 밖의 관광객에게 제공하거나 숙박에 딸리는 음식 · 운동 · 오락 · 휴양 · 공연 또는 연수에 적합한 시설 등을 함께 갖추어 이를 이용하게 하는 업을 말한다.

2) 규모에 따른 분류

(1) 소형 호텔(Small hotel)

객실수가 25실 이하인 소형호텔을 말한다. 지금은 우리나라에도 이런 소규모의 호텔은 존재하지 않지만, 여관 같은 숙박시설들은 25실 이하의 객실을 갖추고 있는 곳이 많다.

(2) 중형 호텔(Average hotel)

우리나라에서는 「관광진흥법」상 2등급(2성급) 이하의 부류에 속하는 호텔로 객실수가 25실에서 100실까지 보유한 호텔을 말한다.

(3) 중대형 호텔(Above average hotel)

객실이 100실에서 300실 정도를 확보하고 있는 호텔을 말한다. 우리나라의 「관광진흥법」상 1등급(3성급) 관광호텔들이 이에 해당한다고 본다.

(4) 대형 호텔(Large hotel)

호텔의 객실 수가 300실 이상을 보유하고 있는 대규모 호텔을 말한다. 우리나라의 「관광진흥법」상 특등급 관광호텔들이 이에 속한다고 말할 수 있지만, 요즘에는 수백에서 수천의 객실을 보유하는 대규모 호텔이 속속 등장하고 있기 때문에, 위에서와 같은 객실 수에 의한 호텔의 분류는 전근대적인 분류방식이라고 생각된다.

3) 입지조건에 따른 분류

(1) 메트로폴리탄 호텔(Metropolitan hotel)

대도시에 위치하고 수천 개의 객실을 보유하고 있는 매머드급 호텔을 말한다. 이러한 호텔은 많은 숙박객을 동시에 수용할 수 있고 대연회장, 전시장, 주차장 등을 완비한 컨벤셔널호텔이라고 할 수 있다.

(2) 시티호텔(City hotel)

휴양지 또는 관광지 호텔과 대조적으로 불리는 호텔로서 주로 도시의 중심부에 위치하기 때문에 도심호텔(downtown hotel)이라고도 불린다.

(3) 서버반(교외)호텔(Suburban hotel)

이 호텔은 도시를 벗어난 한가한 교외에 세워진 호텔이다. 위에서 설명한 시티호텔은 자동차 공해와 주차난 등으로 많은 단점들이 있지만, 자가용 여행자들이 급격히 증가하고 있는 오늘날에는 공기 좋고 주차가 편리한 교외호텔의 이용도가 날로 높아지고 있다.

(4) 컨트리 호텔(Country hotel)

이 호텔은 교외라기보다는 산간(山間)에 세워진 호텔로 마운틴호텔(mountain

hotel)이라고도 부른다. 특히 등산, 스키, 골프 등의 레크리에이션 기능을 다 할 수 있는 용도의 호텔을 말한다.

(5) 에어포트(공항) 호텔(Airport hotel)

공항 근처에 위치하면서 항공편 사정으로 출발 및 도착이 지연되어 탑승을 기다리는 손님과 승무원들이 이용하기에 편리한 호텔을 말한다. 최근에는 이를 에어텔(Airtel)이란 약칭으로 부르기도 한다.

(6) 시포트(항구) 호텔(Seaport hotel)

에어포트 호텔과 같이 크게 성행하고 있지는 않지만, 항구 근처에 위치하고 있으면서 여객선의 출입에 따라 여객과 선원들이 이용하기에 편리한 호텔이다.

(7) 터미널 호텔(Terminal hotel)

철도역이나 버스터미널, 공항터미널 또는 항구 등의 근처에 위치하는 호텔을 말한다. 주로 이러한 호텔을 이용하는 고객은 교통기관의 종류별로 기차, 비행기, 버스, 여객선 등의 이용승객과 승무원들이다.

4) 숙박목적에 따른 분류

(1) 컨벤셔널 호텔(Conventional hotel)

이는 회의를 유치하기 위한 대규모 호텔로서 객실의 대형화는 물론, 대회의장 및 주차장의 설비를 완비하고, 회의를 위해 필요한 통역시설과 원격화상회의 시설, 컴퓨터를 통한 회의시스템 등을 확보하고 있어야 한다.

(2) 커머셜 호텔(Commercial hotel)

전형적인 상용(商用)호텔로서 일명 비즈니스호텔(business hotel)이라고도 말한다. 이 호텔의 이용객들은 대부분 세일즈맨, 엔지니어, 각 회사의 지점원, 연락사무원들이 주류를 이루고 있으므로 주로 도심지에 위치하는 것이 일반적이다.

(3) 리조트 호텔(Resort hotel)

상용호텔과는 달리 휴양이나 레크리에이션의 목적으로 이용되는 호텔을 말한다. 주로 관광지, 피서지 및 피한지, 해변, 산간 등의 휴양지와 온천지에 건축되는 호텔로서 일명 vacational hotel이라고도 부른다.

(4) 아파트먼트 호텔(Apartment hotel)

우리나라에서는 보기 힘든 장기체재 이용객들을 위한 호텔로서 주로 퇴직한 노년층들이 사회복지제도의 일환으로 이용하는 호텔이다. 객실마다 주방설비가 되어 있어 일반 아파트와 같은 인상을 주는 것이 특징이다.

(5) 카지노 호텔(Casino hotel)

카지노 호텔은 주로 도박을 즐기는 사람들, 즉 갬블러(gambler)들이 주로 찾는 호텔로서 객실규모가 1,000실 이상에서 수천 실에 이르기까지 다양한 매머드급의 호텔이다. 호텔마다 나름대로 독특한 건축양식이나 각종 이벤트 혹은 상징물을 갖고 있는 것이 특징인데, 이러한 호텔군을 형성하는 대표적인 도시가 미국의 라스베이거스(Las Vegas)이다.

5) 숙박시설 형태에 따른 분류

(1) 모텔(Motel)

모텔이란 글자 그대로 자동차 여행자를 위한 모터호텔(moter hotel)을 말한다. 오늘날 여행의 다양화에서 오는 도로의 발달과 자동차여행의 급격한 증가로 자동차와 함께 쉬고 숙박할 수 있는 모텔이 미국을 비롯하여 세계적으로 호텔 못지 않게 확산되고 있다.

(2) 유스호스텔(Youth hostel)

청소년들의 심신 수련과 보건휴양여행을 장려하기 위한 매수 투어리즘(mass tourism)의 일환으로 만들어진 숙박시설이다. 일반적인 숙박시설이 영리를 목적으로 하는 데 반해 유스호스텔은 영리적인 목적보다는 청소년들이 여행을 통해 봉사와 우애의 정신, 그리고 애국심을 함양할 수 있도록 숙박요금을 저렴하게 책정한 일종의 사회복지시설의 성격을 띠고 있다.

(3) 보텔(Boatel)

보트로 여행하는 사람들이 이용하는 호텔로서 항해중 해변에서 보트를 정박시켜 두고 투숙할 수 있는 시설이다. 이는 육지의 모텔(motel)과 성격이 같다.

(4) 요텔(Yachtel)

이는 해안, 호반 및 강변에 위치하여 요트를 이용하는 여행자들이 숙박하는 데 편리하도록 꾸며진 호텔을 말한다. 해안이나 호반에 요트를 계류(繫留)시킬 수 있는 설비를 갖출 것을 요한다.

(5) 로텔(Rotel)

1966년 독일의 스투트가르트에 처음 출현한 로텔은 움직이는 이동식 호텔로서 26인승 2층 버스형태로 등장하여 초기에는 대중들의 눈길을 끌었지만, 많은 사람들이 움직이는 버스에서 숙식을 함께 하기란 쉬운 일이 아니었으며, 로텔(rotel)의 변형된 형태로 나타난 것이 지금의 캠핑카(camping car)라고 할 수 있다.

(6) 후로텔(Floatel)

후로텔은 해상 및 수상의 호화호텔이라 할 수 있는데, 주로 폐선(廢船)을 개조하여 숙박시설로 이용하는 것이 일반적이다. 우리나라「관광진흥법 시행령」제2조제1항 2호에 명기되어 있는 호텔업의 일종인 수상관광호텔업에 해당한다고 할 수 있다.

4 호텔의 기능

1) 숙박 및 식음료 서비스 기능

거주지를 떠나 여행하는 사람들에게 고객의 능력과 취향에 따라 다양한 숙박 및 식음료 서비스를 제공하는 기능을 말한다.

2) 비즈니스 서비스 기능

상담 · 회의 · 전시 · 교역전 등의 장소를 제공하고 비즈니스를 위하여 호텔을 이용하는 고객들의 편의를 위한 비즈니스 정보교환과 비서업무 등의 서비스를 제공하는 기능을 의미한다.

3) 스포츠 · 레저 기능

고객들에게 놀이 · 위락 · 기분전환 등의 정서함양을 위한 서비스를 제공하는 기능이다.

4) 문화 서비스 기능

고객을 위한 부가적인 서비스로서 향상된 고객의 지적 수준과 다양해진 고객의 취미활동을 위하여 기본적인 기능 이외에 교육 · 예술 · 공예 · 학습 등의 문화적인 서비스를 제공하는 기능을 말한다.

5 글로벌화가 호텔산업에 미치는 영향

글로벌 경쟁환경하에서의 호텔의 특성을 잘 이해하고 있는 세계적인 대형 호텔 체인들은 신속한 자원의 공유와 위험을 분산하여 경쟁우위를 확보하기 위하여 현지 파트너들과의 전략적 제휴(strategic alliances)를 활발하세 시도하고 있다.

또한, 글로벌화의 가속화와 국제관광산업의 촉진으로 인하여 유명한 브랜드를 보유한 세계적인 체인호텔들은 자사의 브랜드에 대한 글로벌화를 최대한 촉진시켜 같은 상품의 호텔네트워크를 통한 성과향상을 추구한다. Hilton, Hyatt, Marriott 등과 같이 글로벌 네트워크를 형성하고 위탁경영(management contract)이나 프랜차이즈 형태로 운영되고 있는 호텔과 신라호텔, 롯데호텔 등과 같이 국내에서 독자적인 브랜드를 형성하고 있는 호텔들과는 여러 가지 관점에서 차이점이 있다. 세계적인 체인호텔들은 세계를 단일시장으로 인식하면서 세계 여러 지역에서 서비스의 표준화를 유지함으로써 고객의 지속적인 신뢰를 유지하고 이러한 신뢰를 바탕으로 특화된 브랜드와 호텔기업으로서의 고유한 이미지를 유지하려고 한다(Kusluvan and Karamustafa, 2001; 구태회, 2007, p.13에서 참조하여 재인용). 즉 글로벌전략적인 차원에서 전 세계를 동일시장으로 보고 표준화된 같은 상품을 제공하는 글로벌전략(global strategy)을 구사한다. 한편, 지역내에서 독자적인 브랜드를 보유한 독립호텔들은 글로벌전략을 구사하는 체인호텔들과 경쟁하기 위하여 현지화된 상품과 서비스를 특화시킨다. 즉 글로벌 전략적인 관점에서 현지화전략(multidomestic strategy)을 구사한다. 물론, 글로벌 전략적인 관점에서 완전한 글로벌전략이나 현지화전략을 구사하는 다국적기업들은 존재하지 않고 모든 기업들이 글로벌전략적인 측면과 현지화전략적인 측면이 모두 포함되어 있지만 어느 부분에 초점을 맞추느냐에 따라 글로벌전략의 유형을 현지화전략(multidomestic strategy), 글로벌전략(global strategy), 초국적전략(transnational strategy) 등으로 분류할 수 있다.

자본집약적인 생산방식과 규모의 경제의 중요성 증대, 교통 · 정보통신 · 첨단기술 등 기술의 발전, 전 세계 소비자 취향의 동질화 경향, FTA(Free Trade Agreement)의 활성화 등으로 인한 세계무역장벽의 감소 등으로 인하여 글로벌화가 더욱 촉진되고 있는 현실에서 호텔산업은 향후 그 전망이 매우 밝은 산업이라고 할 수 있다. 이러한 글로벌화의 촉진은 국가간의 경계를 약하게 하며 이로 인해 더욱 많은 사람들이 관광과 사업적인 목적으로 다른 국가의 방문이 빈번해지기 때문에 글로벌화와 더불어 호텔산업은 더욱 발전하게 된다. 따라서 글로벌화와 호텔산업은 매우 밀접한 관계를 가지고 있다고 할 수 있다.

세계적인 유명 브랜드를 보유한 호텔기업들은 크게 세 가지 전략으로 시장진입을 모색하였다(구태회, 2007, p.41). 첫째, 동일브랜드 호텔 수를 늘림으로써 자국내에서 경쟁력을 강화시킨다. 둘째, 국내 및 국외에서 틈새시장을 충족시킬 다른 수준의 호텔브랜드를 지속적으로 개발한다. 셋째, 해외에 있는 신규시장을 개척하기 위해 호텔 브랜드마다 동일한 서비스 수준과 상품력을 구축한다. 혁신적인 호텔기업일수록 시기에 따라 이상의 세 가지 전략을 한 가지씩 번갈아 가면서, 또는 일괄적으로 그 모두를 다 적용하여 글로벌시장으로 진입을 시도하고 있다.

사례

JW 메리어트호텔 베트남 진출

베트남 하노이 JW메리어트

JW메리어트 호텔이 인도에 이어 베트남 하노이에 문을 열며 동남아지역 호텔 사업에 속도를 내고 있다. 메리어트 인터내셔널사는 JW 메리어트 호텔 하노이를 오픈했다고 4일 밝혔다. JW메리어트 호텔 & 리조트의 부사장 겸 글로벌 브랜드 총괄인 밋지 개스킨스는 "하노이가 여행자들이 꼭 가봐야 하는 지역이 된 시기에 합류하게 돼 무척 설렌다"고 말했다. 7만5000㎡ 규모에 450개의 객실을 보유하고 있는 JW 메리어트 호텔 하노이는 유명 건축그룹인 카를로스 자파타 스튜디오에서 디자인한 '거꾸로 된 고층건물'이다. 이 디자인은 베트남의 해안선에서 영감을 받았으며 베트남 역사 속의 상징물인 '용'의 이미지를 현대적으로 재해석했다고 업체측은 설명했

따. JW 메리어트 호텔 하노이는 총 여섯 개의 레스토랑과 바를 보유하고 있다. 아울러 대형 행사 등에 활용할 수 있게 3600m²에 이르는 미팅 공간을 마련했다. 아울러 480m² 볼룸 두 곳을 포함, 모두 17개의 미팅룸을 갖췄다. 메리어트 인터내셔널사는 앞으로 아시 아시장 공략에 한층 속도를 낸다는 방침이다. 밋지 개스킨스 부사장은 "현재 오픈 계획중인 JW 메리어트 호텔 30여 곳으로 이중 절반이 아시아"라면서 "이는 베트남과 같이 역동적인 시장에 대한 투자 의지를 말해주는 것"이라고 설명했다. 메리어트 인터내셔널은 현재 아시아 지역에서 144개의 호텔을 운영중으로 오는 2017년까지 두배 이상 늘린 330개 호텔을 목표로 하고 있다. 현실화될 경우 아시아 지역 내 객실수는 현재 4만 7318개에서 9만 6684개로 늘어나며, 8만명 이상이 메리어트의 직원으로 일하게 된다.

자료 : 아시아경제, 2013.12.6

6 현대호텔의 발전현황

미국의 호텔경영사에서 중요한 점은 제2차 세계대전 후 Sheraton과 Hilton의 등장이다. Hiton 호텔의 창업자인 Hilton은 Statler와 같이 작업의 능률화를 강조하면서 호텔을 새로 건립하기보다는 기존의 호텔들을 매입하여 개조하며 초기투자비용을 최소화하면서 최대의 이익을 추구하였다. Sheraton 호텔의 창업자인 Henderson은 기존의 호텔을 매입하여 개보수하면서 호텔의 가치를 향상시켜 나갔다. Sheraton 호텔은 현재 Starwood Hotels & Resorts Worldwide사에 인수되어 하나의 브랜드로 운영되고 있다.

한편, Holiday Inn은 Wilson에 의해 창업되었다. Wilson은 Statler 이후 일반인들에게 싸고 편리한 숙박시설을 제공하면서 자동차 여행자들의 호텔이용에 일대 혁신을 가져다 주면서 1976년에 25개국에 1,700여개의 모텔과 호텔을 운영하였다. 그 중 약 20%는 직영이며 나머지는 프랜차이즈 형태로 운영하였다. Holiday Inn은 현재 프랜차이즈 경영회사인 Six Continents Group의 핵심 브랜드로서 전 세계에 약 1,500개의 호텔을 운영하고 있다.

Hyatt 호텔은 1957년 Pritzker가 미국 로스앤젤레스 공항 부근의 소규모 호텔을 구입하여 개관하였는데, 지금은 전 세계에 걸쳐 200개 이상의 호텔이 분포되어 있다. Hyatt호텔의 등급종류는 Park Hyatt, Grand Hyatt, Hyatt Regency, Hyatt Resort의 4가지 형태이다. Marriott는 1957년 360개의 객실을 가진 모텔을 미국 워싱턴 D.C.에 개관하였다. 모텔의 디자인과 위치는 모텔업의 즉각적인 성공을 가져왔는데 이후 호텔임대, 인수 · 합병 등을 통하여 오늘날 거대한 사업체로 성장하였다. 또한, 숙박업 뿐만 아니라 외식산업, 숙박산업, 레저산업, 여행업 등의 사업다각화로 미국내 최대 관광업체로 성장하였다. 1995년에는 세계적인 브랜드 가치를 가진 Ritz Carlton을 인수하였고, 1997년에는 르네상스 호텔그룹을 인수하였다. 현재 Marriott Hotel Group은 Marriott Hotel, Suites by Marriott, Fairfield Inn, Residence Inn, Courtyard by Marriott의 세분화된 5개의 브랜드를 운영하고 있다.

미국 Arizona주 Phoenix에 본사를 둔 Bestwestern은 1946년 Guertin에 의해 창업되었으며, 전 세계 약 80여개 국에 4,000여개 이상의 호텔을 보유한 세계 최대의 호텔브랜드이다. 고급스러운 호텔체인은 아니지만 합리적인 가격과 일정수준 이상의 서비스를 제공하며 고객들의 신뢰를 높이고 있으며 매년 성장하는 추세를 보이고 있다.

한편, 우리나라의 호텔발전사를 살펴보면 우리나라 최초의 호텔은 1888년에 인천 서린동에 설립된 대불호텔이다. 벽돌로 지어진 객실 11실의 3층 건물이었으며, 당시 가장 고급으로 지어진 건물로 우리나라를 찾는 외국인을 수용하기 위한 양식호텔이었다. 그 후 근대에 들어서 1936년에 상용호텔인 반도호텔이 등장하였다. 반도호텔은 8층 콘크리트 건물로써 객실 111실을 보유하고 있었다. 1963년 경제개발시대에 건립된 워커힐호텔은 국제친선과 외화획득을 주목적으로 한 주한 UN군의 휴양을 위한 리조트호텔로서 당시 동양최대의 호텔로 개관하였다. 그 후 정부의 호텔 민영화정책으로 1973년 워커힐호텔은 선경그룹에서 인수하였으며 미국의 Sheraton Group과 프랜차이즈계약을 맺고 증축하여 1978년 7월 신규호텔로써 Sheraton Walker Hill이 탄생하게 되었다. 그 후 1980년대에는 국민관광과 국제관광의 조화를 이룬 발전, 서비스수준의 향상, 국제회의 유치, '86아시안게임과 '88서울올림픽 등을 통하여 우리나라 호텔산업도 일대 도약을 하게 된다. 특히 이 시기에 국내 대기업들의 호텔사업 진출이 본격적으로 시작되었고, 국제적인 체인호텔들이 우리나라로 대거 진출하면서 호텔산업의 부흥기를 맞이하게 된다(최병호 · 유도재, 2004, pp.30-37을 기초로 정리).

사례

스타우드 호텔, 10번째 브랜드 '트리뷰트 포트폴리오' 론칭… 첫 호텔은 '로얄 팜 사우스비치 마이애미'

스타우드 호텔&리조트가 자사의 두번째 독립 호텔의 콜렉션이자 10번째 브랜드 '트리뷰트 포트폴리오'를 새롭게 선보인다.

어퍼 업스케일(upper upscale) 호텔을 대상으로 하는 이 브랜드의 첫번째 호텔은 로얄 팜 사우스비치 마이애미로 결정됐다.

스타우드 호텔&리조트는 노스캐롤라이나주, 테네시주, 조지아주 등지에서 새로운 호텔을 오픈하는 등 향후 5년 이내에 100개 이상의 호텔을 확장한다는 계획이다.

트리뷰트 포트폴리오는 각 호텔이 갖고 있는 독립성을 유지하면서 스타우드의 세일즈 마케팅 플랫폼과 스타우드 프리퍼드 게스트 프로그램(SPG)을 이용할 수 있는 것이 특징으로, '스테이 인디펜던트(Stay Independent)'를 슬로건으로 전개된다.

호텔업계에서 오리지널 콜렉션 브랜드로 잘 알려진 스타우드의 '럭셔리 콜렉션(Luxury Collection)'은 세계 각지의 럭셔리 독립 호텔을 포함하고 있으며 지난 21년간 빠른 성장을 이룩했다.

지난 10년간 럭셔리 콜렉션의 호텔수는 3배 이상 증가했으며, 특히 지난 5년간 60% 이상의 성장을 기록했다.

스타우드는 럭셔리 콜렉션 브랜드 호텔을 선정하는데 있어 매우 엄격한 기준을 적용해 왔다.

트리뷰트 포트폴리오도 이와 마찬가지로 최고의 경험을 원하는 고객과 SPG회원의 기대에 부응해 나갈 수 있는 어퍼 업스케일 호텔을 선정해 나갈 것이다.

스타우드 호텔&리조트 최고경영자(CEO) 아담 애론(Adam Aron)은 "혁신적인 브랜드, 디자인 리더십 그리고 최고급 호텔을 자랑하는 스타우드의 세일즈 마케팅 플랫폼과 로열티 프로그램을 이용하면서 독립적으로 호텔을 운영하고자 하는 호텔 오너들에게 해법을 제시할 것"이라며 "스타우드 호텔 고객의 약 50%를 차지하고 있는 SPG회원들이 다양한 여행지에서 더 많은 호텔을 이용할 수 있게끔 하는 것이 트리뷰트 포트폴리오 브랜드를 론칭하는 목적"이라고 밝혔다.

스타우드의 다른 9개의 브랜드와 마찬가지로 SPG 회원은 트리뷰트 포트폴리오 호텔에서 스타포인트를 적립하거나 사용할 수 있으며 엘리트 맴버는 객실 업그레이드, 웰컴 어메니티, 늦은 체크아웃 등의 혜택을 누릴 수 있다.

또 트리뷰트 포트폴리오 브랜드 론칭을 기념해 오는 7월 16일까지 트리뷰트 포트폴리오 호텔에 투숙하는 고객에게 1만보너스 스타포인트를 증정하는 캠페인도 실시한다.

자료 : 아주경제 2015.4.17

7 호텔의 경영형태

일반적으로 호텔의 경영형태는 단독경영호텔(independent management hotel), 체인호텔(chain hotel), 리퍼럴경영호텔(referral group hotel), 임차경영호텔(lease management hotel) 등으로 분류할 수 있다.

1) 단독경영호텔(Independent Management Hotel)

단독경영호텔은 위탁경영 수수료와 브랜드 사용 수수료 등의 비용지출이 필요하지 않고 현재 호텔의 기업이미지 형성을 통한 마케팅이 가능한 장점이 있지만, 글로벌한 차원에서의 인지도와 마케팅 등에서의 어려움이 있다.

2) 체인호텔(Chain Hotel)

세계적인 브랜드를 보유한 체인호텔들은 오랜 기간 축적된 경영노하우를 바탕으로 수수료를 받거나 일정지분에 대하여 참여하는 형식으로 호텔을 운영한다. 체인호텔은 공동마케팅과 예약망 이용 가능, 규모의 경제를 이용한 비용절감, 브랜드의 활용 등의 장점이 있지만, 경영의 독립성 상실, 계약기간에 대한 부담, 로얄티와 수수료 지급, 본사 브랜드 이미지에 따른 운영의 의존도 상승 등의 단점이 있다. 체인호텔은 위탁경영방식과 프랜차이즈 운영방식으로 나눌 수 있다.

(1) 위탁경영(Management Contract)

위탁경영방식은 소유주가 직접 호텔운영에 어려움이 있을 때 체인본부와 계약에 의해 모든 경영권을 넘겨주고 핵심적인 인적자원들이 경영호텔로부터 파견되어 위탁경영되는 방식이다. 위탁경영방식과 프랜차이즈의 차이점은 위탁경영은 호텔소유주의 경영권이 상실된다는 점이다. 위탁경영은 소유와 경영이 완전히 분리된 호텔의 운영형태로 호텔마다 차이는 있을 수 있지만, 일반적으로 체인본사가 호텔 고정자산에 대한 투자 및 호텔경영에 관한 재무적인 위험부담까지 책임지는 형태로 소유자는 이익금만 가져가게 된다.

(2) 프랜차이즈(Franchise)

프랜차이즈 경영은 위탁경영방식과 유사한 부분도 있지만, 체인본부인 franchisor와 가맹점인 frnachisee의 관계가 서로 상호지원적인 관계라고 할 수 있다. franchisee는 franchisor의 상호 및 상표를 사용하고 일정 정도의 로얄티(royalty)를 지급하는 경영방식이다. 프랜차이즈 형태의 호텔은 경영은 소유주가 하는 형태라는 점이 위탁경영 형태와 다른 점이라고 할 수 있다. 프랜차이즈의 장점은 본사와 동일한 운영시스템과 브랜드의 사용, 표준화된 제품 제공, 온라인을 통한 중앙예약시스템의 활용, 종업원의 교육과 훈련에 대한 지원 등이 있다. 하지만, 프랜차이즈 가입비, 로얄티, 독자적인 상품개발 및 판매활동의 제한, 계약조건에 따른 법적 분쟁가능성 등의 단점이 있다.

3) 리퍼럴경영호텔(Referral Group Hotel)

체인호텔들은 전문화된 경영을 통한 신규시장 개척, 중앙예약시스템 등을 활용해서 사업을 확장하였는데 이에 비해서 단독경영호텔은 현지화된 전략을 구사하지만 여러 가지 측면에서 한계점에 부딪혀 어려움을 겪게 된다. 이렇게 어려움을 겪는 단독경영 호텔들은 프랜차이즈 호텔과 경쟁하기 위하여 상호협력을 목적으로 연합조직을 결성하였는데 이것이 리퍼럴 경영호텔이다. 리퍼럴 경영호텔들은 체인 및 프랜차이즈 호텔들과 경쟁할 수 있고 글로벌한 공동예약시스템 등을 운영하여 경쟁력을 가질 수 있다. 또한, 호텔경영의 독립성을 유지하면서 공동마케팅 등을 통하여 이윤을 추구할 수 있는 장점이 있다.

4) 임차경영호텔(Lease Management Hotel)

임차경영호텔이란 토지 및 건물의 투자에 대한 자금조달능력을 갖추지 못한 호텔기업이 제3자의 건물을 계약에 의해서 임대하여 호텔사업을 운영하는 방식이다. 일반적으로 임차경영호텔은 건물 내부에 대한 투자는 호텔기업이 부담하고 임차료는 사전에 결정된 일정한 액수를 소유주에게 지급한다. 임차경영의 장점은 호텔기업의 입장에서는 초기에 투자되는 많은 호텔건설비용을 들이지 않고 건물을 임대하여 호텔을 운영할 수 있는 장점이 있다. 건물 소유주의 입장에서는 경영성과와 상관없이 고정된 임대료 수입을 얻을 수 있는 장점이 있다.

08

여행업과 글로벌서비스경영

CHAPTER

여행업과 글로벌서비스경영

CHAPTER 08

다른 서비스산업도 마찬가지지만 여행업은 국제관광의 수요 증대, 정보화 등으로 인하여 글로벌서비스경영과 가장 밀접한 관련이 있는 산업이라고 할 수 있다.

1 여행업의 이해

1) 여행업의 출현

근대 여행업은 1845년 영국인 Thomas Cook에 의해 토마스 쿡社(Thomas Cook & Son Co.)가 설립되어 광고에 의해 단체관광단을 모집한 데서 비롯되었다. 그 당시에는 이를 Excursion Agent라고 하였다. 그 후 미국에서 1850년에 아메리칸 익스프레스社(American Express Company)가 설립되었는데, 처음에는 운송업과 우편업무만을 취급하였으나 후에 금융업과 여행업으로 사업을 확장하면서 1891년에는 여행자수표(Traveler's Check : 약자로 T/C라 쓴다) 제도를 본격적으로 실시하였다.

아시아에서는 최초로 일본에서 1912년에 외국인 여행자에 대해 알선을 하는 민간조직으로 Japan Tourist Bureau가 설립되었다. 현재의 JTB(주식회사 日本交通公社)의 전신인 이 조직은 당초에는 외래객 유치와 알선을 주된 업무로 하고 있었는데, 쇼와(昭和)시대에 들어서 조직을 사단법인으로 개정해 해외에도 출장소를 설치하여 해외선전에 주력하였고 제2차 세계대전 후에는 일본 여행업계의 리더로서 활발하게 사업을 전개해왔다.

우리나라 여행업의 시초는 1912년 12월 일본국의 일본교통공사 조선지부가 설립, 운영된 것으로부터 시작되었다. 당시 일본교통공사의 주된 설립목적은 일본국에 외국인을 유치하고 내방객에게 편의를 도모해 주는 한편, 일본인들의 한반도 이민업무 그리고 식민지화를 위해 필요한 업무를 지원, 제공해 주는 데 그 목적을 두었다. 우리나라에 지부로 설립되어 운영되어 온 일본교통공사의 조선지부는 일본국의 침략야욕 확대와 함께 활발히 활동해 오던 중 1945년 8월 15일, 광복을 계기로 한국인 직원들이 재산과 관리일체를 인수받게 되었고, 같은 해 10월에는 조선여행사라는 이름으로 여행사를 설립, 운영하였다.

1949년 조선여행사는 사단법인 대한여행사로 개명하게 되었고 한국전쟁으로 업무가 일시 중단되었다가 1953년 휴전과 함께 12월 재발족 되었다. 대한여행사는 1962년 발족된 한국관광공사에 1963년 2월 1일 흡수 · 합병되었으며, 1973년 6월 31일 민영화됨으로써 현재의 대한여행사라는 명칭으로 우리나라 여행사의 효시가 되었다(변우희 외, 2002 : pp. 115-116).

2) 여행업의 개념

최근 여행업은 여가시간의 증대, 소득의 증가, 교통수단의 발달 등으로 인하여 빠른 속도로 성장하고 있는 업종 중 하나라고 할 수 있다. 여행업의 개념에 대한 정의는 다양하지만 여행업은 일반적인 개념과 법률적인 개념으로 나누어서 생각할 수 있다.

먼저 법률적으로 살펴보면 「관광진흥법」상에서 여행업은 "여행자 또는 운송시설 · 숙박시설, 그 밖에 여행에 딸리는 시설의 경영자 등을 위하여 그 시설 이용 알선이나 계약체결의 대리, 여행에 관한 안내, 그 밖의 여행의 편의를 제공하는 업"이라고 정의하고 있다. 일반적인 관점에서의 여행업을 정의해 보면 여행업이란 운송시설·숙박시설업자 등과 같이 여행자들을 대상으로 사업을 운영하는 시설업자와 이를 이용하게 될 여행자와의 중간의 위치에서 여행자를 위하여 예약·수배·알선 등과 같은 서비스를 고객들에게 제공하고 시설업자들로부터 일정한 비율의 수수료(commission)를 받는 사업이라고 할 수 있다.

3) 여행업의 특성

여행업의 특성은 다양한 관점에서 설명될 수 있지만 다른 업종과 비교해볼 때 여행업만의 경영적인 특성을 종합적으로 살펴보면 다음과 같은 특성을 갖는다고 할 수 있다.

(1) 입지의존성

디지털경제의 도래와 그 중심에 있는 인터넷 사용의 일반화로 모든 산업에서 오프라인(off line)에 대한 의존도가 줄어들고 온라인(on line)에 대한 의존도가 급속하게 증가하고 있다. 이러한 경영환경 하에서도 여행사는 다른 업종과 비교해서 고객들이 찾기 쉬우면서도 고객의 눈에 잘 띄는 곳에 위치해야 한다는 특성을 갖는다. 그래서 대부분의 여행사는 대도시의 중심가에 위치하고 있다. 여행업에 있어서 입지의존적 특성이 중요시되는 이유는 여행사의 입장에서 고객들의 접근의 용이성이 여행사의 매출에 직접적으로 영향을 미치기 때문이다.

특히, 아웃바운드의 경우 잦은 해외출장으로 항공권의 수요가 많은 기업체들이 밀집되어 있는 지역이나 여권 및 비자수속이 용이한 대사관 근처에 위치해야 보다 더 경쟁력을 가질 수 있다고 할 수 있다.

또한, 여행업은 다른 업종에 비해 신용이 중요시되는 업종이기 때문에 여행사의 위치와 규모가 신용도에 미치는 영향도 크다고 할 수 있다.

(2) 노동집약적 산업

여행업은 다른 서비스산업과 마찬가지로 인적자원에 대한 의존도가 매우 높은 노동집약적 산업이다. 이렇게 여행업이 노동집약적 산업인 이유는 여행업의 주요 업무로는 여행상품기획 및 개발업무, 상담업무, 수속대행업무, 예약 및 수배업무 등이 있는데, 이러한 업무들이 여행업의 특성상 업무의 자동화가 이루어지기 어렵다.

또한, 여행업은 소비자들의 욕구가 다양하고, 여행상품의 특성상 모방이 용이하기 때문에 제품들 간의 차별화가 어려워 결국 인적자원의 서비스가 상품의 품질을 결정하는 중요한 요소가 되기 때문에 다른 업종에 비해 상대적으로 인적자원에 대한 의존도가 매우 높다고 할 수 있다.

(3) 과당경쟁구조

여행업은 다른 업종에 비해서 상대적으로 소자본 창업이 가능하다. 따라서 계속해서 많은 업체가 생겨나기도 하고 문을 닫기도 한다.

그렇기 때문에 다른 업종에 비해서 시장진입장벽이 낮기 때문에 경쟁이 더욱 치열하다고 할 수 있다.

또한, 여행상품은 모방이 용이하기 때문에 특화된 상품이나 서비스 품질로 경쟁을 하는 것이 아니라 가격이 중요한 경쟁력이 되고 있기 때문에 더욱더 치열한 경쟁이 일어나고 있다고 할 수 있다.

(4) 계절적 수요탄력성

여행업은 계절적, 요일적, 시간적 요인 등에 의해 집중성이 강한 업종이기 때문에 성수기와 비수기의 수요탄력성이 매우 높다. 일반적으로 방학기간과 주말에, 계절적으로는 겨울보다는 봄·가을에 여행수요가 집중되어 있으며, 국외여행은 자녀들이 방학을 하게 되는 여름과 겨울에 집중되는 현상을 보이고 있다. 여행사들은 여행상품의 가격차별화와 여행조건의 차별화 등을 통하여 수요의 탄력성에 적절하게 대처할 수 있는 여행상품의 개발이 필요하다.

(5) 신용사업

여행업은 유형의 상품이 아닌 무형의 상품을 판매하고 서비스를 제공하기 때문에 더욱 신용이 중시되고 있는 업종으로서 여행업의 특성 중 신용사업은 여행소재공급업자인 시설업자와의 신용관계와 소비자인 여행객과의 신용문제 두 가지로 나누어서 생각할 수 있다.

신용은 여행사의 사업성을 좌우할 수 있는 중요한 요소로써 소비자들은 여행상품을 구매할 때 선불로 여행경비를 지불하고 있으며, 여행관련 소재업자도 여행사에 대한 신뢰성을 바탕으로 공급량을 조절하고 있기 때문에 여행사를 운영하는데 있어서 신용은 사업의 성공과 실패를 결정하는 가장 중요한 요소 중 하나라고 할 수 있다.

(6) 낮은 위험부담률

여행업은 다른 관광사업에 비해 고정자본의 투자가 적기 때문에 경영실패로 인한 위험부담률이 상대적으로 매우 낮다고 할 수 있다. 현재, 「관광진흥법 시행령」에 규정된 법적 자본금이 일반여행업 2억원 이상일 것, 국외여행업 6천만원 이상일 것, 국내여행업 3천만원 이상일 것을 요한다. 따라서 설립자본금은 사무실 임대보증금 등의 설비자본과 운영자금을 포함한 것이며, 등록신청 시 납입자본금을 증빙하기 위한 금액으로 볼 때 사무실 임대와 사무실 설치를 위한 집기, 비품과 사무기기 등을 갖출 수 있는 설비자본금만 가지고도 여행업을 개업할 수 있다.

또한, 여행상품도 대부분 주문생산방식이기 때문에 재고나 먼저 투자할 것에 대한 염려를 하지 않아도 되기 때문에 타 업종에 비해 위험부담률이 낮다고 할 수 있다.

2 여행업의 분류

「관광진흥법」은 여행업을 사업범위와 취급대상에 따라 일반여행업, 국외여행업, 국내여행업으로 분류하고 있다. 또한, 유통형태에 따라 모든 여행업무를 취급하는 종합여행사, 다른 여행사에 도매만을 취급하는 도매형 여행사, 소매업을 하는 소매형 여행사, 여행상품의 조성부터 판매까지 일괄적으로 취급하는 직판형 여행사로 분류할 수 있다.

1) 「관광진흥법」에 따른 분류

(1) 일반여행업

국내외를 여행하는 내국인 및 외국인을 대상으로 하는 여행업[사증(査證; 비자)을 받는 절차를 대행하는 행위를 포함한다]을 말한다. 따라서 일반여행업자는 외국인의 국내 또는 국외여행과 내국인의 국외 또는 국내여행에 대한 업무를 모두 취급할 수 있다.

(2) 국외여행업

국외를 여행하는 내국인을 대상으로 하는 여행업(사증을 받는 절차를 대행하는 행위를 포함한다)을 말한다. 국외여행업을 우리나라 국민의 아웃바운드여행(해외여행업무)만을 전담하도록 하기 위하여 등장한 것이므로, 외국인을 대상으로 하거나 또는 내국인을 대상으로 한 국내여행업은 이를 법으로 허용하지 않고 있다.

(3) 국내여행업

국내여행업은 국내를 여행하는 내국인을 대상으로 하는 여행업을 말한다. 즉 국내여행업은 내국인을 대상으로 한 국내여행에 국한하고 있어, 외국인을 대상으로 하거나 또는 내국인을 대상으로 한 국외여행업은 할 수 없다.

2) 유통형태에 의한 분류

(1) 종합여행사

여행관련 공급업자가 제공한 단위상품들을 결합하여 하나의 완전한 여행상품으로 만들어 여행소매업자 및 일반여행객들에게 판매하는 여행사를 말한다.

(2) 도매형 여행사

여행공급업자로부터 여행소재를 제공받아 직접 소비자에게 판매하는 것이 아니라 소매업자에게 판매하는 여행사를 말한다.

(3) 소매형 여행사

여행도매업자가 생산한 여행상품을 제공받아 최종소비자들에게 판매하는 여행사를 의미한다.

(4) 직판형 여행사

여행상품의 조성부터 판매까지 모두 자사에서 취급하는 여행사를 말한다.

GLOBAL
SERVICE
Management

09 크루즈산업과 글로벌서비스경영

CHAPTER

크루즈산업과 글로벌서비스경영

CHAPTER 09

글로벌서비스와 관련된 서비스산업 중 그 특성을 가장 강한 산업 중 하나가 크루즈 산업이라고 할 수 있다. 크루즈산업은 국제관광수요의 증가와 더불어 향후 발전 가능성이 높은 산업 중 하나라고 할 수 있다.

1 크루즈의 개념

개인소득의 증대, 여가시간의 증대, 글로벌화 · 정보화 등으로 인하여 관광에 대한 욕구가 증대되면서 관광산업은 가장 빠르게 성장하는 산업 중 하나이며, 향후에도 가장 전망이 밝은 산업 중 하나라고 할 수 있다. 그 중에서도 크루즈산업은 최근에 빠르게 발전하고 있으며 앞으로 더욱 빠르게 발전할 것으로 전망된다.

크루즈상품은 짧은 시간에 다양한 경험을 할 수 있는 매우 전망이 밝은 관광상품이라고 할 수 있으며, 크루즈를 이용하는 소비자들이 2000년 약 1000만명 정도에서 2010년 1800만명 이상으로 빠르게 성장하고 있어 대규모 다국적 선사들의 경쟁도 매우 치열해질 것으로 전망된다.

크루즈(cruise)란 순수관광의 목적으로 숙박, 식음료, 위락 시설 등 편의시설을 갖추고 수준 높은 서비스를 제공하면서 비교적 장기간 수려한 관광지를 정기 또는 부정기적으로 순항하는 선박을 의미한다. 한편, 유람선, 페리는 운항목적, 숙박시설 등에서 크루즈선과 차이가 있는데, 유람선은 단시간에 제한된 지역 내 자연경관이나 관광명소가 있는 만 · 연안 등을 주유하며 숙박시설이 갖추어지지 않은 선박을 의미한다. 페리는 자동차를 싣고 운항하는 선박으로 운송이 주요한 목적이며 주로 정기운항을 하고 출발지와 도착지가 정해져 있다고 할 수 있다.

크루즈는 항해 자체가 승객의 휴가활동의 일부이므로 운송목적인 페리와는 달리 호텔, 관광, 리조트, 운송의 개념을 포함한다고 할 수 있다. 크루즈는 용어의 사용목적과 시점 그리고 연구자에 따라서 다양한 관점에서 해석될 수 있으며, 크루즈 여행을 숙박과 다양한 오락 · 여가시설을 갖추며 국내외 여행목적지를 관광목적으로 12시간 또는 그 이상의 기간을 운항하는 부정기 여행으로 정의된다(류기환, 2010, p.14).

일반적으로 크루즈에서의 모든 식사와 부대시설, 선상프로그램은 크루즈 요금에 포함되어 있으며, 숙박은 호텔수준의 크루즈 객실에서 하면서 글로벌 관광지역을 순항하는 여행으로 운송의 개념 뿐만 아니라 호텔의 개념이 서로 공존하는 새로운 개념의 여행상품이라고 할 수 있다.

크루즈에 관한 사전적, 법적, 학문적 정의와 관련된 부분은 아래의 표와 같다.

표 9-1 크루즈의 정의

구분	연구자	크루즈의 정의
사전적 정의		- 여러 항구를 방문하여 항해하는 것 - 여행목적이나 목적지 없이 여행하는 것 - 신속하고, 평온하게, 또는 힘들이지 않고 움직이는 것
법적 정의	해운법	국내항 간, 국내항과 외국항 간 또는 이국항 간을 13인 이상의 여객정원을 가진 5톤 이상의 선박으로 정기 또는 부정기적으로 운항하는 해상여객운송사업
	관광진흥법	관광유람선업에 해당하며 해상여객운송사업 면허를 받은 자 또는 유선 및 도선사업법에 의한 유선사업의 면허를 받거나 신고한 자로서 선박을 이용하여 관광객에게 관광을 할 수 있도록 하는 업

협회. 연구기관의 정의	Clia(1995)	떠다니는 리조트
	한국관광공사 (1987)	운송보다는 순수관광 목적의 선박여행으로 숙박, 음식, 위락 등 관광객을 위한 시설을 갖추고 수준 높은 관광상품을 제공하면서 수려한 관광지를 안전하게 순항하는 여행
	한국관광연구원 (1999)	숙박과 오락 및 여가활동을 할 수 있는 시설을 가지고 수준 높은 서비스를 제공하면서 2개국, 2개 기항지 이상을 연계하여 비교적 장거리의 일정에 따라 관광을 목적으로 운항하는 선박여행
학문적 정의	Kendall(1983)	위락 추구 여행자들에게 다수의 매력적인 항구를 방문하게 하는 해안 항해 여행
	Holloway(1985)	선박을 이용하여 관광을 목적으로 하는 주요 항해
	Ritter and Schafer(1998)	유영성의 여가환경 구조에 맞게끔 만들어진 선상여행
	김천중(1999)	숙박과 오락 및 여가활동을 할 수 있고 비교적 장거리여행도 가능하게 하는 시설을 갖춘 선박여행
	이경모(2004)	운송보다 순수관광목적의 여행으로 국내외항을 정기 또는 부정기적으로 운항하는 선박에서 다양한 등급의 숙박. 음식 및 식당시설, 다양한 위락활동 등에 필요한 시설을 갖추고, 수준 높은 관광서비스를 제공하면서 기항지를 안전하게 순항하는 여행
	하인수(2004)	SIT(Special Interest Tour)성격이 강한 위락 선박 여행으로, 선내에서의 다양한 여가활동과 다수의 매력적인 항구 방문 및 해안에서의 수상 레크리에이션 활동 등을 통해 관광욕구를 충족시키는 여행

자료 : 한국문화관광연구원, 김천중(2008, p.15에서 재인용).

한편, 크루즈의 구성요소를 살펴보면, 크루즈는 선박, 일정, 시설, 활동, 서비스로 구성되어 있으며 선박은 그 자체가 관광매력물로서 선박의 안전도, 지명도, 선박의 구조가 중요한 요소이며, 크루즈 일정은 소비자가 느끼는 가장 중요한 편익으로서 기항지 매력, 전체 여행기간, 항해 기간 등이 주요한 구성요소라고 할 수 있다.

승객의 편익과 지루함을 해소시켜 줄 크루즈시설은 여행과 항해의 지루한 이미지를 해소시키며 주요 구성요소는 객실시설, 식당시설, 스포츠시설, 문화시설 등이 있다.

크루즈의 활동은 주요 항구 및 관광지에서의 기항지 활동과 선상에서의 다양한 이벤트, 레크리에이션, 스포츠, 사교 활동 등이 매력적인 요소이며, 크루즈에서의 승객이 제공받는 서비스는 운항서비스, 최고급 호텔수준의 승무원 서비스, 엔터테인먼트 서비스, 의료안전 서비스 등이 승객들의 만족도를 높이고 선사의 이미지를 제고시킨다고 할 수 있다(노윤구, 2009 참조).

2 크루즈의 역사

1) 크루즈사업의 발전과정

1800년대 외국과 육로가 연결되어 있지 않은 섬나라의 경우 해외여행이나 내방객은 항공기나 선박을 이용할 수밖에 없었는데, 당시에는 항공운송의 발전된 상황이 아니었기 때문에 해외여행에 있어서 선박은 거의 유일한 운송수단이라고 할 수 있었다.

이러한 상황에서 해상운송서비스를 승객과 화주에게 제공하고 그 대가를 받는 것을 목적으로 하는 해운업의 근본은 화물운송이 본업이었으며 여객운송은 19세기초 증기기관의 발명으로 범선이 동력선으로 이행되면서 생겨난 것이라고 할 수 있다. 이처럼 증기기관의 발전이 선박에 적용되면서 선박제조기술은 급속하게 발전하게 되었다.

그 후 기술적 발전이 계속 이루어지면서 운송력의 빠른 향상을 가져오게 되었으며 19세기 초에는 대서양 연안 각국의 선박회사들은 객선 내부의 설비개선과 속도 향상, 서비스수준 제고 등을 통한 경쟁이 본격화되었다. 또한 20세기부터는 이전에 비해서 선박운송사업이 발전하면서 선박을 이용한 국제관광이 점점 증가하게 되었다.

현대 선박여행의 개념이 형성되기 시작한 것은 19세기이며, 당시 여객용 상선은 교통운송의 주요 수단이었고, 주로 유럽과 미국 사이의 구간을 운항하거나 또는 유럽과 아시아·아프리카에 널리 퍼져 있는 유럽의 식민지 사이의 구간을 운항하였다. 또한, 당시에 선박회사들이 상선을 이용해 여객운송에 관심을 가지기 시작하면서 부유층의 탐험여행과 저소득층의 이주여행에 선박이 활용되기 시작하였다.

1821년 스웨덴의 찰스4세는 최초로 크루즈 선박을 출항시켰고, 1824년 아일랜드의 큐라카오(Curacao)호는 정기여객 서비스를 제공한 최초의 선박이다.

1934년 영국은 유명한 대서양 정기여객선 퀸메리호를 출항시켰는데, 이 크루즈선은 2천명 이상의 승객을 담당할 수 있는 천 백명의 승무원들과 함께 승객들에게 가능한 모든 실질적인 편의시설, 안전시설, 오락시설을 제공하였다.

한편, 1960년대까지는 선박회사들의 거함을 이용한 사업이 운영되었는데, 거함을 이용한 주요사업은 대서양을 횡단하는 여객운송이었다. 하지만 1958년 최초의 대서양 횡단 제트여객기 사업으로 인해서 거함을 이용한 사업은 점차 쇠퇴하게 되었으며, 이 시기에 선박운항의 주도권을 가진 국가들로는 미국, 영국, 독일, 프랑스, 이탈리아 등이었는데, 이러한 국가들은 선박을 통해 국가의 경쟁력을 나타내려 하였고 당시의 경쟁력으로 인해 아직까지도 미국과 일부 유럽국가들이 크루즈산업에 있어서 매우 중요한 위치를 차지하는 계기가 되었다고 할 수 있다.

또한, 제트여객기의 발달은 산업을 발전시키고, 상용여행객의 세계 여행을 편리하게 만들었는데, 제트여객기의 가장 큰 장점은 속도라고 할 수 있다. 따라서 속도 측면에서 상대적으로 열세에 처한 크루즈선박은 새로운 활로를 찾아야 했으며, 선박만의 장점을 내세운 새로운 여행의 개념을 제시해야 했다. 즉 운송중심 개념의 여객선에서 선상엔터테인먼트, 다양한 식사메뉴, 매력적인 기항지 등을 내세운 크루즈 중심 개념의 도입이 시작되었다(김천중, 2008 참조).

2) 현대크루즈의 시초

1960년대 점보제트기를 이용한 여객운송의 대중화로 대부분의 대양여객선은 무용지물이 되었고, 수익성도 크게 떨어져 운항이 어렵게 되었다. 따라서 대부분의 선박은 낮은 가격에 판매되거나 운송사업에서 철수하게 되었으며 선박 여객운송을 계속하게 된 회사는 북대서양횡단과 함께 회사를 지속적으로 운영하기 위해 남쪽의 카리브해로 운항을 확장하게 되었다. 이로 인해 새로운 형태의 사업으로 지금의 크루즈(cruise)개념이 형성되었고, 크루즈만을 위한 새로운 선사와 함께 크루즈산업이 형성되기 시작하였다.

카리브해를 중심으로 한 크루즈산업이 형성되면서 대양여객선박의 중심항구가 과거 북대서양 횡단 여행시대의 New York 중심에서 Florida 중심으로 전환되어 선박회사의 본사가 Miami를 중심으로 한 지역에 들어서게 되었다. Florida는 크루즈 사업에서 중요한 요소인 따뜻한 기후, 비교적 평온한 바다, 카리브해 유명 관광지와의 접근성 등으로 인해 새로운 산업을 형성시키는 매우 적합한 지역으로 선택되었다.

한편, 북미 서부지역에서는 California를 중심으로 멕시코해안 크루즈와 캐나다 서부지역을 중심으로 알래스카 크루즈가 형성되기 시작하였으며, 유럽에서는 지중해 중심의 크루즈가 형성되었다.

이러한 상황에서 크루즈 고객들은 승선을 위해 Florida와 California로 이동해야 하는 문제가 발생되었고, 이는 크루즈선사와 항공사 간의 업무협조를 통해 항공.해양 프로그램과 승선하기 전과 후에 숙박을 포함하는 크루즈 패키지 프로그램을 탄생시켰다고 할 수 있다.

따라서 크루즈산업의 출현은 전반적으로 관광산업의 발전을 촉진하였다고 할 수 있으며, 선박, 항공, 호텔을 중심으로 한 숙박업 등에 긍정적인 영향을 미쳤으며, 크루즈라는 개념을 중심으로 여러 산업이 복합적으로 연결되어 고용유발효과를 상승시키게 되었다고 할 수 있다(김천중, 2008 참조하여 재정리).

3 크루즈의 분류

크루즈는 일반적으로 목적, 항해지역, 선박의 크기 등에 따라 분류할 수 있는데, 목적에 따라서는 관광크루즈(tour cruise), 세미나크루즈(seminar cruise), 테마크루즈(theme cruise) 등으로 분류할 수 있고, 항해지역에 따라서는 해양크루즈(ocean cruise), 연안크루즈(coastal cruise), 하천크루즈(river cruise) 등으로 분류할 수 있으며, 선박의 크기에 따라서는 소형크루즈(small ship cruise), 중형크루즈(mid-size ship cruise), 대형크루즈(large ship cruise) 등으로 분류할 수 있다.

크루즈 분류의 기준 및 내용은 다음의 표와 같다.

표 9-2 크루즈 분류의 기준 및 내용

기준	구분	내용
항해지역	해양크루즈	대양으로 항해 또는 국가간 이동
	연안크루즈	한 지역의 해안을 따라 이동
	하천크루즈	긴 강을 따라 이동
선박크기	소형크루즈	25,000톤급 이하
	중형크루즈	25,000~70,000톤급 이하
	대형크루즈	70,000~100,000톤급 이하
	초대형크루즈	100,000톤급 이상
크루즈의 목적	관광크루즈	일반적 관광목적
	세미나크루즈	교육훈련, 연수 목적
	테마크루즈	특별한 주제로 운영

4 크루즈의 특성

크루즈는 일반 정기여객선과 달리 부정기 여객선으로서 운항 정기성, 객실의 등급수, 선박의 내부시설, 예약과 판매관리 및 승무원 구조에 있어서 차이가 있다고 할 수 있다.

표 9-3 정기여객선과 크루즈 특성 비교

구분	정기여객선	크루즈선
운항정기성	정기운항	부정기운항
객실등급	적은 등급수	다양한 등급
선박시설	최소한 숙박시설 및 식사시설	호텔수준의 다양한 객실
예약관리	단순	복잡하고 장기적인 예약
승무원	기본적인 서비스	승객활동을 중심으로 다양한 서비스

자료 : 크루즈산업의 이해, 이경모(2004), 대왕사; 노윤구(2011)에서 재인용 참조.

여행상품의 측면에서 크루즈 여행상품은 선박을 이용하는 여행자를 대상으로 생산, 판매하는 여행상품이며 선박이용 자체가 여행으로서 가치를 갖는 경우와 왕복 교통편으로 선박을 이용하는 경우로 분류되는데, 유람선 여행상품은 통상 장시간에 걸쳐 시행되어 일반 여행상품에 비해 비교적 가격이 고가격이라는 특성을 가지고 있다고 할 수 있다.

크루즈 여행상품의 주요 대상이 되는 지역은 파도가 낮으며 기후가 온화하고 선박이 항해하기 가장 적절한 지역이 그 대상이 된다. 동남아 지역에서는 홍콩과 싱가포르가 크루즈의 기항지로 가장 각광받고 있으며, 일본의 경우는 크루즈선박을 직접 운항하고 있다.

크루즈는 일반적으로 왕복여행의 항해로서 보통 승객들을 출발항구로 되돌려 보내는 형태이나, 특정 구간을 설정하여 편도의 선박여행을 하기도 한다. 따라서 크루즈는 단순한 운송이라기보다는 위락을 위한 선박여행으로서 숙박, 음식, 위락시설 등 관광객을 위한 각종 시설의 구비와 높은 수준의 서비스를 제공하면서 순수관광유람을 목적으로 수려한 관광지를 안전하게 순항하는 선박여행이라고 규정할 수 있다.

여객선은 여객의 수송을 주목적으로 하며, 카페리는 수송목적으로 단시간에 주요 항구간을 운항하는 것이 특징이라고 할 수 있다. 쾌속선은 소규모의 고속 수송을 특징으로 하고 있다는 점에서 위락 추구 여행개념의 크루즈와는 근본적인 차이가 있다고 할 수 있다.

이러한 점에서 일반패키지여행과 크루즈여행을 비교해서 요약하면 다음과 같다고 할 수 있다(노윤구, 2009, pp.10-11).

표 9-4 일반패키지여행과 크루즈여행의 특성 비교

구분	일반패키지여행	크루즈여행
관광지 교통	- 여정에 따른 다양한 교통수단 이용시 불편	- 크루즈 기항지 이동과 지상관광시 간단한 복장으로 버스 이용
수하물관리	- 목적지 이동시 수하물 이동 불편	- 최초 승선후 최종 하선까지 각자 선실에 보관 및 사용
숙박/식음료	- 관광지마다 호텔 이용 - 식당 이용시 제한된 식음료 서비스	- 최고급 호텔수준의 캐빈 이용 - 다양한 식음료 서비스 제공
자유시간/위락시설	- 일정에 따른 프로그램 - 원하지 않는 프로그램 참여 - 제한된 위락시설 이용	- 기항지 관광과 선상관광활동 등 다양한 관광코스상품 선택 - 선상 내의 다양한 위락시설(수영장, 사우나, 영화관, 카지노, 바 등) 자유이용
지상관광	- 계획된 여정에 따른 고정된 관광형태	- 항구마다 다양한 기항지 관광코스가 있고, 개인의 취향과 컨디션에 따라 코스 선택
입출국수속	- CIQ(개인이 특정인의 도움 없이)	- 전용 터미널이 없을 경우 국제여객터미널에서 CIQ 개별 수속후 선박 이동 - 선상수속은 선내 라운지 안내에 따라 CIQ 개별 수속하거나 대면 없이 CIQ 일괄 수속 후 입국
건강/안전	- 질병시 병원이용 어려움 - 강도 및 절도 등 안전사고	- 선내병원과 응급구조체계 확립 - 안전금고 등 승객과 보안시스템 구축

자료 : 노윤구, 동해안 크루즈관광의 타당성 연구, 대구경북연구원, 2009, p.11 참조.

또한, 크루즈산업은 고용유발효과가 매우 큰 산업이라고 할 수 있는데, 크루즈관광의 경제적 효과는 크루즈선 승선객의 기항지 연계관광으로 외래관광객이 증가함에 따라 현지에서의 현지 관광지출, 식음료 쇼핑 등의 소비가 일반 관광객과 비교하여 더 많은 소비를 한다는 것이다. 즉 관광 소득승수에 의한 연관 산업 파급효과 및 고용증대를 통한 지역경제 발전효과는 지역주민의 가계소득과 정부의 조세수입을 증가시키게 되므로 경제적 파급효과가 타 산업에 비해 매우 큰 산업이라고 할 수 있다. 이러한 이유로 인해서 국제관광분야 중에서도 크루즈산업이 급성장하고 있다고 할 수 있다(Clia, 2006; 노윤구, 2009).

5 크루즈여행 분류

크루즈여행은 선박의 규모나 여행지, 여행거리에 따라 가격이 달라지므로 일반적으로 선박, 거리, 가격에 따라 분류할 수 있다. 이러한 관점에서 크루즈여행은 4가지로 분류할 수 있다(김천중, 2008 참조).

1) 대중크루즈

대중크루즈(volume cruises)는 대중시장 크루즈라고 불리는데, 대략 모든 크루즈 수익의 약 60%를 차지하며, 2~5일 일정의 단기 크루즈, 7일 일정의 일반 크루즈, 9~14일 일정의 장기 크루즈로 분류할 수 있다.

대중크루즈는 여행비의 지급방식에 따라 할부크루즈와 보통크루즈가 있으며, 숙박시설 및 서비스는 일반 호텔급이고, 대중크루즈의 노선은 짧은 여행경로에 중점을 둔다.

2) 고급크루즈

고급크루즈(premium cruises)는 크루즈 사업에서 두 번째로 큰 비중을 차지하고 있으며, 전체 수익 중 약 30%를 차지한다. 고급 크루즈는 1주일 항해에서부터 2주에서 3개월 일정 장기항해까지 있다.

3) 호화크루즈

호화크루즈(luxury cruises)는 높은 수준의 서비스를 제공하는 크루즈 중에서 가장 가격이 비싼 종류의 크루즈라고 할 수 있다. 호화크루즈는 호화 정기선들과 관련되는데, 대중시장의 크루즈들이 단기 일정에 초점을 두는 것과 반대로 긴 여행 일정과 이국적인 대상지들에 초점을 맞추고 있다.

4) 특수목적형 크루즈

특수목적형 크루즈(specialty cruises)는 고래구경, 스쿠버다이빙, 연구목적의 크루즈 등 특수한 목적에 초점을 맞춘 크루즈라고 할 수 있다.

글 · 로 · 벌 · 서 · 비 · 스 · 경 · 영

10

서비스경영과 인적자원관리

CHAPTER

서비스경영과 인적자원관리

CHAPTER 10

Management이론의 발전과정과 서비스 인적자원관리

관리중심의 management의 발전과정은 고전적 관리이론, 행동이론, 시스템이론, 상황이론 등의 네 가지 단계로 나누어 볼 수 있다. 고전적 관리이론은 1890년대부터 2000년대까지 보급되었으며, 행동이론은 1930년대부터 2000년대까지 보급되었으며, 시스템이론은 1940년대부터 2000년대까지 보급되었고, 상황이론은 1960년대부터 2000년대까지 보급되었다. 이후 최근에 여러 가지 경영환경의 변화와 글로벌화 등으로 인하여 많은 현대경영이론들이 보급되었다.

1 고전적 관리이론

일반적으로 미국에서 관리적 사고의 시작은 관리적인 사고와 관련된 연구가 처음으로 이루어지고, 숙련공들을 중심으로 조직된 미국노동연합(American Federation of Labor)이 출범하고, Coca Cola와 Westinghouse같은 대규모 기업들이 설립된 1886년으로 보고 있다.

이러한 상황에서 1890년대에 기업들은 종업원들이 새로운 기계와 전문화된 관업을 다룰 수 있도록 훈련시키는데 많은 비용과 시간을 투입하고 있는 상황이었지만, 이러한 기술과 기계화의 영향에도 불구하고 종업원들의 생산성은 비교적 낮은 수준에 머물고 있었다.

1) 과학적 관리법

과학적 관리법(scientific management)이란 종업원의 능률을 향상시키기 위하여 작업과 작업장의 합리적이고 과학적인 연구에 초점을 맞추는 관리관점을 의미한다. 특히, 테일러(Taylor)는 생산능률을 향상시키기 위한 명확한 지침을 정의하였으며, 이러한 지침은 노동자와 사용자 모두에게 도움이 된다고 주장하였다. 과학적 관리의 아버지라고 불리우는 테일러는 작업자들이 일을 적당히 하려는 경향이 있다고 생각하여 작업현장에 직무수행에 과학적인 방법을 적용함으로써 그러한 상황을 시정하려고 하였다. 그 당시에는 노동자나 사용자의 책임에 대한 개념이 분명하지 않았으며 실질적인 작업표준도 형성되지 않은 상황이었기 때문에 근로자들을 작업속도를 줄임으로써 노사가 상호 협력하기보다는 대결구도를 형성했다고 테일러는 판단하였다. 이러한 연구를 위하여 테일러는 실험을 실시하였는데 그것이 테일러의 선철실험(pig iron experiment)이다. 선철실험 내용은 베들레헴 제철소에 8만톤의 선철이 방치되어 있다가 가격이 급등하였다. 75명으로 구성된 선철 작업자들은 레일카에 92파운드 무게의 선철을 실어서 운반하였는데 그들의 일일 평균 작업량은 12.5톤이었다. Taylor는 선철을 실어 운반하는 가장 좋은 방법을 결정하기 위하여 직무를 과학적으로 분석해본 결과 작업자들의 하루 운반량을 48톤까지 끌어올릴 수 있을 것으로 분석하여 작업자들 중 4명을 선발하여 성격, 습관 등을 분석하였고 그 중 한 명을 선발하여 하루에 1.15달러였던 임금을 1.85달러로 인상하여 주었다(박진우, 1994, pp.44~48). 또한, Taylor는 근로자들이 옮기는 물건의 무게와 상관없이 같은 크기의 삽을 사용한다는 것을 인지하고 작업자들의 일일작업량을 극대화시킬 수 있는 최적의 작업량을 알아내기 위해 집중적으로 연구한 결과 21파운드가 최적의 삽 작업량으로 생각하였다. 위의 사례를 현재 기업들의 인적자원관리 부분과 연결지어 생각하면 직무관리와 관련해서 생각해 볼 수 있으며, 이러한 관리이론을 인적자원에 대한 의존도가 가장 높은 산업 중 하나인 호텔관광산업에 적용시켜서 가장 효율적인 인적자원관리를 할 수 있도록 연구해보는 것이 필요하다고 할 수 있다.

[테일러(Taylor)의 4가지 관리원칙]

1. 개별작업의 각 요소에 과학적인 방법을 사용함으로써 이전의 주먹구구식 방식(rule-of thumb)을 대신한다.
2. 근로자를 과학적으로 선발한 다음 교육훈련 및 개발을 한다(이전에 근로자들은 자신의 일을 선택한 뒤 최상의 수준을 발휘하도록 스스로 교육받았다).
3. 모든 작업이 개발되어온 과학의 원칙과 일치하여 이루어지도록 확신시키기 위하여 근로자들과 마음으로부터 협력한다.
4. 노사 사이에 작업과 책임을 거의 동일하게 나눈다(이전에는 거의 모든 작업과 책임의 대부분이 근로자에게 치중되어 있었다).

2) 관리일반이론

Fayol은 관리를 여러 가지 과업을 수행하는 과정으로 정의하였으며, 이러한 과정은 모든 형태의 조직에 적용되는 보편적 원칙이라고 주장하였다. 이러한 보편주의는 조직적 · 관리적 · 업무적 수준에서 관찰되는데, 조직적 수준에서 하나의 기업은 기술적 활동, 영업적 활동, 재무적 활동, 보전적 활동, 회계적 활동, 관리적 활동을 수행하게 된다.

또한, Fayol은 관리자가 관리적 수준에서 다음의 다섯 가지 기능을 수행해야 한다고 하였다.

(1) 계획

기업경영의 미래에 대한 검토와 조직목표 달성을 위한 행동계획을 수립하고 작성한다.

(2) 조직

수립된 계획을 실행하기 위해 물적자원과 인적자원을 동원하기 위한 조직구조를 편성하고 운영한다.

(3) 명령

종업원들이 필요로 하는 과업을 수행하도록 하기 위해 그들에게 지시하고 명령을 내린다.

(4) 조정

종업원의 모든 활동을 오로지 조직의 전반적인 목표달성 방향으로 통일하고 조정시킨다.

(5) 통제

목표가 계획대로 달성되었는지를 검토하고 평가하여 잘못된 경우, 이를 시정하도록 한다.

또한, Fayol은 14가지 관리원칙을 적용해야 한다고 하였다. 14가지 관리일반원칙은 다음과 같다.

표 10-1 Fayol의 14가지 관리일반원칙

분류	내용
1. 분업(division of labor)	분업은 주의와 노력을 기울여야 할 작업의 수를 줄임으로써 똑같은 노력으로 더 훌륭하고 많은 생산을 하기 위해서 이루어진다.
2. 권한과 책임 (authority and responsibility)	권한이란 명령을 할 수 있는 권리이며, 책임은 권한을 행사함에 따라 수반되는 것이다.

3. 규율(discipline)	규율이란 기업과 종업원 사이의 행동에 대한 계약이며 복종관계로 조직의 순조로운 운영을 위해서는 어느 정도의 규율이 필요하다고 할 수 있다.
4. 명령의 통일(unity of command)	한 사람의 하급자는 항상 한 사람의 직속 상급자로부터 명령을 받고 보고를 해야 한다.
5. 지휘의 통일(unity of direction)	한 가지 목표를 가진 개개의 활동집단은 하나의 계획과 한 사람의 상사를 가져야 한다.
6. 공익우선(subordination of individual interest to general interest)	개인이나 소집단의 이익이 사회나 조직 전체의 이익보다 먼저 추구되어서는 안된다.
7. 보상(remuneration of personnel)	조직이 종업원의 충성과 지원을 얻기 위해서는 적절한 보상체계를 갖추어야 한다.
8. 집권화(centralization)	의사결정권한이 상위 몇 사람에게 집중되어 있는 것을 말하는데 분업과 마찬가지로 조직경영에 있어서 집권화 역시 필요하다.
9. 계층적 연결(scalar chain)	조직은 최고경영자로부터 최하급자에 이르기까지 공식적인 계층적 구조가 형성되어 명령과 보고의 소통이 이루어져야 한다.
10. 질서(order)	조직 내 제 활동이 제대로 이루어지기 위해서는 모든 인적자원과 물적자원이 제자리에 놓여 있어야 한다는 것으로 곧 적재적소의 원칙을 의미한다.
11. 공정성(equity)	친절과 정의의 개념을 합한 것이 공정성이므로 대인관계에서 애정과 공정한 처리를 하도록 해야 한다.
12. 재임기간의 안정(stability of tenure of personal)	빈번한 인력의 변경이나 개편은 조직경영에 비능률을 초래하므로 재임기간을 보장하여야 한다.
13. 주도력(initiative)	사업계획을 창안해서 실행하는 힘이 바로 주도력인데, 조직의 모든 계층에서 주도력이 열정적으로 집중되어야 한다.
14. 단체정신(espirit de corps)	생산성을 향상시키려면 구성원 상호간의 단결이 중요한데, 그것은 개인들 사이의 조화로부터 나오게 된다.

이와 같은 Fayol의 관리일반원칙은 모든 조직에 일반적으로 적용될 수 있는 원칙이며, 상위층 관리자 입장에서 설정되었고, 각각의 원칙들이 절대적인 것이 아니라 융통성 있게 적용될 수 있는 것이며, 관리자 교육을 강조하고 있다고 할 수 있다.

3) 관료제

관료제(bureaucracy)란 규율, 계층, 분업 및 확고한 절차에 의존하는 하나의 시스템을 가리키는 말이다. 독일의 Max Weber가 이 관료제를 주장하였으며 관료제의 속성을 다음과 같이 설명하였다.

- 관료들의 비개인적인 공식적인 의무
- 명확하게 정의된 서열 체계
- 명확하게 정의된 능력
- 자유로운 계약관계
- 선거가 아닌 임명제
- 관료에게 주는 고정 봉급
- 관료의 유일한 원초적인 직업
- 경력체계
- 행정의 수단으로부터의 분리
- 엄격하고 체계적인 규율

(1) 관료제의 순기능

관료제의 순기능으로는 표준화된 행동과 능률증대, 고용의 안정성, 공정성과 통일성 확보, 계층을 통한 용이한 책임수행 등을 들 수 있다(Perrow, 1972).

- 표준화된 행동과 능률증대
- 고용의 안정성
- 공정성과 통일성 확보
- 계층을 통한 용이한 책임수행

위에서 언급된 관료주의에 관한 순기능과 더불어 관료주의의 비판적인 연구내용을 요약하면 아래와 같다.

(2) 관료제의 비판(Bennis의 관료주위 비판 내용)

- 관료주의는 개인적 성장과 성숙한 인격의 발달을 적절히 허용하지 않고 있다.
- 순종과 집단사고를 발전시킨다.
- 비공식적 조직과 긴급하고 돌발적인 문제를 고려하고 있지 않다.
- 적절한 사법상의 과정을 담고 있진 않다.
- 직위간 특히 기능적 집단 간의 차이와 갈등을 해소하는 적절한 수단을 마련하고 있지 않다.
- 의사소통, 특히 혁신적 생각이 계층적 불화 때문에 왜곡된다.
- 불신임과 보족의 공포 때문에 인력이 충분히 활용되지 못한다.
- 조직에 들어오는 새로운 기술이나 과학자의 유입을 쉽게 동화시킬 수 없다.
- 성격구조를 변화시켜 인간을 우둔하고 조건화된 조직인으로 만든다.

2 행동이론

1930년대부터 인간적인 측면을 강조하는 새로운 이론이 등장하였는데 이러한 이론을 행동이론이라 한다. 행동이론은 인간관계론적 접근방법과 행동과학적 접근방법으로 분류되있다.

1) 인간관계론

현대에는 기계화에 의한 생산성이 중요한 문제이기는 하지만, 이러한 기계를 작동시키는 것은 사람이기 때문에 직무상의 사람의 태도나 능력이야말로 조직의 목표를 달성하는 가장 중요한 요인 중 하나라고 할 수 있다. 이렇게 생산성의 향상에 있어서 인간적인 요인이 크게 작용한다는 것은 여러 실증적인 연구를 통해 증명되었다. 이러한 결과 인간관계론(human relations)은 바야흐로 현대산업에서 가장 중요한 경영관리의 방식이라고 인정받게 되었다. 특히, 1930년대 이후 인간관계 개선과 관련된 이론이 주목받았는데 그 구체적인 관리기술로는 리더십, 인사상담제도, 커뮤니케이션, 모티베이션 등이 있다. 이러한 인간관계론의 시작에 많은 영향을 미쳤던 연구가 호손실험이다. 호손실험은 미국 시카고 근교에 있는 서부전기회사의 호손공장에서 산업의 능률과 인간의 관계를 규명하기 위하여 공장간부인 페녹(Pennock)과 학자인 메이요(Mayo) 등이 공동으로 1924년부터 1932년까지 약 8년에 걸쳐서 조명실험, 계전기조립실험, 면접프로그램, 배전기권선관찰실험 등을 실시하였는데 가장 잘 알려진 조명실험의 내용은 다음과 같다.

[호손실험 조명실험]

호손공장의 조명실험은 1924년부터 1927년까지 공장의 관리인인 페녹이 실시한 실험으로 작업시 공장의 조명의 강도와 근로자의 능률간의 관계를 연구하려는 목적으로 실시되었다. 당시의 노동능률에 관한 연구는 피로의 문제에 집중되어 있어서 연구자들은 피로에 영향을 미치는 요인 중 하나로 조명을 고려하게 되었으며 적당한 조명강도는 근로자들의 피로를 덜어주어 능률이 향상될 것이라고 생각하였다.

이 실험에서는 먼저 같은 조건을 가지고 있는 근로자들을 두 집단으로 나누었는데, 첫째 집단은 통제집단이고, 둘째 집단은 실험집단이었다. 이 후 통제집단에 대해서는 조명의 강도를 일정하게 해놓았으나 실험집단에 대해서는 조명강도를 높이거나 줄임으로써 그 때의 작업성과를 측정하였다. 그러나 조명실험은 전혀 예상밖의 결과를 도출하였는데 조명강도가 높을수록 작업의 성과가 높을 것으로 예측하였는데 이러한 가설은 검증되지 못하였다.

조명의 강도를 높일수록 성과는 높아졌는데, 반대로 조명 강도를 낮추어도 생산량은 여전히 증가하였으며, 근로자들의 요구로 더 높은 조명강도를 약속해 놓고 실제로는 같은 조명강도를 유지하였는데 작업능률은 더 상승하는 경향을 나타내었다. 이외에도 한 가지 중요한 결과는 통제집단의 경우에도 물리적인 조건에 변화를 주지 않았는데도 생산성이 일정한 수준으로 유지되는 것이 아니라 상승하는 경향을 나타내었다. 이에 이 실험의 연구자들은 작업시간, 높은 임금, 조명도 및 작업상의 기타 물리적이 여건과 상관없이 생산성을 증가시키는 어떤 중요한 요인이 있음을 알게 되었다.

2) 행동과학

행동과학은 인간행동에 초점을 두고 모든 영역에 통용될 수 있는 인간행동의 보편적인 원리를 발견하는 노력에서 비롯된 것이 바로 행동과학(behavioral science)이다. 본 부분에서는 행동과학의 여러 이론 중 맥그리거의 X이론과 Y이론을 살펴본다. 호손의 연구외에 인간관계 운동과 관련된 이론으로는 McGregor의 XY이론이 있다. McGregor는 작업자들의 태도와 행위가 경영자의 행위에 어떻게 영향을 미치는가에 따라 서로 다른 두 가지의 가정을 제안하였다. 작업자들의 행위에 대해 비판적이고 부정적으로 보는 가정은 X이론(theory X)이라고 하였고, 긍정적으로 보는 가정은 Y이론(theory Y)이라고 하였다. X이론과 Y이론의 가정은 다음과 같다.

(1) X이론

- 작업자는 일을 싫어하고 일을 피하려고 한다.
- 경영자들은 작업자들이 열심히 일을 하도록 감시하고 통제하고 강요하고 위협해야 한다.
- 작업자들은 지시받기를 좋아하고 책임을 회피하며 야망을 갖지 않고 다만 직업안정을 원하다.

(2) Y이론

- 작업자들은 일을 싫어하지 않고 오히려 생활의 일부라고 생각한다.
- 작업자들은 목적을 달성하기 위해 자극을 받는 것을 허용한다.
- 작업자들은 목표를 달성하였을 때 받게 되는 보상수준에 맞는 목표를 달성하려 한다.
- 작업자들은 좋은 조건하에서는 책임을 맡으려 한다.
- 작업자들은 조직의 문제를 창조적으로 해결할 능력을 갖는다.
- 작업자들은 유능하지만 그들의 잠재력은 충분히 발휘하지 않는다.

3 시스템이론

시스템이론(system theory)이란 1950년경 독일의 생물학자인 베르탈란피(Bertalnaffy)가 여러 학문분야를 통합할 수 있는 공통적인 사고의 틀을 찾으려고 노력하며 발표한 이론이다. 베르탈란피는 과학의 발전과 기술의 발전 등으로 인하여 여러 분야의 학문들이 상호간의 이해를 증진시키고 교류하며 발전해야 하는데, 그렇지 못하다고 생각되어 자연과학 분야와 사회과학 분야를 통합할 수 있는 이론으로서 일반시스템 이론을 발표하였다.

과학적 관리법은 효과적인 직무설계를 통하여 조직의 생산성을 극대화하는 데 초점을 맞추었으며, 인간관계론은 연구의 초점을 직무의 설계로부터 사회적 요소로 바뀌게 만들었다. 그러나 이들 이론은 인간의 행동에 영향을 미치는 요소들이 서로 상호관계하여 작용한다는 사실을 간과하였다. 시스템이론은 인간행동의 영향요소들 간의 복잡한 상호작용의 중요성을 강조하였는데, 즉 모든 것이 다른 모든 것과 관련되어 있다는 것이다. 시스템이론은 조직을 상호관련된 부분으로 구성되어 있고 그의 특정한 목적을 가진 통합된 시스템으로 보고 있다. 시스템이론은 조직의 여러 하위 시스템을 분리해서 취급하려는 것이 아니고 조직을 하나의 전체로서 보려는 것이다.

4 상황이론

상황이론(contingency theory)이란 시스템이론의 추상성을 극복하고 이를 조직이나 경영의 보다 현실적인 이론으로 변형시킨 것으로 올바른 관리기법은 어떤 보편적인 규칙이란 없고 주위의 상황에 의존한다는 사고에 기초에 관리개념을 의미한다.

위에서 언급된 고전적 · 행동적 · 계량적 접근방법은 다양한 상황에서 기업을 경영함에 있어서 하나의 가장 좋은 방법을 적용하려 했기 때문에 보편적 관점이라고 한다. 하지만 상황이론은 각각의 조직은 유일하기 때문에 모든 조직에 일률적인 보편이론을 적용할 수 없다고 주장한다. 즉 어떤 상황에서 가장 알맞은 경영행위는 그 상황에 유일한 요소들에 의존한다는 것인데, 어떤 상황에서는 가장 효과적인 행위일지라도 모든 다른 상황에서 이를 일반화할 수 없다는 것이다. 모든 상황이 다르기 때문에 결과가 다르고 어떤 상황에서는 가장 효과적인 방법이 다른 상황에서는 다른 결과를 가져오는 것이다. 상황이론에 따르면 경영자의 임무란 특별한 상황에서 특별한 경우에 특정 시점에 기업의 목적을 가장 잘 달성할 수 있는 기법이 무엇인가를 찾아내는 것이라고 할 수 있다.

5 인적자원관리의 의의 및 중요성

인적자원관리의 정의는 다양하지만 여러 연구자들의 정의를 종합적으로 정리하면 인적자원관리(human resources management)란 조직목적을 달성하기 위하여 인적자원을 효율적으로 관리하기 위한 통합적 의사결정 시스템이라고 할 수 있다. 인적자원의 개념이 본격적으로 기업에 도입된 이후 여러 단계를 거쳐 발전하고 있다고 할 수 있다.

1) 인적자원의 전략적 중요성

호손공장의 실험을 계기로 인간관계론과 관련지어 이전에 비해 중요성이 커지기는 했지만, 1960년대까지만 해도 경영에 있어서 인적자원관리의 중요성은 아직 충분히 인식되지 못하였으며, 주로 생산직 종업원에게만 해당되는 부분으로 인식되는 부분이 많다고 할 수 있다. 1970년대에 들어서자 인적자원관리(humnan resources management)라는 용어가 등장하여 인사관리(personnel management)라는 용어를 대체하기 시작하였다. 새로운 용어인 인적자원관리는 단순한 서류작업이나 기록보존 이상을 의미하게 되었으며, 다양한 인적자원기능들이 잘 통합될 경우, 인적자원관리는 기업의 성공에 중요한 요소로 기여할 수 있다고 인식되게 되었으며, 종업원들이 기업에 있어서 중요한 자산으로 인식되게 되었다.

이러한 인적자원관리의 발전과정 이후, 최근 들어 기업들은 경쟁우위(competitive advantage)를 달성하는데, 인적자원이 핵심적인 요소임을 인식하고 사업과 부합되는 인적자원관리인 전략적 인적자원관리를 강조하게 되었다.

따라서 조직은 다음과 같은 기준을 충족할 때, 인적자원을 통하여 경쟁우위를 달성할 수 있다(Snell and Wright, 2002).

(1) 가치창출

인적자원이 기업의 효율성 증진에 기여할 때 인적자원은 경쟁우위의 요인이 될 수 있다. 조직구성원들이 비용을 절감하는 방법을 발견하거나 고객에게 독특한 무엇인가를 제공할 때 가치가 증대된다. 임파워먼트, 전사적 품질개선, 지속적인 업무개선 등은 조직구성원이 가치를 창출할 수 있도록 설계된 프로그램이다.

(2) 희소성

조직구성원들이 경쟁사는 보유하지 못한 독특한 스킬, 지식, 능력을 지니고 있을 때 인적자원은 경쟁우위의 요소가 된다. 따라서 많은 기업들은 경쟁우위를 달성하기 위하여 최고의 인재를 채용하고 개발하려고 노력한다.

(3) 모방의 어려움

종업원의 능력이나 공헌을 다른 경쟁사가 모방할 수 없을, 인적자원은 경쟁우의의 요인이 된다.

(4) 조직화

조직구성원들이 임무에 따라 잘 배치되고 조화를 이룰 때 인적자원은 경쟁우위의 요인이 된다.

2) 인적자원관리 전략의 개념

인적자원관리에 있어서 전략적 접근법을 선택한다는 것은 기존의 서무적 기능으로서의 인적자원관리의 내용을 운영적인 측면보다는 전략적인 측면에 초점을 맞추는 것이라고 할 수 있다. 전략적 인적자원관리는 사람관리에 가장 높은 비중을 부여하며 기업의 전략적인 틀 내에서 모든 인적자원정책과 프로그램을 통합하는 것이라고 할 수 있다. 재무, 마케팅 등 조직의 다른 기능에 관한 모든 의사결정은 조직구성원들에 의해 이루어진다는 점에서 볼 때, 인적자원관리는 사람이 조직을 형성하거나 깨뜨릴 수 있다는 것을 인정하고 있다.

전략적 인적자원관리는 조직의 전략적 목표달성을 촉진하기 위하여, 인적자원과 관련된 일관성 있고 서로 부합되는 인적자원정책과 프로그램을 개발하는 것을 의미한다. 전략적 인적자원관리는 조직의 목표를 구체적인 인간관리시스템으로 전환함으로써 조직 내 모든 인적자원관리시스템들이 전략적 의미를 갖게 한다고 할 수 있다. 구체적인 방법이나 과정은 조직마다 다르겠지만, 전략적 인적자원관리에 있어서 핵심적인 개념은 일관성(consistency)이라고 할 수 있다. 즉 모든 인적자원정책과 프로그램들이 넓게는 조직의 미션(mission)과 좁게는 조직목표(objective)를 달성하기 위하여 통합되어야 한다는 것을 의미한다(황규대, 2008, p.42).

표 10-2 전통적 인적자원관리와 전략적 인적자원관리의 비교

구분	전통적 인적자원관리	전략적 인적자원관리
인적자원관리에 대한 책임	전문적 스탭	라인 경영자
초점	종업원 관계	내부 및 외부고객과의 파트너십
인적자원관리의 역할	거래적, 변화추종자, 반응적	변혁적, 변화주도자, 주도적
추진방법	느리고 반응적이며 단편적임	신속하고 선행적이며 통합적임
계획기간	단기	단기, 중기, 장기
통제	관료적이며, 역할, 정책, 절차적임	유기적이며, 유연함
직무설계	노동의 분화, 전문성, 독립적임	유연하며, 팀워크, 교차훈련
주요투자	자본, 제품	사람, 지식
책임	비용	투자

자료 : Mello(2002), Strategic Human Resources Management.

3) 인적자원관리 기능의 역할

조직에게 인적자원관리의 역할은 계속해서 변화해 왔으며, 앞으로도 시간이 지나면서 변화할 것으로 생각된다. 하지만, 최근 인적자원관리의 변화경향을 살펴보면 첫째, 운영적인 것에서 전략적인 것으로 변화하고 있다. 둘째, 단기적인 관리에서

장기적인 관리로 변화하고 있다. 셋째, 기능중심에서 사업중심으로 변화하고 있다. 넷째, 내부중심에서 외부 및 고객중심으로 변화하고 있다. 다섯째, 수동적 역할에서 주도적 역할로 변화하고 있다. 여섯째, 활동중심에서 문제해결 중심으로 변화하고 있다. 위에서 언급된 내용에서 알 수 있듯이 최근 경향은 인적자원기능을 단지 관리적인 의무만 수행하는 것이 아니라 조직은 인적자원기능이 조직성과 향상에 기여할 수 있다는 것을 알 수 있다. 또한, 성공적인 많은 기업들은 인적자원기능을 중요한 전략적인 부분을 생각하고 장기적이고 변혁적인 역할을 강조하고 있다(김용구 외, 2003).

표 10-3 인적자원기능 역할

역할	성과	활동
전략적 인적자원관리	전략의 실행	인적자원의 관리와 사업전략의 방향을 일치 시킴
기업인프라 관리	효율적인 인프라 구축	조직 프로세스에 대한 리엔지니어링
종업원 공헌의 관리	종업원의 헌신과 역량의 향상	종업원에 대한 경청과 반응
변혁 및 변화의 관리	쇄신된 조직의 창출	변혁과 변화의 관리

자료 : 김용구외, 2003, 황규대, 2008, p.13 참조하여 수정 정리.

4) 인적자원관리전략과 서비스기업의 인적자원관리

제조기업에 있어서도 인적자원관리는 매우 중요한 부분이지만, 서비스기업의 경우는 인적자원관리가 기업의 이미지와 브랜드 가치 등에 미치는 영향이 매우 크기 때문에 인적자원관리가 더욱 중요하다고 할 수 있다. 특히, 서비스기업의 경우는 제조기업들이 보유할 수 있는 핵심역량(core competencies)을 창출하는 것이 쉽지 않기 때문에 고객들에게 서비스를 제공하는 인적자원들의 진심어린 서비스마인드가 직접적으로 고객들이 받아들이는 핵심역량이 될 수 있다. 따라서 내부마케팅과 같이 외부의 고객뿐만 아니라 내부고객을 관리하는 것도 매우 중요하다고 할 수 있다.

또한, 최근에 많은 주제가 되고 있는 정서노동(emotional labor)을 제공하는 서비스기업의 인적자원들은 많은 업무와 관련된 스트레스 등이 쌓일 수 있기 때문에 기업들은 이러한 세심한 부분까지도 관리해주는 것도 필요한 부분이라고 할 수 있다.

서비스기업 중 호텔기업의 예를 들어보면, 호텔기업은 매일 24시간, 1년 365일 동안 연중무휴로 사업을 운영하기 때문에 기업의 입장에서는 인적자원에 대한 의존도가 높으면서도 직원들의 야간수당, 휴일수당, 초과수당 등 인건비의 부담이 추가되게 된다. 직원들의 입장에서도 불규칙한 근무시간이 발생하게 되는데 교대근무, 주말근무, 휴일근무 등 근무시간이 불규칙하다는 부담이 있다.

특히, 호텔기업의 경우는 근무시간관리가 상당히 중요한 부분이라고 할 수 있는데, 먼저 정규근무와 교대근무의 차이점은 교대근무하에서는 정규근무시간 외에도 지속적으로 근무가 이루어진다는 점이다. 호텔산업은 이렇게 교대근무제가 시행되는 대표적인 산업 중 하나라고 할 수 있다.

호텔기업의 인적자원관리는 호텔경영의 목적을 달성하기 위하여 기업활동의 원동력이 되는 인간의 능력을 호텔의 장기적 전망에 따라 확보하고, 종사원 개개인의 인격을 존중하며 능력을 육성 · 발전시켜 조직구성원으로서의 양호한 인간관계를 유지하도록 환경 또는 장을 만들어 종사원 스스로 최대의 목적을 얻게 하여 결과적으로 호텔에 최대한의 공헌을 할 수 있도록 하는 시스템으로 정의할 수 있으며, 호텔 인적자원관리는 종사원의 모집에서부터 퇴직에 이르기까지 종사원에 대한 문제가 제기되는 가운데 있어서의 관리과정을 총망라하고 있다. 인적자원의 성과는 종사원의 욕구와 동기, 태도와 행동 그리고 만족감 여하에 따라 결정되고, 경영관리에 대한 반응으로 나타나게 된다. 즉 인적자원이 부족하더라도 효율적으로 활용되면 좋은 성과를 거둘 수 있는 반면에, 인적자원관리가 부실하면 아무리 우수한 인적자원을 보유하더라도 성과는 저조하게 된다(신강현 · 강인숙, 2006, p.311).

호텔 뿐만 아니라 항공사, 외식사업 등 서비스산업은 그 산업 고유의 특성을 가지고 있기 때문에 기업들은 산업의 특성에 맞게 인적자원을 관리하여 서비스기업의 인적자원들이 고객들에게 최고의 서비스를 제공할 수 있도록 해주는 것이 기업의 경쟁력을 강화시켜 경쟁기업들과의 경쟁에서 경쟁우위를 확보할 수 있어야 한다.

5) 서비스기업의 인적자원관리의 영향 요인

인적자원관리를 실행함에 있어서 중요하게 영향을 받는 요인 중 하나가 인적자원관리의 이해관계자(stakeholder)라고 할 수 있다. 이해관계자란 인적자원관리의 효율성에 영향을 미치거나 또는 영향을 받는 사람이나 집단을 의미한다(황규대, 2008, p.16). 이러한 이해관계자로서는 조직, 고객, 종업원, 사회, 공급자 등을 들 수 있다.

먼저, 고객만족의 개선은 인적자원관리가 사업의 성공에 기여할 수 있는 주요 수단 중 하나라고 할 수 있다. 일반적으로 기업들은 고객만족을 위해서는 비용절감과 품질개선이 중요한 수단이라고 생각하지만, 고객들은 이외에도 좋은 품질의 서비스에 민감하게 반응한다고 할 수 있다. 특히, 호텔이나 항공사 등과 같이 고객을 직접 응대하는 일선 서비스산업의 종업원들의 태도에 민감하게 반응한다고 할 수 있다.

또한, 공급자(supplier)란 기업이 사업을 수행하는데 필요한 자원들을 제공하는 조직을 의미하는데, 대부분의 조직은 공급자들로부터 사업에 필요한 다양한 인적, 물적, 정보적 자원을 제공받는다. 따라서 기업이 제공하는 제품이나 서비스의 품질을 향상시키기 위해서는 공급자와 원활한 관계를 유지해야만 한다. 인적자원관리와 관련된 이해관계자들과 관련된 내용은 아래 표와 같다.

표 10-4 인적자원관리와 관계된 이해관계자의 내용

구분	내용
조직구성원	- 공정처우 - 만족 / 사기 - 임파워먼트 - 고용안정 - 보건, 안전
고객	- 서비스 품질 - 제품의 질 - 신속성 / 반응성 - 저비용 - 책임

조직 및 주주	- 생산성 - 이윤 - 생존 - 적응력 - 경쟁우위
사회	- 법적 규제 - 사회적 책임 - 윤리 - 환경
전략적 사업 파트너	- 공급자 - 노조 - joint venture 파트너

자료 : 황규대, 2008, p.17.

서비스산업은 인적자원에 대한 의존성이 상대적으로 제조업보다 크기 때문에 인적자원관리에 대한 중요성이 상당히 높다고 할 수 있다. 서비스기업의 인적자원관리는 내부마케팅과 임파워먼트를 통해서 이해할 수 있으며, 이에 대한 설명은 다음과 같다.

(1) 내부마케팅

서비스기업에게 가장 중요한 점은 고객만족이라고 할 수 있다. 이러한 목표를 달성하기 위해서는 다른 산업도 마찬가지지만, 특히 서비스기업에 있어서의 인적자원은 기업에게 가장 중요한 자원이라고 할 수 있다. 서비스기업들에게 고객은 가장 중요한 사람들이기 때문에 이렇게 중요한 사람들에게 서비스를 제공하는 내부고객인 직원들도 매우 중요하다고 할 수 있다. 이것이 바로 내부마케팅의 중요성이다. 서비스기업이 성공적으로 운영되려면 고객과 종업원 모두를 잘 관리해야만 하는데 이것이 바로 서비스기업의 인적자원관리라고 할 수 있다. 서비스기업의 인적자원관리에서 중요한 점은 내부마케팅(internal marketing)인데, 한 마디로 요약하면 기업이 내부고객인 종업원에게 하는 마케팅을 의미한다. 성공적인 내부마케팅을 위해서는 내부마케팅이 전략적 관리의 주요한 부분으로 인식되어야 하고, 내부마케팅 과정이 조직구조나 경영층 지원의 부족으로 방해 받지 않아야 하며, 최고경영층이 내부마케팅에 대해 지속적으로 적극적인 지원을 해야 한다. 또한, 이러한 내부마케팅의 목표는 종업원 만족의 향상이라고 할 수 있다. 이러한 종업원의 만족 향상을 위해서는 동기부여(motivation)가 중요하며, 훌륭한 종업원을 유치하고 보유할 수 있는 직무나 환경도 매우 중요하다고 할 수 있다. 또한, 관리방법, 인사정책, 직무 자체의 성격, 계획 및 실행과정 등도 중요한 요인이라고 할 수 있다.

표 10-5 종업원 만족의 유형

1. 일에 대한 만족도	- 지금 하는 일이 자신을 성장시켜 주는가? - 자유재량의 폭이 넓은가? - 고객이나 타부서의 사람에게 공헌하고 있는가?
2. 직장에 대한 만족도	- 상사와의 커뮤니케이션은 잘 이루어지고 있는가? - 동료들과의 커뮤니케이션은 잘 이루어지고 있는가? - 결정된 일은 모두 수행하려는 결속력이 있나?
3. 인사에 대한 만족도	- 인사평가와 처우는 공정하다고 생각하는가? - 실패를 비난하지 않고 재도전하게 해주는가? - 개인의 성장을 지원해주는가?
4. 근로조건에 대한 만족도	- 복리후생은 잘 되어 있는가? - 소득수준은 일에 비해 합당한가? - 근무조건은 납득할 만한가?
5. 회사에 대한 만족도	- 경영자세에 공감할 수 있는가? - 이 기업에 근무하는 것에 대해 자부심을 가지고 있는가? - 지역사회에의 공헌 등 좋은 이미지를 가지고 있는가?

자료 : 이유재, 서비스마케팅, 2004, p.296.

또한, 서비스업은 제조업보다 노동집약적인 경향이 강하기 때문에 같은 조직내에서 사람들끼리의 갈등(conflict)이 제조업보다 더 많이 발생할 수 있기 때문에 서비스를 제공하는 종업원의 만족도는 서비스 품질의 결정요인이 되기 때문에 종업원들의 갈등관리가 중요한 점이라고 할 수 있다.

종업원이 겪는 갈등의 유형은 4가지로 분류할 수 있는데, 종업원과 역할의 갈등, 종업원과 조직의 갈등, 종업원과 종업원의 갈등, 종업원과 고객의 갈등이 있다. 갈등의 유형별 원인과 관리방법은 아래와 같다.

표 10-6 갈등의 유형별 원인과 관리방법

유형	원인	처방
종업원과 역할의 갈등	- 직무의 부적합 - 의복 규정	- 채용시 지원자 선별에 신중을 기한다. - 지도와 훈련을 한다. - 종업원의 불평토로 절차를 만든다.
종업원과 조직의 갈등	- 두 명의 상사에 대한 어려움	- 종업원에게 기업의정책과 목표를 확실하게 이해시킨다. - 종업원에게 권한을 부여한다. - 종업원의 의사결정을 지원한다.
종업원과 종업원의 갈등	- 명쾌한 커뮤니케이션의 부족 - 명령체계의 부족 - 성격간의 갈등 - 고객에 대한 경쟁 - 업무량에 대한 차이 인식	- 갈등의 원인을 결정한다. - 다른 곳에서 정보를 구한다. - 가능한 해결책을 탐색한다. - 종업원 양측을 갈등해결 계획에 포함시킨다. - 후속조치를 취한다.
종업원과 고객의 갈등	- 고객의 역할 수행 부족 - 소유권 - 다양한 고객의 행동	- 고객과 종업원 양측이 제역할을 충분히 이해해야 한다. - 새로운 고객을 지도한다. - 여러 유형의 고객들에 대한 응대 태도를 교육한다.

자료 : 이유재, 서비스마케팅, 2004, p.297.

(2) 임파워먼트

임파워먼트(empowerment)는 종업원에게 상황에 따른 의사결정권한을 부여하는 것을 의미한다. 고객의 만족을 위해서는 종업원에게 상황에 따른 의사결정권한을 부여하는 것이 필요하다. 이러한 임파워먼트를 통해서 고객만족을 증대시킬 수 있으며, 내부마케팅 측면에서는 종업원들의 직무만족을 가져올 수 있다. 임파워먼트의 장점으로는 서비스 전달시 고객에게 즉각적인 대응을 할 수 있으며, 서비스 회복시 불만족고객에게 즉각적인 대응을 할 수 있다. 또한, 종업원의 직무만족과 자기만족을 높일 수 있으며, 종업원들에게 동기를 부여할 수 있다. 하지만 종업원의 선발과 훈련에 많은 비용이 소요되며, 종업원마다 상황에 대한 인식이 다르므로 일관되지 못한 서비스가 전달될 우려가 있다. 또한, 종업원이 잘못된 의사결정을 할 경우 이에 대한 대비책이 없는 것이 단점이라고 할 수 있다.

(3) 정서적 노동관리

정서적 노동(emotional labor)이란 종업원 감정이 업무상 하나의 요소가 되는 노동을 말하는 것으로(Hochschild, 1983), 인간의 심리적인 반응과 감정적인 반응이 업무결과에 반영되는 노동을 의미한다. 정서적 노동이란 서비스산업의 경우 종업원의 미소, 아이 컨택트(eye contact), 진심어린 관심 등과 같은 정서적인 감정에 따라 서비스의 성과가 많은 영향을 받고 이를 통해 고객들의 감정을 유도하거나 억제시킴으로써 효과적인 직무를 달성하게 된다. 예를 들어, 호텔, 항공사 등 환대산업에 종사하는 종업원들은 육체적 · 정신적 노동과 더불어 정서적 노동을 의식하기 때문에 스트레스 정도가 다른 산업에 비해 높을 수 있지만, 항상 최고의 서비스 수준을 유지해야 한다는 점을 의식해야 한다. 또한, 기업차원에서 정서적 노동을 하는 종업원들에 관한 인적자원관리도 중요한 주제라고 할 수 있다.

11

글로벌서비스기업의 경영전략

CHAPTER

글로벌서비스기업의 경영전략

CHAPTER 11

1 경영전략의 이해

1) 경영전략의 개념

경영전략(business strategy)이란 희소한 경영자원을 배분하여 기업에게 경쟁우위를 창출하고 유지시켜 줄 수 있는 주요한 의사결정을 의미한다. 대부분의 기업들은 희소한 자금이나 인적자원 등을 배분해야 하는 의사결정이 필요한데, 일반적으로 다른 기업들과의 경쟁상황하에서 어떻게 하면 자사에게 경쟁우위를 가져다 줄 수 있는지를 분석해주는 구체적인 사고방법이라고 할 수 있다.

특히, 급속한 경영환경의 변화로 무한경쟁으로 치닫고 있는 최근에는 기업들마다 경영전략의 중요성을 인식하고 있기 때문에 많은 기업들이 자사의 경영전략에 관심이 높아지고 있다.

표 11-1 경영전략론의 시대적 흐름

기간	1950-1970 초반	1970후반-1980 중반	1980후반-1990 중반	1990후반-2000 년대
주요주제	장기전략계획	산업구조 및 경쟁 분석	경쟁우위의 창출 및 유지	인터넷을 비롯한 기술진보의 영향
주요 개념 및 기법	재무적인 투자계획 수립 및 시장예측, 시장점유율분석, SWOT분석	산업구소분석과 산업내의 포지셔닝	기업내의 경쟁우위를 창출하는 요인분석, 동태적 분석기법	수확체증의 현상, 네트워크 경제성, 혁신, 산업표준의 중요성
조직상의 특징	재무관리가 주요 기능 수행, 기업의 종합기획실 설립	수익성이 낮은 사업으로부터 탈퇴 및 전망이 좋은 사업분야로 진입	인적자원관리, 전략적 제휴를 통한 핵심역량 배양, 비즈니스 리엔지니어링으로 비용감소 및 서비스 향상	전략적 제휴가 강조됨. 시장 및 기술의 변화에 대한 빠른 대응, 창의력 증대, 기업가정신
대표적 학자	Ansoff Andrews Chirstensen	Porter	Hamel Prahalad	Arthur Nonaka

자료 : 장세진, 경영전략, 2002, p.20.

또한, 경영전략의 중요성과 더불어 기업의 인적자원관리와 관련된 부분에 대한 중요성이 증대되고 있으며, 특히 경영자의 역할에 관한 중요성이 증대되고 있다. 경영자는 대인적 역할, 정보적 역할, 의사결정적 역할 등을 수행하며, 경영층은 최고경영층, 중간경영층, 일선경영층 등으로 나눌 수 있다.

2) 전략경영의 과정

전략경영과정이란 기업이 경쟁우위를 창출하는 전략을 선택하기 위한 분석과 선택의 절차를 나타내는 과정이라고 할 수 있는데, 전략경영의 과정은 먼저 기업이 미션(mission)을 설정한 후 기업의 목표를 세우고, 기업의 내부환경과 외부환경을 분석한 후에 전략적인 선택을 하고, 그후 선택된 전략을 실행하여 경쟁우위를 창출하는 과정을 의미한다. 기업의 미션이란 기업이 존재하는 이유를 의미하고, 기업은 내부환경분석(internal analysis)을 통해서 자사의 강점과 약점을 인식하고, 자사의 어떠한 자원이 경쟁우위를 창출할 것인가에 대한 문제에 대해서 이해를 할 수 있게 해준다고 할 수 있다. 또한, 기업은 외부환경분석(external analysis)을 통해서 경쟁분야에서 기회와 위협을 인식하게 된다.

2 기업의 외부환경분석

산업구조와 경쟁방식, 산업의 수익률에 대한 관계는 경제학의 산업조직론에서 발전되었는데, 산업조직론에선는 산업의 구조를 완전경쟁과 독과점 간의 중간형태로 나타낸다. 독점(monopoly)이란 어느 산업에서 단 하나의 기업만 존재하기 때문에 그 기업이 소비자로부터 독점이윤을 얻고 있는 상황을 말한다. 호텔관광기업의 경우를 예를 들면, 물론 우리나라에 취항하는 외국항공사는 있었지만, 국내항공사로는 1969부터 우리나라의 항공사는 대한항공밖에 없었기 때문에 이러한 산업구조를 가지고 있었으나, 1989년 아시아나 항공이 취항하면서 우리나라의 항공산업은 독점적인 구조에서 탈피하였다.

한편, 완전경쟁(perfect competition)이란 시장에 많은 기업들이 있어서 아무도 시장가격의 변화에 영향을 미치지 못하고 단지 시장에서 형성된 가격을 주어진 것으로 받아들이는 경우이다. 따라서 완전경쟁의 경우는 어느 기업도 초과이윤을 얻을 수 없고 정상이윤만을 얻는다고 할 수 있지만, 실제적으로 많은 산업들은 완전경쟁이거나 완전독점이 아닌 중간에 위치하고 있어서 과점적인 구조나 경쟁에 가까운 산업이기 쉽다고 할 수 있다. 호텔산업의 경우는 이렇게 과점에 속하는 산업구조라고 할 수 있지만, 여행업의 경우는 산업의 경쟁구조상 완전경쟁구조를 가지고 있다고 할 수 있다. 지난 수년 동안 정보통신기술의 발전으로 온라인 여행업이 활발해지면서 온라인과 오프라인을 합한 여행업체의 숫자가 약 1만개 이상으로 추산되고 있으며, 그 규모는 하나투어와 같이 대규모 여행사부터 직원의 수가 몇 명에 이르는 소규모 여행업체까지 다양한 숫자이다. 한편, 프랜차이즈를 통한 외식업체의 경우는 산업에 있어서 시장경쟁구조상 과점에 속한다고 할 수 있다. 산업에 있어서 시장경쟁구조에 관한 내용은 아래의 표와 같다.

표 11-2 시장경쟁구조유형

구분	완전경쟁	과점	복점	독점
생산자의 수	다수	소수	둘	하나
진입 및 퇴거장벽	없음	존재함	높음	높음
제품의 차별화	없음	많음	보통	낮음
정보	얻기 쉬움	제한됨	제한됨	제한됨

산업구조를 분석하는 기법을 처음으로 경영전략에 도입한 연구자는 마이클 포터(Michael Porter)인데, 포터는 1980년 "Competitive Strategy"라는 저서에서 경제학의 산업구조분석을 기업에 적용하기 쉽도록 변형시킨 분석틀을 제시하였다. 포터는 다섯 가지 경쟁요인에 의해서 산업의 수익률이 결정된다고 하였는데, 기존기업과의 경쟁, 잠재적 진입자와의 경쟁, 대체재와의 경쟁, 공급자와 구매자의 교섭력 등이 그 요인이다.

1) 기존기업과의 경쟁

대부분의 산업에서 경쟁의 양상과 전체의 수익률을 결정하는 가장 중요한 요인은 이미 그 산업 내에서 경쟁하고 있는 기업들 간의 경쟁관계라고 할 수 있다. 어떤 산업에서는 기업들끼리 과당경쟁으로 인해 가격이 생산원가 이하로 내려 가서 산업 전체적으로 손해를 보며 또 다른 경우는 기업들이 가격경쟁을 피하기 위해 담합을 하기도 한다. 산업내의 기존 기업들 간의 경쟁양상과 강도를 결정하는 요인들로는 산업의 집중도, 경쟁기업의 동질성과 이질성, 제품차별화, 비용구조 등이 있다.

산업의 집중도(industry concentration)란 산업에 속하는 기업의 수와 그 개별 기업의 규모를 의미하는 것으로 산업이 집중되어 있을수록, 즉 그 산업에 참여하고 있는 기업의 수가 적을수록 산업의 전반적인 수익률은 상대적으로 높아지게 된다.

반대로, 그 산업이 경쟁적일수록, 즉 많은 기업들이 경쟁에 참여하여 경쟁자의 수가 많을수록 수익률은 낮아지게 된다.

경쟁기업의 동질성과 이질성 측면을 살펴보면, 동일산업 내에서 기업들 간의 경쟁을 피하기 위해 담합을 할 수 있는 가능성은 단순히 참여하는 기업의 수 뿐만 아니라 그 기업들의 전략, 목적에 따라 상당히 다양하다고 할 수 있다. 따라서 일반적으로 기업들의 전략, 목적 등이 유사할 경우에는 훨씬 암묵적이거나 명시적인 담합을 하기가 쉽다고 할 수 있다. 또한, 산업내에서 기업의 규모가 어떻게 분포되어 있는가 하는 점 역시 산업 내의 경쟁강도에 영향을 미치게 되는데, 대체적으로 기업들의 규모가 비슷할수록 경쟁의 강도가 심하다고 할 수 있겠다. 하지만 산업내의 경쟁구조가 우리나라 여행산업의 하나투어와 같이 어떤 산업의 지배적인 기업이 존재할 경우에는 작은 기업들은 큰 기업에 대항하여 가격경쟁을 하기보다는 큰 기업이 정한 가격을 그대로 따르는 경우가 많다고 할 수 있다. 즉 이러한 산업경쟁구조에서는 일반적으로 지배적인 기업의 선도에 따라서 가격이 결정되는 경우가 많다고 할 수 있다.

또한, 산업내에서 경쟁하는 기업들의 제품의 품질이 동일할수록 소비자들은 특정기업의 제품을 선호할 이유가 없어지게 된다. 하지만, 여행업 등과 같이 소비자들의 제품 브랜드에 대한 선호도가 높은 산업은 가격으로 경쟁하는 것을 피하고 광고 등 차별화 기법으로 경쟁하게 된다. 호텔산업의 예를 들어보면, 특급호텔 등과 같이 대부분의 기업들이 일정 수준 이상의 유형성 수준을 보유하고 있는 경우에는 호텔의 주된 서비스인 객실상품으로 경쟁하기보다는 보조서비스인 식음료서비스, 수영장, 회원관리 서비스 등의 상품으로 다른 경쟁호텔들과 경쟁하는 것이 위에서 언급된 바와 같이 기업들의 제품의 품질이 동일할수록 소비자들의 특정 제품에 대한 브랜드 선호도가 없어지는 상황에서의 경쟁전략이라고 할 수 있다.

같은 산업내에서 기존기업들과의 경쟁을 유발하는 다른 요소는 제품이나 서비스에 대한 차별화인데, 산업내에서 경쟁하는 기업들의 제품이나 서비스에 관한 품질이 유사할수록 소비자들은 특정기업의 제품이나 서비스를 선호할 이유가 없어진다고 할 수 있으며, 기업의 입장에서는 이러한 경우에는 가격이외에는 경쟁할 만한 수단이 약해진다고 할 수 있다. 마지막으로 경쟁요소 중 중요한 것은 비용구조가 있다. 각 산업에서 기업들의 가격경쟁의 정도는 산업의 비용구조에 따라 다르다고 할 수 있는데, 항공사의 경우, 국내선은 가격책정에 있어 정부의 규제가 있지만, 국제선의 경우는 고객들의 수요에 따라 가격이 수시로 변화한다. 그 이유는, 항공사의 운행비용은 좌석이 얼마만큼 채워졌는지에 상관없이 일정하게 소요되기 때문인데, 이와 같이 기업의 비용구조는 고정비용과 변동비용의 비중을 의미하는데 이러한 요소는 기존기업과의 경쟁에서 중요한 요인이 될 수 있다.

2) 잠재적 진입자와의 경쟁

어느 산업의 수익률이 높거나, 그 산업의 전망이 밝으면 많은 기업들이 그 시장에 진입하려고 하지만, 모든 산업에서 진입이 자유롭게 허용된다면 당장은 그 산업이 수익률이 높더라도 그 수익률은 점점 낮아질 것이다. 또한, 간과해서 안 될 부분은 실제적으로 진입이 일어나지 않는다고 하더라도 만일 다른 기업들이 언제든지 그 산업에 진입할 준비가 되어 있다면, 그 산업에 있는 기존기업들은 잠재적 경쟁자가 진입할 수 있다는 위협 때문에, 가격을 높게 책정하지 못하고 경쟁적인 수준을 낮추어 이러한 진입을 막을 필요가 있다. 이와 같이 진입장벽(entry barrier) 또는 철수장벽(exit barrier)이 없는 경우를 준경쟁적 시장(contestable market)이라고 한다. 따라서 진입장벽이 없는 산업에서는 가격이 경쟁적인 수준으로 낮아지고, 이윤 역시 시장내의 기업의 수와 상관없이 정상이윤밖에 얻지 못하는 경우가 있다. 준경쟁적 시장의 정도는 산업에 매몰비용(sunk cost)의 존재 유무에 따라서 결정된다. 대부분의 산업에서 신규진입자는 기존기업들에 비해 상당히 불리한 입장에 서게 된다. 이와 같이 기존기업들이 신규진입 기업에 비해 가지는 우위를 진입장벽이라고 한다. 어떠한 산업에 뛰어 들려고 하는 기업들은 기존의 경쟁자들을 분석하는 것도 중요하지만 잠재적인 경쟁을 고려하는 것도 중요한 요소 중 하나라고 할 수 있다. 호텔산업의 경우는 초기투자비용이 높을 뿐만 아니라 여러 가지 조건이 준비되어야 하기 때문에 진입장벽이 높은 산업 중 하나라고 할 수 있으며, 반대로 여행업의 경우는 다른 산업에 비해 상대적으로 진입장벽이 낮은 산업이라고 할 수 있다.

또한, 초기에 시장에 진입한 사업자는 잠재적인 신규진입자들에 비해서 비용적인 측면에서 비용우위에 있다고 할 수 있는데, 초기에 시장에 진입한 기업들은 신규진입자들에 비해서 원자재들을 싸게 구입하는 노하우와 경험효과를 통해 비용을 절감하는 방법을 알고 있기 때문에 비용우위에 있다고 할 수 있다.

3) 대체재와의 경쟁

산업의 수익률은 소비자들이 그 제품이나 서비스에 대해 지급하는 가격에 따라 결정되므로 대체재(substitute)의 유무에 따라 크게 달라진다고 할 수 있다.

예를 들어, 버스와 지하철은 서로 긴밀한 대체재 관계에 있다고 할 수 있는데, 버스요금이 많이 인상되면 소비자들은 버스에 대한 선호도가 높아질 것이다. 이렇게 대체재의 존재는 기업들에게는 상당히 부담스러울 수도 있는데, 대체재의 존재가 그 산업의 가격결정에 영향을 미치는 정도는 두 가지 요인에 의해서 결정되는데 소비자들이 대체재로 대체하는 정도와 대체재의 유용성이다. 먼저, 소비자들이 대체재로 대체하는 정도는 만약, 소비자들이 어떤 특정 기업이나 브랜드에 대해서 높은 충성도를 가지고 있는 상황에서는 가격이 일정 부분 오른다고 다른 대체재로 대체하는 정도가 낮아지게 된다. 대체재의 유용성과 관련해서는 산업에 따라 다르겠지만, 호텔산업의 경우 호텔의 일부 기능을 대체할 대체재는 존재하지만 전체적으로 호텔의 여러 가지 기능을 대체할 만한 서비스가 거의 없다고 할 수 있기 때문에 대체재의 유용성의 관점에서 볼 때, 호텔업의 경우는 대체재는 존재하지 않는다고 할 수 있다.

4) 구매자의 교섭력

구매자의 교섭력을 결정하는 데에는 구매자들이 얼마나 가격에 민감한가의 정도와 공급자에 대한 구매자들의 상대적인 교섭능력이 중요한 요인으로 작용한다. 하지만, 구매자의 교섭능력에 더 많은 영향을 미치는 것은 판매자와 구매자의 교섭력 차이인데 그 요인들로는 구매자의 공급자에 대한 상대적 크기, 구매자들이 공급자의 제품. 가격. 비용구조에 대해 보다 자세한 정보를 보유했는지의 여부, 구매자들의 전환비용(switching cost) 여부 등에 따라 영향을 받게 된다.

5) 공급자의 교섭력

구매자가 교섭력을 행사하여 가격을 낮춤으로써 공급자들의 이윤을 감소시킬 수 있는 것과 같이 공급자들도 자신들의 교섭력이 강할 때 가격을 높임으로써 자신의 이윤의 폭을 넓힐 수 있다. 공급자의 교섭력의 관점에서 볼 때 호텔산업의 경우는 공급자의 교섭력이 높은 편이라고 할 수 있는데, 그 이유는 특급호텔의 수는 제한적이지만 호텔을 사용하려는 수요는 높은 편이기 때문이며, 특히 12월과 결혼시즌에는 공급자의 교섭력이 가장 높아지는 때라고 할 수 있다. 한편, 여행업의 경우에는 호텔업에 비해서 공급자의 교섭력이 상대적으로 낮은 편이라고 할 수 있는데, 물론 성수기에 특정 패키지상품에 대한 공급자의 교섭력이 높아질 수는 있지만, 시장경쟁구조가 완전경쟁이다보니 다른 여행사에서 여행상품을 구매해도 되는 대체재가 풍부하며, 패키지상품 자체가 핵심역량을 보유한 제품이나 서비스라고 하기 어렵기 때문에 공급자가 교섭력을 보유하기가 어렵다고 할 수 있다.

3 경쟁우위와 경쟁전략

1) 경쟁우위의 이해

경영전략의 궁극적인 목적은 자사가 경쟁기업과 비교해서 경쟁우위를 갖도록 하는 것인데, 경쟁우위를 평가하기 위해서는 먼저 자사가 보유하고 있는 강점과 약점을 분석하는 것이 필요하며, 이후 경쟁기업에 비해서 경쟁우위를 확보하기 위해서는 경쟁기업과 비교해서 희소한 자원을 보유해야 하며, 자사가 보유하고 있는 경영자원과 핵심역량이 그 산업에 적합한 것이어야 한다.

2) 경쟁우위의 창출

경쟁우위가 창출되려면 자사가 보유하고 있는 경영자원이 다른 경쟁기업과 비교해서 특별한 것이어야 하며, 그러한 경영자원이 현재 시장에서 요구하는 주요 성공요인과 부합되어야 한다(장세진, 2003, p.249). 이러한 경쟁우위의 창출은 외부환경과 기업내부의 혁신을 통해서 창출될 수 있다고 할 수 있는데, 외부환경과 관련해서 산업내의 외부환경의 변화가 심하면 기업이 보유하고 있는 상대적인 경쟁우위는 크게 변하게 된다.

또한, 중요한 점은 경쟁우위는 외부환경의 변화에 의해서만 형성되는 것이 아니라 변화하는 외부환경에 기업들이 대응하는 방식에 따라서도 영향을 받게 된다. 변화하는 외부환경에 대해서 빨리 적응하는 기업은 경쟁우위를 창출하거나 계속해서 경쟁우위를 유지할 수 있게 되지만, 그렇지 못한 기업의 경우는 경쟁우위를 보유하다가도 경쟁우위 유지의 어려움을 겪을 수도 있다. 이렇게 기업이 변화하는 환경에 빠르게 적응할 수 있기 위해서 중요한 요인은 정보의 획득과 신속한 경영자원의 재배치라고 할 수 있다. 정보수집능력을 통해서 기업은 외부환경의 변화를 인식하고 이를 예측할 수 있는 능력을 보유할 수 있게 되며, 경영자원의 재배치를 통해서 기업은 유연성을 확보할 수 있는데, 유연성이란 조직의 소프트웨어적인 측면을 의미하는 것으로 기업의 조직구조, 의사결정시스템, 업무체계 등을 의미한다.

3) 경쟁우위의 유지

경쟁우위의 창출과 함께 기업에게 중요한 점은 창출된 경쟁우위를 계속해서 유지하는 것이라고 할 수 있다. 기업이 경쟁우위를 유지하기 위해서는 몇 가지 조건이 필요하다고 할 수 있는데, 먼저 기업의 경영자원이 지속가능한 경영자원이어야 하며, 이러한 경영자원의 획득가능성이 쉽지 않아야 하며, 경쟁기업의 모방가능성이 낮아야 한다. 예를 들어 여행사의 패키지상품의 경우는 어떤 여행사가 훌륭한 패키지상품을 개발하더라도 다른 여행사들이 단시간 내에 모방하는 것이 가능하기 때문에 여행사들은 패키지상품을 이용해서는 오랫동안 경쟁우위를 보유하는 것이 어렵다고 할 수 있다.

위에서 언급된 지속성, 획득가능성, 모방가능성의 세 가지 기준을 통해서 볼 때, 경쟁기업의 입장에서 선두기업이 가진 경쟁우위를 효과적으로 모방하거나 선두기업이 자신의 경쟁우위를 방어하기 위해서는 다음과 같은 조건을 살펴보아야 한다(장세진, 2003, p.257). 첫째, 경쟁자가 어떠한 경쟁우위를 갖고 있는가를 파악할 수 있어야 한다. 둘째, 경쟁우위를 모방하는데 필요한 비용이 크지 않아야 한다. 셋째, 경쟁자의 전략을 분석하여 경쟁우위를 창출하는 방법을 이해하여야 한다. 넷째, 경쟁자가 보유한 경쟁우위를 창출하는 경영자원을 획득하는 것이다.

4) 경쟁우위의 유형

기업이 경쟁기업에 비해서 높은 수익률을 얻는 방법은 동일한 제품을 낮은 비용에 만들어 싸게 파는 방법과 경쟁기업과 다른 차별화된 제품을 제공하는 방법이 있다. 먼저, 같은 제품을 낮은 비용에 만들어 싸게 파는 방법을 비용우위(cost advantage)라고 하고, 차별화된 제품을 제공하는 방법을 차별화우위(differentiation advantage)라고 한다. 비용우위를 추구함에 있어서 기업의 목적은 산업 전체에 있어비용선도자가 되는 것인데, 비용우위를 가지려면 그 기업은 비용우위를 창출할 수 있는 요인들을 발견하여 이를 이용해야 한다. 한편, 기업이 차별화 우위를 추구하려면 소비자들에게 차별화된 가치를 제공해 주어야 한다. 비용우위전략과 차별화우위전략의 특성은 아래 표와 같다.

표 11-3 비용우위전략과 차별화우위전략의 특성

본원적인 전략	주요 전략요소	경영자원과 조직적 특성
비용우위	- 효율적인 규모의 설비투자 - 제작이 용이한 제품 디자인 - 간접비와 연구개발비용의 통제	- 자본력 - 공정엔지니어링 기술 - 잦은 보고와 통제 - 엄격한 비용통제 - 구조화된 조직과 책임이양 - 양적인 관리시스템
차별화우위	- 브랜드, 디자인, 광고, 서비스와 품질의 강조	- 마케팅 능력 - 제품엔지니어링 기술 - 창조성 - 기초연구능력 - 질적인 관리시스템 - 강한 내부조정기능

자료 : 장세진, 2003, p.260.

4 자원기반관점과 호텔관광산업

1) 자원기반관점의 이해

자원기반관점(resourced based view)이란 Wernelfelt(1984)에 의해서 처음으로 사용된 용어이며 Barney(1991)에 의해서 발전한 이론으로, 그 내용을 살펴보면, 기업이 통제하는 자원과 능력을 경쟁우위의 원천으로서 초점을 맞추는 기업성과에 관한 모델이라고 할 수 있다. 자원기반관점에서 자원(resource)이란 기업이 전략을 고안하고 실행하는데 이용하는 기업의 통제하에 있는 유형과 무형의 자산으로 정의된다. 자원기반관점은 기업의 통제하는 자원과 능력에 대해 두 가지 기본적인 가정을 가지고 있다. 첫째는 다른 기업들은 비록 그들이 한 산업 내에서 활동하더라도 다른 자원과 능력을 가지고 있다고 가정하는데, 이러한 가정은 자원의 상이성(resource heterogeneity)이다. 자원의 상이성은 동일한 사업을 하는 데에 있어서 어떤 기업들이 다른 기업들보다 더 좋은 성과를 낼 수 있다는 것을 의미한다.

둘째는 기업들이 가진 상이한 자원과 능력의 차이점은 오래 지속될 수 있다는 가정이다. 이것은 기업이 어떤 자원과 능력을 개발하거나 또는 획득하는 일은 매우 힘들 수 있다는 가정인데, 이것은 자원비유동성(resource immobility)의 가정이다. 이 두가지 가정은 왜 기업들이 동일한 산업에서 경쟁하면서도 어떤 기업들은 다른 기업들보다 우월한 성과를 낼 수 있는지를 설명해준다. 만약 어떤 기업이 다른 경쟁자들이 가지지 못한 가치 있는 자원과 능력을 가지고 있고 경쟁자들이 그 자원과 능력을 모방하는 것이 힘들다면, 그 기업은 지속적인 경쟁우위를 획득할 수 있다(신형덕, 2007, p.98).

2) 자원기반관점에서 본 호텔관광산업

자원기반관점을 기초로 하여 기업이 보유한 모든 자원과 능력을 분석하고 이러한 자원과 능력이 경쟁우위를 창출할 수 있는 잠재력에 대해 분석하는 기법을 개발 할 수 있는데, 이러한 기법을 이용하여 기업의 내부적인 강점과 약점을 분석할 수 있다. 이와 같은 기법은 VRIO모형이라고 하며, 이 모형 value(가치), imitability(모방가능성), rarity(희소성), organization(조직)의 약자이다. 이러한 분석을 통해서 기업의 자원과 능력이 가질 수 있는 잠재력을 측정할 수 있다. 먼저, 가치와 관련된 분석을 위해서는 어느 자원이 그것을 소유한 기업으로 하여금 환경적 기회를 이용하거나 환경적 위협을 중화시키도록 하는 것인가와 관련된 부분이며, 희소성과 관련된 부분은 어느 자원이 소수의 기업에 의해서만 소유되고 있는가와 관련된 부분이라고 할 수 있다. 모방가능성과 관련된 부분은 어느 자원을 소유하고 있지 않은 기업이 그 자원을 획득하거나 개발하는 데에 있어서 원가열위를 가지는 것과 관련된 부분이고 조직과 관련된 부분은 어느 기업의 정책과 과정들이 그 기업이 소유한 가치 있고 희소하며 모방하기 힘든 자원을 이용하기 위해 조직되었는가와 관련된 부분이라고 할 수 있다(신형덕, 2007, p.101).

자원기반관점의 value(가치), rarity(희소성), imitability(모방가능성), organization(조직)의 모형을 호텔관광산업에 적용시켜 보면 다음과 같다. 먼저, 여행업의 경우 패키지상품과 관련하여 어떤 특정한 패키지상품의 가치는 매우 높을 수 있지만, 이러한 패키지상품은 모방이 쉽기 때문에 제품개발 초기단계에서는 특정한 여행사에 의해 개발되어 판매될 수 있겠지만, 시간이 지남에 따라 많은 여행사들이 이러한 패키지상품의 개발이 가능해질 수 있다. 따라서 패키지상품을 통해서 여행사들이 자원기반관점에서 장기적인 경쟁우위를 확보하는 것은 쉽지 않은 부분이라고 할 수 있다. 하지만 하나투어, 모두투어 등과 같은 대형 여행기업들은 비교적 장기적으로 다른 경쟁 여행기업들과 비교할 때 경쟁우위를 확보하고 있는데, 이는 자원기반관점의 분석에서 볼 때 조직과 관련된 부분이라고 할 수 있다. 하나투어와 같은 대형 여행 기업들은 브랜드 파워가 크다고 할 수 있기 때문에 많은 여행기업들에서 비슷한 여행상품을 제공하기 때문에 비교적 희소성이 크지 않으며, 여행상품의 특성상 모방가능성도 비교적 높은 편이기 때문에 하나투어는 다른 요인들도 있지만 브랜드 파워를 활용하여 지속적인 경쟁우위를 확보할 수 있다고 할 수 있다. 이러한 브랜드 파워는 브랜드 이미지와 밀접한 관계가 있다고 할 수 있는데, 직원들의 고객에 대한 높은 수준의 서비스 제공과 고객의 기업에 대한 높은 신뢰도와 만족도를 통해서 형성된다고 하겠다. 따라서 여행업, 호텔업과 같은 환대산업의 경우에는 직원들의 서비스가 지속가능한 경쟁우위를 창출할 수 있는 중요한 자원이라고 할 수 있다.

또한, 호텔업의 경우 호텔산업의 특성상 대부분의 특1등급(5성급) 호텔의 경우 판매하는 상품들이 매우 유사하기 때문에 자원기반관점에서 분석할 때 희소성과 모방가능성이 높은 편이기 때문에 직원들의 서비스가 지속적인 경쟁우위를 창출할 수 있는 중요한 자원이 될 수 있다.

5 비용우위와 차별화우위

1) 비용우위

경영전략에서 비용우위는 기업들끼리 제품이나 서비스가 유사한 산업에서 경쟁우위를 가져오는 가장 중요한 요인 중 하나라고 할 수 있다. 경쟁기업들의 제품이나 서비스가 유사한 경우에는 차별화전략을 구사하는데 한계점이 있을 수 있기 때문에 경쟁우위의 원천을 비용우위에서 창출하는 경우가 많은데, 이러한 기업의 비용우위의 원천은 규모의 경제, 경험효과, 투입요소비용, 생산설비 활용도 등에서 찾아볼 수 있다(장세진, 2002, p.301). 먼저, 규모의 경제(economies of scale)란 투입량을 증가시킬 때 산출량이 투입량 증가비율 이상으로 증가하는 것을 의미하는데, 규모의 경제는 생산설비의 규모에 따라서 발생하기도 하지만 구매, 연구개발, 유통, 광고와 같은 영역에서도 많이 나타난다. 호텔산업의 경우를 살펴보면 독립경영호텔에 비해서 체인호텔의 경우는 여러 부분에서 규모의 경제를 활용할 수 있기 때문에 이론적으로는 비용우위를 확보할 수 있는데, 예를 들면 광고의 경우 체인호텔들은 세계 각지에 퍼져 있는 모든 호텔들을 알릴 수 있기 때문에 독립경영호텔에 비해서 규모의 경제를 활용하게 된다. 또한, 직원들의 교육과 훈련의 경우에도 체인호텔들은 독립경영호텔과 비교해서 규모의 경제를 활용할 수 있는데 직원 수가 많기 때문에 비용적인 측면에서 규모의 경제를 활용할 수 있으며, 특히 요즘과 같이 정보통신기술의 발전으로 세계 어느 곳에서나 인터넷을 기반으로 한 디지털기술을 직원들의 교육에 활용하게 되면 규모의 경제를 최대화할 수 있게 된다.

또한, 경험효과(experience effect) 또는 학습효과(learning curve effect)는 기업의 비용우위를 결정하는 매우 중요한 요인이라고 할 수 있다. 이러한 경험효과를 통한 비용우위와 관련된 부분을 호텔산업에 적용시켜보면, 규모의 경제와 마찬가지로 체인호텔들이 독립경영호텔에 비해서 비용우위를 확보할 확률이 더 높다고 할 수 있다. 다시 말해서, 글로벌 파워브랜드를 보유한 체인호텔들은 세계 여러 지역에 호텔을 운영한 경험이 많기 때문에 한 국가 혹은 지역에서 하나 혹은 소수의 지역적인(domestic) 호텔을 경험한 독립경영호텔에 호텔경영과 관련된 많은 경험을 보유하고 있기 때문에 일반적으로 비용우위를 확보할 확률이 더 높다고 할 수 있다.

투입요소비용과 관련해서는 여러 기업들이 생산이나 서비스에 필요한 자원들을 같은 조건으로 확보하고 있지 않기 때문에 어떤 기업이 이러한 경영자원들을 보다 좋은 조건에 확보하느냐에 따라 비용우위에 영향을 미치게 된다. 마지막으로 생산시설의 활용도와 관련해서 어떤 기업이 신축적으로 유휴설비를 활용할 수 있는 능력이 있느냐에 따라 비용우위가 달라질 수 있다고 할 수 있다.

2) 차별화우위

차별화우위(differentiation advantage)는 소비자에게 독특한 가치를 제공하여 줌으로써 차별화에 소요된 비용 이상으로 높은 효과를 얻는 것을 의미한다. 차별화를 분석하는 데는 유형의 차별화와 무형의 차별화를 구분할 수 있는데, 유형의 차별화는 크기, 무게, 모양, 색상, 디자인 등 소비자의 선호에 따라서 우리가 눈으로 관찰할 수 있는 제품이나 서비스의 특성을 의미하며, 무형의 차별화는 소비자가 제품이나 서비스에 대해서 느끼는 사회적이고 감정적이며, 심리적인 차이를 의미한다. 호텔, 항공사, 여행사 등 환대산업의 경우에 구사할 수 있는 가장 좋은 차별화전략은 서비스의 품질이기 때문에 환대산업의 경우에는 인적자원을 통한 서비스가 기업의 경쟁우위를 창출하고 유지하는데 가장 중요한 부분이라고 할 수 있다.

6 기업의 다각화전략

1) 사업다각화의 정의

사업다각화(business diversification)란 한 기업이 다른 여러 산업에 참여하는 것을 의미하는데, 관련사업 다각화(related business diversification), 비관련사업 다각화(unrelated business diversification), 수직적 통합(vertical integration) 등으로 나눌 수 있다. 관련사업 다각화는 제품이나 판매지역 측면에서 관련된 산업에 집중하는 것이며, 비관련사업 다각화는 서로 관련되지 않은 산업에 참여하는 것을 의미하며, 수직적 통합이란 완제품과 부품생산을 같이하는 것을 의미한다. 우리나라 호텔산업의 경우에는 신라호텔, 조선호텔, 워커힐호텔 등 여러 호텔들이 대기업들의 사업다각화의 측면과 관련지어 생각해 볼 수 있는 사례가 많이 있다.

2) 사업다각화의 목적

기업들이 사업다각화 전략을 구사하는 목적은 여러 가지 있을 수 있지만, 대표적으로 성장추구, 위험관리, 시장지배력 추구 등의 동기에 의해서 사업다각화가 이루어진다고 할 수 있다. 기업들은 사업다각화를 통해서 산업내에서 성장을 추구할 수 있으며, 개별사업부문들의 경기순환에서 오는 위험을 감소시킬 수 있다. 또한, 사업다각화를 통해서 기업들은 기업의 규모가 커짐에 따라 시장내에서 지배력이 높아지기 때문에 사업다각화 전략을 구사하게 된다.

글 · 로 · 벌 · 서 · 비 · 스 · 경 · 영

GLOBAL
SERVICE
Management

12

글로벌서비스마케팅

CHAPTER

글로벌서비스마케팅

CHAPTER 12

1 마케팅의 개념

현재 우리가 살아가고 있는 시대를 마케팅의 시대라고 할 만큼 모든 분야에 있어서 마케팅의 중요성은 점점 증가하고 있다.

우리의 일상생활에서도 감성마케팅, 귀족마케팅, 체험마케팅, 문화마케팅, 날씨마케팅 등 우리의 일상생활과 관련된 모든 분야에서 새로운 개념의 마케팅들이 생겨나고 있다.

마케팅에 대한 정의는 1960년 미국마케팅협회(AMA : American Marketing Association)에서 처음 공식적으로 제기되었으며, 여러 가지 환경의 변화와 학문적으로 마케팅이 발전하는 과정에서 마케팅에 대한 정의도 변화를 가져왔다. 현재, 가장 일반적으로 사용되고 있는 마케팅에 대한 정의는 1985년 미국마케팅협회에서 발표한 아래와 같은 정의이다.

마케팅이란 개인과 조직의 목표를 만족시켜주는 교환을 창조하기 위하여 아이디어, 재화, 서비스에 대한 개념, 가격, 촉진, 유통을 계획하고 집행하는 과정이다 (Marketing is the process of planning and executing the conception, pricing, promotion, and distribution of idea, goods, and services to create exchange that satisfy individual and organization objectives).

2 마케팅개념의 발전과정

마케팅개념의 발전과정은 생산개념, 제품개념, 판매개념, 마케팅개념, 사회적마케팅개념의 다섯 단계의 발전과정을 보이고 있다.

1) 생산개념

제품의 공급이 수요에 비해 부족한 시장환경 하에서는 제품은 만들기만 하면 판매가 된다거나 소비자들에게 저렴한 가격으로 원하는 만큼 구매할 수 있게 해주는 것이 마케팅의 중요한 기능 중 하나라고 생각하는 견해가 나타나게 된다.

이와 같이 소비자들의 수요와 욕구충족을 위해 생산성의 향상과 원가절감에 초점을 맞추어야 한다는 생산지향적인 마케팅 이념을 생산개념(production concept)이라고 한다. 이러한 상황 하에서는 기업들이 우선적으로 생산을 증가시킬 수 있는 방법을 찾는데 주력하게 된다.

2) 제품개념

제품개념(product concept)은 소비자들이 우수한 품질의 제품을 선호할 것으로 보고 최고 품질의 제품생산에 주력하는 제품지향적 마케팅 이념을 의미한다.

제품개념에 입각한 기업의 시장활동은 기본적으로 잘 만들어진 우수한 제품은 소비자들의 만족도가 상당히 높을 것이라는 가정 하에 이루어지며, 그렇기 때문에 이러한 기업의 마케팅활동은 기업의 연구개발부서에서 제품을 개발하고 생산부서에서 생산된 제품을 시장에 판매만 하는 것이다.

3) 판매개념

판매개념(selling concept)이란 판매기능을 가장 중요시하는 기업의 이념으로 이러한 기업은 어떤 제품이든 충분한 판매노력을 기울이면 판매량을 늘릴 수 있고, 소비자들은 기업이 많은 판매와 촉진활동을 하지 않으면 많은 구매를 하지 않는다고 가정한다. 따라서 판매개념을 중요시하는 기업들은 판매와 촉진활동에 초점을 맞추게 되는데, 이 개념이 주장하는 근거는 소비자들에게 판매 및 촉진활동을 하지 않으면 제품의 존재를 알지 못하며 많이 구입하지 않는다는 것이다. 이와 같이 소비자 중심이 아닌 판매자 중심의 시장개념에 따라 활동하는 기업은 판매 자체가 목적이기 때문에 소비자의 구매 후 만족 여부에는 관심을 가지는 것이 어렵다.

4) 마케팅개념

마케팅개념(marketing concept)은 판매개념 다음에 나타난 개념으로서 기업의 목표달성 여부는 시장에 있는 소비자의 욕구를 파악하고 이들에게 만족을 전달해 주는 활동을 얼마나 경쟁자보다 효율적으로 수행할 수 있느냐에 달렸다고 보는 이념을 의미한다.

판매개념과 마케팅개념의 차이점은 판매개념은 판매자의 욕구에 초점이 맞추어져 있지만, 마케팅개념은 구매자의 필요와 욕구에 초점을 맞춘다는 점이다. 다시 말하면, 판매지향적 기업은 제품을 현금으로 바꾸려는 판매자의 욕구에 초점이 맞추어져 있는 반면, 마케팅개념에 입각한 기업은 제품의 생산, 유통, 소비와 관련된 모든 활동에 있어서 소비자의 필요와 욕구를 만족시키는 데 초점을 두고 있다는 것이다.

또한, 마케팅개념은 제품생산에서부터 유통, 판매 후 관리까지 통합적 마케팅을 통해 소비자들의 필요와 욕구를 최대한 충족시키는 것을 마케팅활동에 있어서 가장 중요한 과제로 본다.

5) 사회적 마케팅개념

사회적 마케팅개념(societal marketing concept)은 소비자들의 단기적인 욕구와 만족을 충족시키는 것도 중요하지만, 사회 전체적인 이익과 복지의 증진도 매우 중요하다고 보는 마케팅이념을 의미한다. 최근, 기업들은 기업을 둘러싸고 있는 여러 가지 환경의 변화들로 인하여 마케팅활동의 의사결정시 사회의 관심사를 함께 고려해야 할 필요가 있게 되었는데, 이렇게 사회적 마케팅개념에 입각한 기업은 기업의 이윤추구, 소비자의 필요 및 욕구충족과 더불어 사회전체의 이익과 복지도 조화롭게 고려해야 할 것이다. 최근, 자연환경문제를 고려해서 공해를 줄이는 제품생산과 기업의 공해방지시설 설치 등을 강조하는 그린마케팅(green marketing) 등도 사회적 마케팅개념의 한 예라고 할 수 있다.

3 마케팅믹스

마케팅믹스(marketing mix)란 마케팅 프로그램과 전략개발을 위해 사용할 수 있는 통제가능한 마케팅 도구들의 집합을 말하며, 마케팅믹스의 결과로 얻어진 최종 의사결정의 내용을 마케팅 프로그램(marketing program)이라고 한다.

고객의 욕구를 충족시켜주는 교환을 창출하기 위해서는 마케팅전략을 수립하고 그에 따라 마케팅활동을 수행해야 하는데, 마케팅전략의 핵심은 표적시장을 선정하고 그 시장의 고객욕구를 충족시키는 마케팅믹스를 개발하는 것이다. 마케팅믹스는 제품(product), 가격(price), 유통(place), 촉진(promotion) 등 네 가지 요소로 구성되어지며 모두 영어 알파벳 'P'로 시작되기 때문에 4P's라고도 한다.

마케팅믹스의 구성요소들 상호간에는 서로 영향을 미치게 되며 이들 4개의 요소를 어떻게 조합하느냐에 따라서 마케팅 성과는 많은 차이를 나타낼 수 있다.

1) 제품

제품(product)은 교환을 위해 시장에 제공되는 제품, 서비스, 아이디어, 장소 등 교환제공물로서 품질, 기능, 디자인, 브랜드 등 제품의 구성요소들이 마케팅믹스 전략의 도구로 사용된다.

2) 가격

가격(price)은 제품의 거래조건을 구성하는 것으로서 제품과 서비스의 효용 및 가치를 금액으로 표시한 것이라고 할 수 있다.

3) 유통

유통이란 생산된 제품이나 서비스를 소비자에게 이전하는 과정을 의미하며, 유통경로(channel of distribution)란 제품이나 서비스를 생산자로부터 소비자에게 이전되어 가는 과정에 거치게 되는 경로를 의미하는 것으로, 이 과정에 참여하는 모든 개인 및 조직의 집합체로 구성되어진다.

유통(place)은 유통기관, 유통경로, 유통방식 등이 전략수단으로 사용된다.

4) 촉진

촉진(promotion)은 소비자와 커뮤니케이션을 하기 위해 사용하는 수단들인 광고, 판매촉진, 인적판매, 홍보 등이 마케팅믹스 전략의 수단으로 작용된다.

4 시장분석

일반적으로 시장분석을 실시하게 되는 목적 중 하나는 현재의 경쟁자 및 잠재적 진입자가 특정산업에 대해 느끼는 매력도를 측정하는 것인데, 시장분석은 아래 표와 같은 요소들로 구성되며 특정시장에 참가한 기업의 장기적 투자수익률로 측정될 수 있는 시장의 이익 잠재력이 바로 시장의 매력도를 의미한다.

1) 시장규모

시장규모는 자사제품의 판매가 얼마나 될 수 있을 것인가를 결정짓는 가장 기본적인 요소로, 일반적으로 큰 규모의 시장은 작은 규모의 시장에 비해 더 많은 이윤창출의 기회를 제공하기 때문에 그만큼 시장에 대한 매력도가 높다고 할 수 있다. 그러나 큰 규모의 매력도를 지닌 시장일수록 그만큼 더 경쟁을 치열하게 된다.

2) 시장성장률

시장성장률이 높은 시장은 잠재적으로 기업들이 이윤창출의 기회가 더 많기 때문에 매력적으로 느끼지만, 많은 기업의 시장진입으로 인하여 그만큼 경쟁은 더욱 치열하게 된다.

3) 제품수명주기 단계

일반적으로 제품수명주기(product life cycle)는 도입기, 성장기, 성숙기, 쇠퇴기로 나누어지는데, 도입기는 초기단계로서 판매가 낮은 속도로 증가하는 단계이며, 성장기는 제품의 판매가 급속히 증가하는 단계이며, 성숙기는 제품의 판매증가가 둔화되지만 판매가 최고조에 달하며, 쇠퇴기에는 판매가 감소하는 시기이다. 일반적으로 기업들에게는 성장기에 해당하는 시장이 매력적이지만 반드시 그렇지만은 않다고 할 수 있다.

그러므로 각 제품수명주기의 단계별로 시장의 매력도가 고정되어진 것은 아니며, 같은 단계에 있는 시장이라도 그 세부상황과 기업의 사정에 따라 매력도는 달라질 수 있기 때문에 각 기업은 현재 시장이 제품수명주기상에 속한 단계와 현재 자사가 보유한 기술 및 제품의 특징을 함께 고려하여 시장의 매력도를 평가해야 한다.

4) 수익성

수익성(profitability)은 시장마다 차이가 있는데, 시장에 따른 수익성의 차이는 그 산업의 생산방식이 노동집약적인지, 자본집약적인지, 경쟁강도, 제조기술 등에 의해서 유발된다. 위의 요소들을 평가해서 수익성이 높은 시장은 매력도가 높은 시장이라고 할 수 있다.

5) 판매의 주기성

관광시장의 경우 성수기와 비수기가 뚜렷하게 구별되어 매출액이 규칙적인 주기를 보이면서 오르락 내리락 하게 된다. 이렇게 판매의 주기성이 다른 산업보다 높은 시장은 일반적으로 다른 산업에 비해 매력도가 떨어지게 된다. 물론 기업은 이러한 시장의 주기성을 먼저 파악한 후 자사의 능력이 환경과 맞는지 평가해 보아야 한다.

5 자사분석

1) 자사분석 내용

(1) 성과분석

일반적으로 자사분석은 성과분석을 기초로 하게 되며, 이러한 분석을 통해서 기존의 사용하고 있는 전략을 검토하고 전략의 수정 여부를 결정하게 된다. 성과분석은 기업의 장기적 혹은 단기적 사업목표를 고려해서 분석되어야 하며, 그 목표에 따라서 성과측정의 해석이 달라져야 한다.

(2) 원가분석

기업이 시장에서 경쟁우위를 확보하는데 가장 중요한 요인 중 하나가 원가상의 우위를 확보하는 것이기 때문에, 자사분석에 있어서 원가분석을 하는 것은 매우 중요하다.

원가분석에는 현재의 원가구조와 원가수준을 파악하고, 미래의 원가구조와 원가수준 파악, 경쟁자가 비교한 현재 및 미래의 원가우위 지속여부 등을 파악하는 것이 포함된다.

(3) 강점과 약점

자사의 강점과 약점을 분석할 때 주요 경쟁자를 비교대상으로 하여 시장전략을 위한 자사의 강점과 약점이 평가되고 분석될 수 있다. 이러한 기업의 강점과 약점에 대한 분석은 현재는 물론 앞으로 다가 올 미래의 상황까지도 분석되어져야 하며, 현실적으로 마케팅, 재무, 인사, 생산 등의 경영기능을 중심으로 접근하는 것이 효과적이다.

(4) 기업 내부능력의 분석

기업은 원활한 마케팅활동의 수행을 위해 기업내부의 생산, 인사, 연구개발, 관리 등 많은 다른 부서들과 긴밀한 관계를 유지해야 한다. 이와 같이 마케팅활동은 독립적인 기능이 아니라 기업 내의 다양한 부서들의 의사결정에 영향을 미치기 때문에 기업 내 여러 부서의 내부능력을 분석하는 것이 중요하다.

(5) 과거와 현재의 전략

기업의 강점과 약점을 결정하기 위해서는 과거와 현재의 전략을 검토해야 하는데 기업의 기본전략이 무엇인지를 이해하게 되면 조직의 강점과 약점이 무엇인지를 제대로 이해하는데 도움이 될 수 있다.

2) SWOT 분석

전략수립은 기회를 활용하고 위협을 회피하거나 새로운 기회로 변화시키기 위한 것이며, 환경변화에 따라 기회와 위협이 교차한다면 바람직한 전략대안을 어떻게 선택할 것인가 하는 문제가 제기되는데, 이러한 문제해결을 위하여 조직능력의 관점에서 일정시점의 주요 환경요인을 기회와 위협으로 분류하고 이들을 전략적 관점에서 자사의 강·약점과 결합시켜 효과적인 전략을 수립하는 과정이 SWOT분석이다.

다시 말하면 SWOT 분석은 강점(Strengths), 약점(Weaknesses), 기회(Opportunities), 위협(Threats)의 매트릭스를 통해서 바람직한 전략을 수립하는 과정을 의미한다.

여기서 강점과 약점은 내부적 요인이므로 통제가 가능하지만, 기회와 위협은 외부적 요인이므로 통제가 불가능하다.

6 내부마케팅

1) 내부마케팅의 정의

기업들은 두 종류의 고객들을 소유하고 있는데 한 가지는 외부고객이고, 다른 한 가지는 기업의 내부고객인 종업원들이다. 한 마디로 내부마케팅을 정의하면 종업원을 최초로 고객으로 보고 그들에게 서비스 마인드나 고객지향적 사고를 심어주며, 더 좋은 성과를 낼 수 있도록 동기부여하는 활동이라고 정의할 수 있다(이유재, 2004 : 292).

한편, Berry는 내부마케팅은 외부고객에게 서비스를 제공하는 사람들이 최고의 사람들로 고용되고 유지되며, 또 그들이 가능한 한 최선의 일을 할 수 있도록 마케팅을 실천하는 철학적 적용이라고 하였다(Berry, 1984 : 271~278). 외부고객만족을 위해서는 좋은 제품이나 서비스가 필요하듯이 내부고객을 만족시키기 위해서도 좋은 제품과 서비스가 필요하다.

내부고객을 만족시키기 위한 좋은 제품이나 서비스란 종업원에게 동기를 부여시키는 작업환경 · 관리방법 · 인사정책 등을 의미한다.

2) 내부마케팅의 목적

내부마케팅(internal marketing)은 내부고객인 종업원들에게 동기를 부여시키는 것에 초점을 맞추고 있다. 기업이 내부고객인 종업원들의 욕구를 만족시키는 것이 곧 외부고객의 욕구를 만족시키는 것이라고 가정하는 것이다. 성공적인 내부 마케팅을 위해서는 종업원의 역할과 중요성을 인식하고 좋은 내부 마케팅의 상품개발도 중요하다.

3) 효율적인 인적자원관리

(1) 채용

기업이 우수한 종업원을 채용하는 것은 매우 중요한 일이다. 특히 서비스기업은 서비스능력(service competencies)뿐만 아니라 서비스성향(service inclination)을 고려해야 한다. 서비스능력이란 기술이나 지식 또는 신체적 조건이나 학위 등을 의미하지만, 서비스성향이란 가치관 · 태도 등을 의미하는 것으로서 남을 기꺼이 도우려는 성향과 사려깊음 및 사교성 등이 이에 속한다.

(2) 교육과 훈련

내부마케팅에 있어서 가장 중요한 부분 중 하나는 종업원들의 교육과 훈련이다. 고객중심의 종업원을 양성하기 위해서는 종업원들의 사고와 기능을 개발하는 교육훈련이 필요하며, 이는 크게 세 가지 형태의 훈련으로 나눌 수 있다(이유재, 2004 : 397~407; 신혜숙, 2004 : 227~228 재인용).

첫째, 서비스전략이 어떻게 작용하는가, 다른 종사원 및 부서와 고객과의 관계에 있어서 자신의 역할은 무엇인가에 대한 전체적인 이해를 제공한다.

둘째, 서비스전략과 마케팅지향적 성과에 대한 호의적 태도를 개발하고 향상시킨다.

셋째, 종사원들의 커뮤니케이션과 판매 및 서비스기술을 개발시키고 향상시킨다.

(3) 임파워먼트

임파워먼트(impowerment)는 종업원에게 상황에 따른 의사결정권한을 부여하는 것을 의미한다. 고객의 만족을 위해서는 종업원에게 상황에 따른 의사결정권한을 부여하는 것이 필요하다. 이러한 임파워먼트를 통해서 고객만족을 증대시킬 수 있으며, 내부 마케팅 측면에서는 종업원들의 직무만족을 가져올 수 있다. 〈표 11-5〉는 임파워먼트의 장점과 단점을 요약한 것이다.

7 시장세분화, 표적시장, 포지셔닝

1) 시장세분화

(1) 시장세분화의 개념

시장세분화(market segmentation)란 전체시장을 공통적인 특성을 가진 구매자들끼리 그룹으로 나누는 과정을 의미한다. 또한 이렇게 나누어진 동질적인 부분시장을 세분시장(market segment)이라고 하며, 이러한 세분시장 중 마케터들이 구체적인 마케팅믹스(marketing mix)를 개발하여 초점을 맞추고 있는 시장을 표적시장(target market)이라고 한다. 표적마케팅(target marketing)은 이러한 표적시장에 대해서 마케팅활동을 펴는 것을 의미한다.

(2) 시장세분화의 이점

시장세분화는 인구증가가 둔화되고 보다 많은 제품들이 성숙기에 접어들면서 기업들이 시장점유율 획득과 브랜드 확장 · 확대 등을 통해 성장을 추구하기 때문에 시장에서 경쟁이 점점 치열해지면서 더욱 중요성이 증대하고 있다. 또한 고객들의 욕구와 취향의 다양화도 시장세분화의 중요성을 증가시키는 한 요인으로 작용하고 있다.

시장세분화는 다음과 같은 이점이 있다.

가) 시장기회를 보다 쉽게 찾아낼 수 있다. 각각의 세분시장의 욕구와 이들을 대상으로 하는 상품들을 살펴보면, 충족되지 못한 고객의 욕구를 찾아낼 수 있는데, 이것이 바로 시장기회이다. 이러한 시장기회를 이용하여 그 세분시장에 적합한 상품을 개발할 수 있게 된다.

나) 마케팅믹스를 보다 효과적으로 조합할 수 있다. 세분시장의 특정요구에 초점을 맞춰 제품 · 가격 · 유통경로 · 촉진 등의 마케팅믹스 요인들을 일관성있게 조화시켜 고객들이 제품을 명확하게 이해하고 인식할 수 있게 하고, 경쟁제품과도 차별화시킬 수 있게 된다.

다) 시장수요의 변화에 신속하게 대처할 수 있다. 세부시장은 전체시장보다 규모가 작기 때문에 기업은 수요의 변화를 쉽게 파악할 수 있고, 세분시장의 수요 변화에 대해서도 신속하게 대응할 수 있게 된다.

(3) 시장세분화의 요건

시장세분화를 하는 목적 중 가장 중요한 것이 마케팅믹스를 효과적으로 활용하려는 것이다. 이러한 목적을 달성하기 위해서는 가장 적절한 방법으로 시장세분화를 해야 하는데, 이를 위해서는 각각의 세분시장이 다음과 같은 요건을 갖추어야 한다.

가) 측정가능성

시장세분화 변수들 중에는 측정하기 어려운 변수들도 있는데, 측정가능성(measurability)이란 세분시장의 규모와 구매력(purchasing power)을 측정할 수 있는 정도를 의미한다.

나) 세분시장 내의 동질성

세분시장 내의 동질성(homogeneous-within)이란 각 세분시장 내의 소비자들이 시장세분화를 위한 변수의 측면에서 가능하면 서로 비슷하여야 한다는 것을 의미한다. 예를 들면, 우리나라 자동차시장을 소득수준과 가족수를 기준으로 세분화한다고 하였을 때, 각 세분시장 내 소비자들의 소득기준과 가족수가 서로 유사해야 한다는 것이다.

다) 세분시장간의 이질성

세분시장간의 이질성(heterogeneous-between)이란 시장세분화가 효과적으로 이루어지기 위해서는 각 세분시장간 소비자들의 특성이 서로 달라야 하는데, 이것을 세분시장 간의 이질성이라 한다.

라) 규모

어느 한 세분시장을 표적시장으로 삼아서 마케팅믹스를 제공하는 데에는 상당한 비용이 투입되기 때문에 적어도 하나의 세분시장의 규모(size)가 독자적인 마케팅 프로그램을 시도할 만한 크기가 되어야 한다.

마) 접근가능성

접근가능성(accessibility)이란 세분시장에 접근할 수 있고 그 시장에서 활동할 수 있는 정도를 의미한다. 충분한 규모의 세분시장이 존재하더라도 세분시장을 연결해줄 매개체가 없으면 시장세분화는 성공하기 힘들다.

(4) 시장세분화의 기준

시장세분화는 효과적인 마케팅믹스를 위해서 이질적인 전체시장을 동질적인 세분시장으로 나누는 것으로, 전체시장을 세분시장으로 나누는 기준이 되는 변수를 시장세분화변수(market segmentation variables)라고 한다. 일반적으로 사용되는 시장세분화변수는 지리적 변수, 인구통계적 변수, 심리적 변수, 행동분석적 변수 등이 있다.

가) 지리적 변수

지리적 변수(geographic variables)는 시장을 국가 · 도 · 시 · 군 등의 지역, 도시와 시골, 기후 등에 의해서 세분화하는 변수이다.

나) 인구통계적 변수

인구통계적 변수(demographic variables)는 연령 · 성별 · 소득 · 학력 · 직업 · 종교 및 결혼 여부 등의 인구통계적 변수를 기준으로 시장을 세분화하는 변수이다. 인구통계적 변수는 고객의 욕구 및 구매행동과 밀접하게 관련되어 있는 경우가 많으며, 다른 변수들에 비하여 측정이 비교적 쉽기 때문에 가장 많이 사용되는 변수라고 할 수 있다.

다) 심리적 변수

심리적 변수(psychographic variables)는 사회계층 · 라이프스타일 · 개성 등으로 시장을 세분화하는 것이다. 사회계층(social class)은 비슷한 수준의 사회적 지위와 경제력을 지닌 사람들의 집합으로 같은 계층구성원들끼리는 가치관 · 사고방식 · 행동 · 태도의 면에서 많은 공통점을 가지고 있다. 심리적 변수 중 가장 대표적인 것이 라이프스타일(life style)인데, 주로 사람들의 활동(activity), 관심(interest), 의견(opinion)을 기준으로 집단을 분류하는데, 영문표기의 머릿글자를 따서 AIO분석이라고도 한다.

개성(personality)은 개인의 내적 · 외적 기질을 말하는 것으로 Horney는 사람의 주요한 개성을 순응형 · 공격형 · 고립형으로 분류하였다. 심리적 변수에 의한 세분화는 시장을 보다 효과적으로 세분화할 수 있게 해주고 많은 정보를 제공해주지만, 몇 가지 한계점을 지니고 있다.

먼저 지리적 변수나 인구통계적 변수는 비교적 개념이 분명하지만, 심리적 변수는 변수의 정확한 측정이 어려운 점이 있다. 또한 심리적 변수와 고객욕구 사이에 상관관계가 모호한 경우가 많으며, 세분화의 기준이 추상적일 경우에는 세분화에 대한 효과적인 접근매체가 없어서 어려움이 있다.

라) 행동분석적 변수

위에서 언급된 지리적 · 인구통계적 · 심리적 변수들은 모두 고객의 특징에 초점을 맞춘 분석방법이었다. 그러나 행동분석적 변수(behavioral variables)는 소비자와 상품과의 관계에 초점을 두는 세분화의 기준이다. 세분화의 기준으로는 소비자가 상품에 대해 나타내는 반응을 토대로 추구하는 편익 · 사용량 · 상표충성도 등이 있다.

(5) 호텔관광산업의 시장세분화

관광시장은 다양한 관광객의 욕구로 인해 다수의 이질적인 시장으로 구성되어 있다고 볼 수 있다. 관광시장은 인구통계적 · 사회경제적 기준, 심리적 기준, 지리학적 기준, 여행목적기준, 유통경로기준, 행동기준, 편익기준, 구매계기기준 등 8가지로 세분화할 수 있다.

가) 인구통계적 · 사회경제적 세분화

이 기준은 통계자료의 수집과 매체 및 조사를 통한 각종 정보의 비교와 적용, 자료의 해석과 응용의 용이성으로 인해 현재까지 시장세분화의 기준으로 가장 많이 활용되고 있다. 일반적으로 연령과 수익은 레크리에이션 참여의 주요 변수임은 부정할 수 없으나, 시장을 세분화할 때 이러한 변수들만으로는 세분시장에 속한 구성원들이 유사한 선호를 가지고 있다고 보기 힘들기 때문에 불완전한 점이 많이 있다.

나) 심리적 세분화

관광객은 여행상품의 구매시에 그 선택기준이 이상적이거나 경험적 가치보다는 준거집단의 형태를 모방하거나 답습하려는 성향이 많으며, 타인을 의식하고 타인과의 경쟁심리가 많이 작용되므로 심리적 세분화 방법이 최근에 주목받고 있다. 심리적 세분화는 실행상 어려움이 많고 비용이 많이 드는 단점에도 불구하고 기존의 분석방법에 의해 획득된 정보를 보완하여 활용되면 고도로 전문화되고 광범위하게 개발된 관광시장에서 많은 효과를 거둘 수 있을 것이다.

다) 지리적 세분화

지리적 세분화는 세분시장의 경계가 명확하다는 장점이 있지만, 통신과 교통수단이 발달한 요즘에는 지리적 세분화가 동질성을 가지고 있다고 기대하기 어렵다. 하지만 이와 같은 이유에도 불구하고 지리적 세분화를 고려하는 이유는 대부분의 매력적인 관광목적지는 대조적인 기후와 경관미 등에 의존하고 있는 것이 현실이고, 이것은 관광객송출지와 관광목적지 간의 거리를 의미하기 때문이다. 또한 지리적 세분화는 목표시장에 접근하기 위한 수단을 제시해 주고, 잠재고객이 소재하고 있는 곳을 알게 해 줌과 동시에, 이들과 커뮤니케이션을 가능하게 해줄 방안을 제시해주기 때문이다.

라) 여행목적별 세분화

여행목적별 세분화는 관광시장을 비즈니스 여행시장과 관광목적 여행시장으로 세분화하고 있다. 예를 들면, 싱가포르에 위치한 호텔들은 관광시장을 단체시장과 개인시장으로 나누고, 다시 단체시장은 그룹투어 · 국제회의 · 항공사승무원 등으로 분류하고, 개인시장은 개인여행객과 빈번한 여행객(frequent traveler) 등으로 세분화하고 있다.

마) 행동적 세분화

행동적 세분화는 실제의 관광상품이나 여행상품 속성에 대해 여행객이 지닌 지식 · 태도 · 용도 및 반응, 이용률, 추구편익, 구매계기, 여행객의 지위, 상표집착도 등을 기준으로 해서 세분화하는 것이다.

바) 편익 세분화

편익 세분화는 관광상품을 구매한 후 여행객이 느끼는 효익에 대한 상대적인 중요성을 기초로 해서 시장을 세분화하는 방법이다. 편익 세분화를 실시할 때에는 여행객들이 관광상품 계층에서 얻으려는 주요 혜택이 무엇이고, 각 혜택을 찾는 여행객들의 유형은 어떠하며, 각 혜택을 줄 수 있는 상표품은 무엇인지 결정해야 한다.

사) 구매계기의 세분화

구매계기의 세분화는 관광기업의 서비스를 구매하는 경우 구매계기에 따라 관광객을 세분화하는 것이다. 예를 들면, 여행객을 업무 · 휴가 · 가족여행 등으로 구분하는 경우인데, 이러한 구매계기의 세분화를 통해서 여행사는 전문적인 상품개발이 가능하게 된다.

2) 호텔관광표적시장

시장세분화는 표적시장 선정을 위한 준비단계인데, 시장세분화를 통해 나누어진 세분시장 중에서도 구체적인 마케팅 믹스(marketing mix)를 개발하여 대상으로 삼으려는 세분시장을 표적시장(target market)이라 한다. 기업이 여러 개의 세분시장 중 표적시장을 선정할 때 고려해야 할 요인은 세분시장의 전반적인 매력성과 기업의 목표 및 보유하고 있는 자원과 능력이다. 전반적인 시장의 매력성이란 세분시장의 규모 · 성장성 · 수익성 · 경쟁정도 · 위험도 · 규모경제 등을 분석한 것이다. 또한 표적시장을 선정할 때에는 기업의 목표와 일치하는지와 이를 위해 기업이 보유하고 있는 자원과 능력을 고려해야 한다.

3) 호텔관광포지셔닝

(1) 포지셔닝의 개념

Al Ries와 Jack Trout(1972)가 고객의 마음에 자리잡기 위한 광고나 촉진노력의 중요성을 설명하기 위해 도입한 포지셔닝(positioning)이란 용어는 시장 내 고객들의 마음에 위치잡기라는 의미를 갖는다. 시장에서 기업의 포지셔닝전략은 시장세분화를 기초로 정해진 표적시장 내 고객들의 마음에 시장분석, 고객분석, 경쟁분석 등을 기초로 하여 얻은 전략적 위치를 계획한다는 의미를 갖는다. 즉 시장에서의 차별적 위치를 차지하여 고객욕구를 충족시키는 서비스를 표적시장에 제공하는 것이다(이유재, 2004 : 72).

서비스 제품의 포지션(position)은 고객이 서비스를 지각하는 방식을 의미하는데, 특히 경쟁기업의 서비스와 관련이 많다고 할 수 있다. 포지셔닝은 현재 제공되고 있는 서비스의 이미지를 고객들의 마음속에 유지시키고 강화시키는 데도 매우 중요한 부분이라고 할 수 있는데, 예를 들어 Marriott Corporation의 다른 브랜드인 Residence Inn은 "집으로부터 떨어져 있는 집"이란 이미지로 장기 투숙객들에 포지셔닝 되어 있다. Marriott Corporation은 여러 서비스마케팅 요소들을 이용하여 고객들에게 이러한 포지셔닝이 되도록 하였는데 브랜드 네임 자체가 표적시장의 특성을 잘 요약해서 나타내고 있다. 또한, 호텔의 커뮤니케이션에 집(home)과 이웃(neig- hborhood)이란 단어를 자주 사용하였고 시설로 인한 커뮤니케이션 역시 부엌을 갖추고 있고 거실과 벽난로까지 설치하여 최대한 집과 같은 느낌이 나도록 하였다.

(2) 포지셔닝 전략

기업은 다양한 방법으로 제품이나 서비스를 포지셔닝시킬 수 있다. 포지셔닝의 유형을 살펴보면, 소비자 포지셔닝과 경쟁적 포지셔닝을 구분할 수 있다. 소비자 포지셔닝은 소비자에 관심을 두고 기업의 제품이나 서비스를 소비자 마음속에 자리매김하는 것이다.

소비자 포지셔닝은 속성, 이미지, 사용상황 및 사용목적, 제품사용자에 의한 포지셔닝이 있다. 속성에 의한 포지셔닝은 제품의 속성 및 고객의 혜택과 관련하여 포지셔닝하는 방법으로 예를 들면, 볼보 자동차 같은 경우는 튼튼하고 안전한 차로 소비자들에게 포지셔닝되어 있다.

이미지 포지셔닝은 말 그대로 이미지를 포지셔닝하는 것으로 의류·보석 등에 많이 사용된다. 사용상황 혹은 사용목적에 의한 포지셔닝의 예로는 이온음료를 들 수 있는데, 이온음료는 운동 후 빠른 갈증해소로 포지셔닝되어 있다. 제품사용자에 의한 포지셔닝은 특정한 개인이나 집단에 초점을 맞추어 포지셔닝하는 것을 의미한다.

(3) 지각도

지각도(positioning map)란 여러 가지 평가할 수 있는 차원에 따라 제품이나 브랜드의 위치를 나타내는 것이다. 즉 지각도는 제품의 심리적인 포지셔닝을 위한 하나의 강력한 도구로 사용되는 기법으로, 소비자가 제품 · 브랜드 등에 대한 신념과 선호도를 형성하는데 고려하는 여러 가지 제품속성을 2~3개의 차원으로 압축하여 차원들 사이의 제품지각 공간을 형성한 다음, 제품들의 전반적인 유사성이나 선호도에 대한 소비자조사를 근거로 각 제품 브랜드 등을 기하학적인 거리로 환산하여 공간상에 표시하는 것이다.

8 제품전략

1) 제품의 이해

(1) 제품의 개념

제품(product)이란 소비자의 필요(needs)와 욕구(wants)를 충족시켜 줄 수 있는 모든 것을 의미하는 것으로, 유형적인 제품, 무형적인 서비스, 사람, 관광지와 같은 장소 등을 모두 포함한다. 제품이 소비자의 욕구를 충족시켜 줄 수 있는 것은 그 제품이 지니고 있는 속성(attribute) 때문인데, 이러한 제품의 속성들은 핵심제품(core product), 유형제품(tangible product), 확장제품(augmented product)의 세 가지 차원들로 구성된다.

(2) 제품의 구성요소

소비자들은 자신의 욕구를 충족시키기 위하여 제품을 구입하게 되는데, 실제로 소비자들이 원하는 것은 구매하는 제품으로부터 얻게 되는 혜택의 조합이라고 할 수 있다.

동일한 제품에 대해서도 소비자들마다 얻는 혜택이 다르기 때문에 마케팅관리자들은 제품을 구성하는 요소들을 효과적으로 통합하여야 한다. 제품을 구성하는 요소들은 품질, 디자인, 상표, 포장으로 분류할 수 있다.

가) 품질

품질이란 특정제품이 그 기능을 수행할 수 있는 능력을 말하는 것으로 품질의 측정에 사용되는 구성요소로는 다음과 같은 것들이 있다(David A. Garvin, “Competing on the Eight Dimensions of Quality”, Harvard Business Review, November/December 1987, pp. 101-109).

- 성능(performance) : 특정 제품 또는 서비스가 정해진 디자인 요건과 작동요건을 충족시키는 정도를 말한다. 예를 들어 오디오의 음질과 같이 고객이 그 제품으로부터 추구하는 주요 혜택에 의하여 측정된다.
- 부속기능(features) : 2차적인 혜택을 제공하는 보조적인 기능들을 말한다. 예를 들어 900MHZ 무선전화기에는 상표에 따라 수화기를 들지 않고도 통화할 수 있는 "자동통화기능"이 있는가 하면, 수화기를 잘못 놓아도 1분이 지나면 통화기능 상태로 전화되는 "안심기능"도 있다.
- 신뢰성(reliability) : 일반적으로 시초 고장까지의 평균시간, 고장 간의 평균 시간 및 단위기간 동안의 고장률 등으로 측정된다.
- 내구성(durability) : 제품의 수명과 견고성을 말한다.
- 서비스 용이성(serviceability) : 제공되는 서비스의 속도, 고객우대, 적합성 및 고장시 수선 용이성 등을 말한다.
- 심미성(aesthetics) : 주로 제품의 감각적 가치로 외관과 느낌 등을 포괄하는 것이다.
- 명성(reputation) : 기업명 또는 상표명에 의한 인기도를 말한다.
- 적합성(conformance) : 특정 제품 또는 서비스가 표준으로부터 벗어나는 빈도와 정도를 말한다.

기업의 입장에서 품질을 관리한다는 의미는 소비자들이 불편해하는 결함을 줄이는 것 뿐만 아니라, 소비자들의 품질에 대한 욕구와 선호를 더욱 잘 충족시켜 줄 수 있는 제품을 제공함으로써 경쟁기업보다 경쟁우위를 확보하는 것을 말한다.

나) 디자인

제품 디자인은 자사의 제품을 차별화할 수 있는 하나의 수단이 될 수 있을 뿐만 아니라, 탁월하고 우수한 디자인은 소비자에게 더 많은 구매의 유인을 제공할 수 있다.

제품 디자인에는 색, 크기, 형태, 재료, 무게 등이 포함되며 제품사용의 편리성과 유용성도 제고해야 한다.

최근, 디자인의 중요성은 더욱 부각되고 있으며 소비자의 편리성을 높은 디자인을 가진 제품의 성공확률은 더욱 높아진다고 할 수 있다.

다) 상표

상표(brand)란 특정 판매업자의 제품이나 서비스를 다른 판매업자들로부터 식별하고 차별화시키기 위하여 사용되는 명칭, 말, 상징, 기호, 디자인, 로고와 이들의 결합체라고 정의할 수 있다. 또한, 상표의 개념으로는 상표명, 상표마크, 등록상표 등이 있다.

상표명(brand name)은 코카콜라, 폴로 등과 같이 상표 중에 말로 발음하고 나타낼 수 있는 문자, 단어, 숫자부분을 말하며, 상표마크(brand mark)는 폴로의 말과 같이 상표 중에 상징, 디자인, 독특한 색상이나, 문자와 같이 인식은 되지만 말로 표현할 수 없는 부분을 말한다. 등록상표(trade mark)는 그 상표의 독점적 사용이 법적으로 보장되어 보호받을 수 있는 상표를 의미한다.

라) 포장

일반적인 포장의 기능에는 제품의 소비가 완료될 때까지 내용물을 보호하는 보호기능과 보관기능, 사용의 편리성을 높여주는 기능, 촉진기능 그리고 제품폐기를 용이하게 해주는 기능 등이 있다. 이렇게 포장은 여러 가지 기능을 가지고 있지만, 최근에는 포장이 마케팅수단으로서 수행하는 기능이 보다 중시되고 있는 경향을 보이고 있다.

(3) 제품의 분류

제품은 크게 소비재와 산업재로 구분되는데, 소비재는 소비자가 최종소비를 위해 구매하는 제품이며, 산업재는 다른 제품의 생산이나 사업을 위해 구매되는 제품을 의미한다. 소비재는 소비자의 쇼핑습관에 따라 편의품 · 선매품 · 전문품 · 미탐색품 등으로 분류할 수 있다. 편의품(convenience goods)은 소비자가 최소의 노력으로 자주 구매하는 제품을 의미하며, 다시 필수품(staple goods), 긴급품(emergency goods), 충동품(impulse goods)으로 분류할 수 있다.

선매품(shopping goods)이란 소비자가 가격 · 품질 · 디자인 등을 평가해서 탐색한 후 구매되는 제품을 말한다. 선매품은 편의품보다 구매빈도는 낮지만 가격이 높은 편이다.

전문품(specialty goods)은 소비자가 제품을 구매할 때 많은 탐색노력을 기울이는 제품을 말한다. 전문품은 일반적으로 상표인지도와 상표충성도가 높으며, 대표적인 전문품으로는 고가의 자동차와 시계들을 예로 들 수 있다.

미탐색품(unsought goods)이란 소비자들이 평소에 거의 제품탐색 의도를 보이지 않는 제품을 말한다.

(4) 호텔관광상품의 분류

관광상품은 관광기업이 현재 및 잠재고객을 대상으로 제공하는 유형적 상품과 서비스, 아이디어, 정보 등을 포함하는 개념으로, 유형적 요소보다 무형적 요소가 더 많은 서비스 상품이라고 할 수 있다.

서비스는 핵심서비스(core service)와 부가서비스(supplementary service)로 구분되는데, 핵심서비스란 서비스상품의 판매에 있어 주된 요소가 되는 서비스를 말하며, 부가서비스는 핵심서비스를 판매하기 위하여 보조적인 역할을 하는 서비스를 말한다.

예를 들어 호텔에서 제공하는 핵심서비스는 숙박 및 식음료 판매와 관련된 서비스이며, 부가서비스란 종사원의 친절, 호텔 내외의 정보제공, 비즈니스와 관련된 편의제공 등이라 할 수 있다. 하지만, 관광기업의 핵심서비스는 거의 비슷하기 때문에 핵심서비스만으로는 경쟁기업과 차별화하기 어려운 것이 사실이다. 따라서 부가 서비스측면의 차별화를 시도하는 것이 보다 유용하다고 할 수 있다(신혜숙, 2004 : 128-129).

관광상품은 숙박상품 · 식음료상품 · 교통상품 · 관광편의품 · 쇼핑상품 · 관광명소상품 · 관광활동상품 · 관광이벤트상품 등으로 분류할 수 있다(이정학, 2003 : 133-135).

- 숙박상품 : 관광호텔 · 수상관광호텔 · 가족호텔 · 한국전통호텔 · 호스텔 · 소형호텔 · 의료관광호텔 · 콘도미니엄 · 모텔 · 여관 · 유스호스텔 · 방갈로 · 펜션 등의 객실상품을 말한다.
- 식음료상품 : 호텔 레스토랑 및 주장 · 관광식당 · 일반음식점 · 유흥음식점 · 간이음식점 등에서 제공하는 음식과 음료 등의 상품을 말한다.
- 교통상품 : 항공기 · 선박 · 유람선 · 버스 · 기차 등의 객석 및 렌터카 등의 상품을 말한다.
- 관광편의품 : 관광활동에 필요한 물품, 즉 모자 · 의복 · 선글라스 등의 상품을 말한다.
- 쇼핑상품 : 기념품 · 토산품 · 특산품 등의 상품을 말한다.
- 관광명소상품 : 박물관, 전시관, 기념관, 문화유적지, 명승지, 휴양지, 민속촌, 주제공원, 생태관광지, 재래시장, 건축물, 자연 그 자체 및 형상물 등을 이용한 상품을 말한다.
- 관광활동상품 : 온천, 스포츠활동, 전통체험(김치, 도자기 등), 카지노 등의 체험상품을 말한다.
- 관광이벤트상품 : 축제 · 공연 · 스포츠경기 · 박람회 등의 이벤트적 상품을 말한다.
- 기타 : 기후 · 친절성 · 이미지 · 민족성 · 신기성 등을 관광상품화한 것을 말한다.

2) 제품수명주기

(1) 제품수명주기의 개념

제품수명주기(product life cycle)란 새로운 제품이 개발되어 시장에 출시된 이후 성장하다가 일정기간을 경과한 후에 쇠퇴되어 시장에서 사라지기까지의 과정을 의미한다. 다시 말하면 특정제품이 개발되어 시장에 출시된 이후 시간이 경과함에 따라 매출액과 이익이 변화해 가는 과정을 나타낸 것이다.

(2) 제품수명주기의 단계별 특성 및 전략

제품수명주기는 도입기 · 성장기 · 성숙기 · 쇠퇴기로 나누어 볼 수 있는데, 각 단계별 특성은 다음과 같다.

가) 도입기

도입기(introduction stage)는 특정제품이 처음으로 시장에 출시되어 소비자가 구매하게 되는 단계로 기업은 시장개척자로서 계획된 제품 포지셔닝전략에 따라 마케팅믹스 전략 등을 실행한다.

나) 성장기

성장기(growth stage)에는 매출액이 증대되어 이익이 증가하지만, 높은 시장점유율을 유지하기 위해 촉진 및 유통에 많은 자금이 투입되는 시기이기도 하다.

다) 성숙기

성숙기(maturity stage)에 들어서면 매출액이 감소하기 시작하기 때문에 기업은 시장과 제품 및 마케팅믹스 등에 변화를 주어 확보한 시장을 방어하게 된다.

라) 쇠퇴기

쇠퇴기(decline stage)에는 기술혁신 · 경쟁심화 등으로 매출액이 감소한다.

(3) 관광지의 수명주기

Burtler는 1980년 상품수명주기와 유사한 관광지수명주기를 제시하였는데, 상품수명주기에서의 상품판매량은 관광객수로, 시장의 진화과정은 관광지의 물리적 시설이나 행정조직과 같은 관광지의 개발과정으로 대치된 것이다. 이러한 관광지의 수명주기는 관광지의 질과 양이라는 시장진화와도 관련시켜 설명할 수 있는데, 관광지의 수명주기는 탐색기 · 몰입기 · 강화기 · 정체기 · 쇠퇴기로 구분할 수 있다(신혜숙, 2004 : 141~144).

각 단계별 특징을 살펴보면 다음과 같다.

가) 탐색기

관광수명주기의 첫 번째 단계인 탐색기는 단체관광을 싫어하는 소수의 모험적 관광객들이 지역을 방문하고, 접근방법과 편의시절의 부족으로 관광객수가 제한되는 시기이다.

나) 몰입기

몰입기는 관광객을 위한 시설이 일부 개발되고 광고도 함에 따라 관광객수가 증가하는 시기로, 성수기와 주요 관광객 밀집지역이 형성되며, 공공부문은 기반시설을 제공해야 할 책임을 느끼게 되는 시기이다.

다) 개발기

개발기는 관광객이 대량으로 유입되며, 관광지에 대한 통제가 지역주민의 손을 벗어나고, 외부기업이 현대적 시설을 개발하기 시작하면서 관광조직이 변화하는 시기이다.

라) 강화기

강화기는 관광객수가 증가하나 증가율이 저하되기 시작하는 시기이다. 관광지는 완전히 성숙한 관광사업의 일부로 존재한다.

마) 정체기

정체기에 오면 관광객수가 최고치에 도달하고, 이제 지역은 더 이상 인기가 없어진다. 보수적 여행자들 중 반복방문객이 주요 관광객이다.

바) 쇠퇴기

주말이나 당일 여행객 같은 지리적으로 근접한 소수의 관광객만이 이 지역을 방문한다.

3) 신제품개발

기업이 신제품을 얻을 수 있는 방법은 크게 두 가지로 나누어 볼 수 있는데, 첫 번째는 신제품을 보유하고 있거나 신제품 개발에 적극적인 기업을 인수 · 합병하는 방법이고, 두 번째는 기업 내부적으로 연구개발 부서에 의한 신제품개발이다.

(1) 신제품개발의 의의

다양한 소비자들의 욕구를 충족시키기 위하여 기업들은 제품차별화(product differentiation) 전략으로써 신제품을 개발한다. 또한 상황에 따라서는 기존제품을 계획적으로 진부화시키기 위해서 신제품을 개발하기도 한다. 신제품은 시초제품 · 혁신제품 · 수정제품 · 신상표 등의 유형이 있는데, 시초제품은 핵심기능을 최초로 제공하는 제품을 의미하며, 혁신제품은 핵심기능이 혁신적으로 변화된 제품을 의미한다.

수정제품은 핵심기능이나 부수적 기능이 수정된 제품이며, 신상표는 똑같은 기능의 제품을 상표와 포장만 바꾼 제품이다. 신제품이 시장에서 성공하기란 매우 어렵기 때문에 기업의 입장에서 신제품개발전략은 매우 위험도가 큰 전략이다.

(2) 신제품의 성공요인

가) 소비자와 관련된 요인

신제품이 시장에서 성공하기 위해서는 가장 먼저 소비자의 필요에 적합해야 하는데, 그러기 위해서는 표적고객의 선택이 정확해야 한다. 또한, 제품의 테스팅, 출시 및 수명주기의 관리에 있어서도 고객의 필요를 해결하기 위한 제품의 편익이 소비자에게 적절하게 제공되고 있는지를 주기적으로 점검하는 것이 필요하다. 또 다른 소비자 관련 요인으로는 소비자에게 가격에 비하여 높은 효용을 줄 수 있는 제품이어야 한다.

나) 기술 관련 요인

신제품의 성공요인 중 기술관련 요인이란 자사의 신제품이 경쟁사에 비해 독점적 기술우위를 가지고 있는 것도 중요하지만, 그 보다도 소비자들이 원하는 편익을 제공할 수 있는 능력을 의미한다고 할 수 있다. 물론, 다른 경쟁기업과 비교하여 독점적 기술우위를 보유하게 되면 그 신제품은 시장에서 성공할 확률이 더 높겠지만, 소비자들이 원하는 편익이 무엇인지 파악을 하지 못하게 되면 그 성공확률은 낮아지게 된다.

다) 시장환경 관련 요인

일반적으로 신제품 중 성장잠재력이 큰 제품은 시장에서 성공할 확률이 높다고 할 수 있다. 성장잠재력이 큰 제품은 제품수명주기상 성장기에 있는 제품을 말하며, 신제품의 진부화 속도, 전체 잠재시장의 크기 등을 모두 고려하여 성장잠재력을 판단하여야 한다.

라) 기업 내부 요인

Robert(1990)에 의하면 신제품들 중에서 독특한 기술을 가지고 기존 제품과의 관련성이 높은 시장에 진입했을 때는 67%의 성공률을 보였으며, 독특한 기술은 있으나 관련성이 낮은 시장에 진출한 경우에는 25%, 독특하지 않은 기술을 이용하여 관련성 없는 시장에 진입한 경우에는 극히 낮은 성공확률을 보였으며, 독특하지 않은 기술로 관련성이 높은 시장에 진입한 경우 25%의 성공률을 보였다. 따라서 독특한 기술처럼 강점을 가지고 있으며 기존 제품과의 관련성이 높은 시장에 진출한 경우가 가장 성공 가능성이 크다고 할 수 있다.

그 외에도 신제품을 성공시키기 위한 기업 내부적 조건들 중에서 중요한 것들로는 최고경영자의 지원, 신제품개발과 관련된 기능부서들 사이의 원활한 의사소통,

신제품을 성공시키려는 강력한 의지를 가진 임직원, 효과적인 신제품개발 조직 등을 들 수 있다(박흥수외, 2004 : 14).

마) 신제품 개발기간 및 출시의 타이밍

많은 제품들이 제품수명주기가 빨라지면서 진부화 속도가 빨라지고 있는데, 좋은 아이디어라고 하더라도 제품출시의 적기를 놓치면 시장에서 성공하기 어렵다. 특히 하이테크 제품일수록 출시의 타이밍이 더욱 중요하다고 할 수 있다. 한편, 아직 성숙되지 않은 시장에 신제품을 출시하여 실패하는 사례도 많이 있는데, 예를 들어 1970년대에 Mc.Donald's가 우리나라에 진출을 시도하였으나 실패한 사례가 좋은 예가 될 수 있다.

(3) 신제품의 실패원인

해마다 많은 신제품들이 시장에 출시되지만 그 중 많은 수가 실패하고 만다. 성공한 제품과 실패한 제품을 구별하는 기준은 다양하지만, 일반적으로 신제품이 시장에서 실패하는 이유는 다음과 같다.

가) 소비자 관련 요인

신제품이 실패하는 여러 요인 중에서 가장 일반적인 요인은 신제품이 기존제품과의 차별화된 독특한 편익을 소비자들에게 제공하지 못하는 경우이다. 모방전략(me-too strategy)에 의해 출시된 신제품이 시장의 기존제품을 따라잡는 것은 아주 힘든 일이다. 또한, 독특한 편익은 있으나 소비자들의 기호가 바뀌어 더 이상 그 편익을 높이 사주지 않게 되는 경우도 볼 수 있다.

따라서 신제품이 시장에서 실패할 확률을 줄이기 위해서 가장 필요한 노력은 기존 제품과는 차별화되면서도 소비자들이 원하는 독특한 편익을 찾아내어 이를 제공할 수 있도록 제품을 설계하는 일이다.

나) 마케팅전략 관련 요인

신제품의 성공은 정확한 표적시장의 선정과 그에 적합한 포지셔닝을 필요로 한다. 물리적으로는 훌륭한 제품을 만들어 놓고서도 마케팅 전략상의 실수로 인해 신제품이 실패하는 경우도 자주 볼 수 있다. 신제품의 실패 확률을 줄이기 위해서는 시장세분화가 올바르게 되어 있는가 하는 점과 표적고객들에게 파고들 수 있는 포지셔닝이 이루어져 있는가를 면밀히 검토해야 한다.

다) 마케팅과 유통자원의 부족

신제품이 성공하기 위해 필요한 광고, 판촉, 유통상의 지원이 불충분해서 실패하는 신제품들을 볼 수 있는데, 특히 사내 영업조직이나 유통경로 구성원들을 설득하는데 실패하여 신제품을 취급하는 것을 회피할 경우 신제품이 시장에서 성공을 거두기가 어렵게 된다.

라) 사내조직 관련 요인

신제품의 성공을 위해서는 전사적인 품질에 대한 인식과 고객지향적인 기업문화가 필요할 뿐만 아니라, 기업 내의 마케팅부문, 연구개발부문, 생산부문, 영업부문 구성원들의 노력과 협조가 필요하다.

기업 내부적으로 위에서 언급된 부서의 협조가 부족하면 신제품은 시장에서 성공 확률이 낮아지게 된다.

4) 기타 요인

위에서 언급된 요인들 이외에도 기술개발과 관련된 요인, 신제품 출시의 타이밍, 수요예측의 실패, 경쟁기업에 대한 정보 부재, 기업을 둘러싸고 있는 외부환경 등에 의해 신제품이 시장에서 실패할 수 있다.

신제품개발의 주요한 성공요인과 실패요인들을 살펴보면 다음과 같다.

5) 신제품 개발과정

신제품의 개발과정을 살펴보면 아이디어 창출(idea generation), 아이디어 채택(idea screening), 사업분석(business analysis), 제품개념 개발(product concept development), 제품개념 테스트(product concept test), 제품 테스트(product test), 마케팅믹스 계획(marketing mix planning), 시험마케팅(test marketing), 상업화(commercialization)의 단계를 거친다.

아이디어는 기업내부자료는 물론 경쟁사 · 고객 등 다양한 경로를 통해서 창출될 수 있으며, 창출된 아이디어 중 기업이 목표로 하는 매출액과 시장점유율 및 기업의 이용가능한 자원 등을 고려하여 채택하게 된다. 그 다음 단계가 사업성 분석인데, 사업성 분석이란 채택한 아이디어가 상품화되었을 때 비용 및 이익을 예측하는 것을 의미한다. 그 다음 제품 컨셉을 개발하고 컨셉에 대한 테스트를 실시한다. 그 다음 제품개빌단계에서 제품출시에 문제가 없다고 판단되는 제품에 대해서 시험적으로 판매해 보는 시험마케팅을 실시한다. 시험마케팅을 통해서 기업들은 경쟁사의 제품과 비교해 매출액과 표적시장 및 고객들의 반응 등을 파악하게 된다.

사례

신제품개발과정 Courtyard by Marriott

현재 미국 중간 가격대 호텔시장을 석권하고 있는 Courtyard by Marriott의 사례를 통해 신제품개발 전략의 단계와 내용을 고찰해 보기로 한다.

1) 아이디어의 창출(idea generation)

신제품 개발전략의 첫 단계는 아이디어의 창출로부터 시작된다. 3M의 지침인 'Don't kill any idea'와 같이 브레인 스토밍(brainstorming) 등을 거쳐 가능한 모든 아이디어를 동원하고 수집하여야 한다. 고가격대 호텔만을 소유하고 있던 Marriott Corporation에서는 총지배인과 부서장들이 참석한 가운데 매주 칵테일 리셉션에 여러 형태의 고객들을 초대하여, 중간 가격대 호텔에 대한 욕구와 필요, 문제점을 파악하였다.

2) 아이디어 채택(idea screening)

신제품 개발의 2단계로서 발굴된 수많은 아이디어 중 필요한 아이디어를 채택하여야 한다. Marriott에서는 호텔 내 실무자, 전문가, 고객과의 피드백을 통해 중간 가격대 호텔에 적합한 아이디어를 선별하였다.

3) 사업분석(business analysis)

Marriott 에서는 중간 가격대 호텔시장의 사업성을 분석한 결과, 고가격대 호텔시장 및 염가 호텔시장과 비교시 충분한 시장성을 발견하였으며, 또한 뚜렷한 시장 선도자가 없음을 파악하였다.

4) 제품개념개발(product concept development)

제품개념개발이란 채택된 아이디어가 소비자에게 의미있는 개념으로 전달되도록 전환시키는(version) 단계를 말한다. 즉 아이디어를 세부적인 제품개념으로 연결시키는 과업으로서, 소비자에게 제품에 대한 전체적 그림(product image)을 제시하는 것이다. Marriott은 경쟁이 포화상태에 있는 도심보다는 도시 인근의 외곽 지역에 시장성이 충분함을 발견하고 최종적 상호를 Courtyard로 정했다. Courtyard는 가정집 안 뜰의 의미로서 아파트가 주가되고 있는 도심보다는 도시 외곽 지역의 이미지를 강력히 전달할 수 있었던 것이다.

Marriott은 보다 구체적으로 150실 미만, 가정집과 같은(home-like setting)시설과 이미지, 제한된 메뉴의 레스토랑 시설, 약간의 회의시설, 기존 Marriott의 타 브랜드와 수요가 중복되지 않는 가격대, 단기(transient) 체류객을 표적시장으로 하는 제품개념을 개발하였다.

구체적 표적시장은 비즈니스 FIT(1년에 6회 이상 여행을 하며 중저가 호텔에 투숙)과 여가관광객(1년에 2회 이상 여행을 하며 중저가 호텔에 투숙)으로 확정하였다.

5) 제품 개념 테스트(product concept testing)

Marriott은 제품개념에 대한 검증을 위해 3년 동안의 광범위한 연구를 수행하였다. 연구 대상은 외부환경, 객실, 음식 관련 서비스, 라운지 시설, 서비스, 여가시설, 안전요소 등 7개의 속성이었다. 예를 들어 객실의 경우 여러 형태의 객실 견본을 통해 잠재고객에게 순위를 부여하게 하였으며, 또한 고객 설문조사를 수행하여 비즈니스 여행객은 중간 가격대와 좋은 품질의 객실을, 순수관광 목적 여행객은 안전하고 편안한 객실을 선호한다는 사실을 밝혀내고 제품개념을 검증, 확정하였다.

Courtyard는 또한 구불구불한 산책로를 지닌 경관 좋은 정원과 수영장을 갖추고 비용 절감을 위해 작은 로비와 라운지, 한 개의 레스토랑, 소수의 작은 회의실, 도어맨, 벨맨, 룸서비스의 제거 등의 확정 등 제품개념 테스트를 완성시켰다.

6) 제품 테스트(product test)

제품 테스트란 제품개념 혹은 제품 아이디어를 유용한 제품(workable product)으로 전환시키는 단계이다. Marriott은 제품개념 테스트의 결과, 1차적으로 객실의 기초모형(prototype)을 설정하였다. 제품 테스트를 위하여 표준객실, 짧은 형체의 객실, 긴 형체의 객실로 잠재고객들의 평가를 받았으며, 모두 선호는 받았으나 긴 형체의 객실은 건축비가 많이 들어 최종 객실 제품에서는 제외되었다.

7) 마케팅믹스 계획(marketing mix planning)

Marriott은 첫 해를 대비한 마케팅 예산 책정을 필두로 기타 마케팅 전략 계획을 수행하였다.

8) 시험마케팅(test marketing)

Marriott은 1983년 Atlanta에 최초의 Courtyard 호텔을 시장에 공식적으로 진출시켰다. 시험마케팅 결과, 객실 규모를 좀더 줄이는 것, 옷장의 문을 개폐식이 아닌 미닫이로 하는 것이 더욱 효과적임을 파악하고 최종 객실시설을 확정하였다.

9) 상업화(commercialization)

Marriott은 첫 해에만 수천만불의 광고와 판매촉진을 통하여 호텔을 시장에 대거 진출시켰다. 이는 McDonald's가 McDLT 상품 도입시 1주에 5백만불 이상의 광고비를 투입한 이래 기록될 만한 촉진 예산으로 평가되고 있다. 1983년 최초의 호텔 진출 이후, 1986년 1월에 벌써 300개 지역에 개관, 건축, 계약 체결이 될 만큼 시장에서 큰 호응을 얻었던 Courtyard by Marriott은 2인용 조찬 프로그램의 최초 실시 등 철저한 고객조사에 근거한 현재 세계 최고의 가치를 지닌 호텔로 인정받고 있다.

자료 : 정규엽, 호텔 · 관광마케팅, 2004 pp.393-396.

9 가격전략

1) 가격전략의 이해

(1) 가격의 개념

일반적으로 가격이란 제품을 구입하고 그 대가로 지급하는 화폐가치를 의미하는데, 소비자의 입장에서 보면 가격은 소비자가 재화나 서비스를 획득 또는 사용을 통해서 얻게 되는 가치에 대해서 지급하는 대가라고 할 수 있다. 그러므로 가격은 제품의 교환가치로 볼 수 있으며, 좀더 구체적으로 말하면 구매자들이 특정 제품을 구매함으로써 얻게 되는 효용에 부여된 가치라고 할 수 있다.

가격은 일반적인 제품가격 외에 여러 가지 다른 형태나 명칭으로 나타날 수 있는데, 일정기간 건물의 사용에 따른 임대료, 학교에서의 등록금, 직장인의 월급, 은행의 대출이자 등은 모두 가격의 의미를 담고 있다고 할 수 있다.

(2) 가격의 중요성

가격은 소비자의 입장에서 제품을 선택할 때 가장 중요한 결정요인 중 하나로 작용하기 때문에, 마케팅 관리자들 입장에서는 가격을 결정하는 것이 가장 중요한 문제 중 하나가 된다. 기업이 마케팅믹스로 사용하는 도구들 중 가격은 경쟁에 가장 민감한 특성을 가지고 있기 때문에 기업의 입장에서 즉각적인 효과가 발생한다. 그렇기 때문에 가격은 가장 강력한 경쟁도구로의 사용이 가능하지만, 경쟁기업의 즉각적인 모방이 가능하다는 단점을 가지고 있다. 만약 자사가 경쟁우위 확보를 위해 가격을 인하하였는데, 경쟁사가 모방을 하게 되면 기업은 가격인하를 통해 기대했던 목표달성을 이루기 어렵고 수익성의 감소만 가져오게 된다.

특히, 서비스기업들의 경우는 수요가 피크일 때 수요를 감소시키기 위해 가격을 올리기도 하며, 수요가 적을 때에는 가격을 아주 낮게 책정하기도 하는데 영화관의 조조할인, 항공사의 비수기 할인 등이 그 예이다. 이처럼 가격(price)은 서비스 마케팅의 7P믹스 중에서 다른 믹스와는 달리 쉽게 변화시킬 수 있고 가장 빨리 변화의 결과를 얻을 수 있다.

2) 가격결정요인

기업이 자사의 제품이나 서비스에 대해서 가격을 결정할 때에는 기업의 가격목표, 제품에 대한 수요, 원가구조, 경쟁상황, 정부정책 등을 고려해야 한다.

(1) 기업의 가격목표

기업이 가격을 통해서 어떠한 목표를 추구하는지가 가장 먼저 자사의 제품가격을 결정하는 요인으로 작용하게 된다. 이때 가격목표는 단독적으로 결정되어지기보다는 다른 마케팅믹스 변수들과의 관계를 고려하여 결정되어야 하기 때문에 그 기업의 마케팅전략목표에 따라서 기업의 가격목표가 정해지게 된다.

(2) 제품에 대한 수요

제품에 대한 소비자들의 수요에 따라서 가격결정은 달라지게 되는데, 예상되는 수요량이 얼마나 되며, 수요의 가격탄력성이 어느 정도인가에 따라 가격결정에 많은 영향을 미칠 수 있다.

(3) 원가구조

기업의 원가구조는 가격의 하한선을 결정하게 하는데 기업은 생산, 유통, 판매 등에 소요되는 비용을 충당하고 투입한 노력과 위험에 비추어 적당한 이익이 보장되는 가격을 결정하게 된다. 기업이 고려해야 할 원가에는 크게 고정비와 변동비의 두 가지가 있는데, 고정비는 생산 및 판매수입에 관계없이 발생하는 비용으로서 예를 들면 임대료, 직원들의 급여 등이 포함된다. 변동비는 생산수준에 따라 변화하는 비용을 말한다. 원가구조는 생산 및 마케팅과 관련하여 아래와 같은 개념으로 파악할 수 있다.

가) 총고정비

총고정비(total fixed cost)는 생산, 판매되는 양에 관계없이 일정하게 발생하는 비용으로 임대료, 종업원들의 급여, 보험료, 공장 및 설비의 감가상각비 등이 있다.

나) 평균고정비

평균고정비(average fixed cost)는 제품 한 단위에 할당된 고정비용으로 총고정비용을 총제품단위로 나누어 계산한다.

다) 변동비

변동비(variable cost)는 생산에 직결되는 직접노무비와 자재비를 의미한다.

라) 평균변동비

평균변동비(average variable cost)는 생산된 제품단위당 변동비로서 총변동비를 총제품수로 나눈 것이다.

마) 총비용

총비용(total cost)은 총고정비와 변동비의 합계를 말한다.

바) 한계비용

한계비용(marginal cost)은 추가적으로 한 단위를 생산 · 판매함으로써 발생하는 총비용의 증가분이다. 보통 한계비용은 생산량이 적은 수준에서는 급격히 감소하나 일정량 수준 이후에는 추가적 한 단위의 총변동비의 증가 만큼 다시 증가하게 된다.

(4) 경쟁상황

기업은 경쟁기업의 가격과 품질을 파악한 후 자사의 가격결정의 가이드라인으로 사용할 수 있는데, 예를 들면 자사제품과 경쟁제품의 품질이 비슷한 경우 자사제품의 가격은 경쟁제품과 비슷한 선에서 결정되어야 하며, 자사제품의 품질이 경쟁제품보다 떨어지면 가격도 낮게 책정해야 하며, 자사제품의 품질이 경쟁제품보다 높다고 판단이 되면 경쟁제품보다 가격을 높게 책정할 수 있게 된다.

또한, 경쟁기업의 가격을 평가할 때에는 다음과 같은 점을 고려해야 한다(이우용 외, 2003 : 520).

- 산업내에 얼마나 많은 경쟁자가 있는가? 여기에는 대체제의 생산업자도 포함하여 분석해야 한다.
- 그들의 시장점유율과 시장은 어떠한가?
- 그들의 자금동원능력 및 경영능력은 어떠하며 지금까지 이 제품에 어느 정도 투자하여 왔는가?
- 자사와 비교하여 그들의 원가구조는 어떠한가?
- 지금까지 어떠한 가격체계를 유지하여 왔는가?
- 소비자들은 경쟁제품에 어떠한 반응을 하는가?

한편, 경쟁상황과 고려하여 가격 결정시 경쟁자들도 자사의 가격변화에 대응하여 그들의 가격을 변화시킬 수 있다는 점을 고려해야 하기 때문에 가격결정시에는 자사의 가격변화에 대한 경쟁기업들의 반응도 같이 고려해야 한다.

(5) 정부정책

가격결정은 항상 기업의 의지대로만 되는 것이 아니라 특별한 상황하에서는 정부의 정책이나 법적 규제에 의해서 제품의 가격결정이 큰 영향을 받게 된다. 우리나라의 경우 1981년 '공정거래법' 제정 이전까지는 정부의 개입이 매우 직접적인 형태로 나타났기 때문에 주요한 공산품 가격인상을 위해서는 사전에 정부의 허가가 필요했었다. 이러한 상황하에서의 가격인상은 원가인상 요인이 있다고 판단되었을 때에만 가능했기 때문에 상당한 부작용이 초래되었으며, 기업의 입장에서는 이러한 문제 해결을 위해 신제품을 개발하거나 기존제품의 품질을 저하시키는 방법을 사용하였다. 이러한 경우 직접적으로 제품을 사용하는 소비자의 입장에서 품질이 저하된 제품을 사용하게 되고 국산품의 품질향상이나 기술적인 면에서 문제가 발생되었다. 이와 같이 상황에 따라서는 가격에 대한 정부의 직접적인 규제가 가격의 수급조절기능을 약화시키고 여러 가지 문제점을 야기시킬 수도 있다.

3) 가격결정방법

(1) 원가중심 가격결정법

원가를 중심으로 가격을 결정하는 방법에는 원가가산법(markup or cost plus pricing)과 목표수익률법(target profit pricing)이 있다. 원가가산법은 가장 일반적으로 쓰이는 방법으로 원가에 표준이익을 가산하여 가격을 결정하는 방법이다. 목표수익률법은 일정한 표준생산량 하에서의 총원가에 예정된 수익률을 가산함으로써 가격을 결정하는 방법이다. 목표수익률법은 손익분기점(break-even point)을 이용하여 가격을 결정한다.

(2) 수요중심 가격결정법

수요중심 가격결정법이란 기업이 제품을 생산하는 데 들어간 원가가 아니라 소비자가 인식하는 제품의 가치에 따라 가격을 결정하는 방법이다. 이 방법은 소비자가 인식하는 가치에 따라 가격이 결정되는 방법이기 때문에 소비자들의 가치인식의 파악을 위해 일반적으로 소비자 조사를 실시한다.

(3) 경쟁중심 가격결정법

경쟁중심 가격결정법이란 경쟁기업의 가격을 검토한 후 그 가격을 기준으로 자사의 가격을 결정하는 방법이다. 따라서 기업은 경쟁기업의 가격과 비교한 후 시가가격, 저가격, 중가격, 고가격 중 하나를 선택하게 되는데, 여기서 시가가격이란 가격 변화에 가장 영향력을 가진 선도기업이 결정한 가격을 의미한다.

4) 가격전략

가격전략은 기업의 현재와 미래의 경쟁상황을 분석해 보았을 때, 어떤 전략이 가장 효율적인지에 의해서 결정되는데, 기업의 마케팅목표 및 마케팅믹스와 연관지어 결정해야 한다.

이러한 상황에서 단순히 고가격전략, 중가격전략, 저가격전략은 의미가 크지 않기 때문에 경쟁상황 등을 고려하여 상대적 고가격전략, 대등가격전략, 상대적 저가격전략으로 나누어서 생각할 수 있다.

(1) 상대적 고가격전략

상대적 고각격전략(premium pricing strategy)은 자사제품의 가격을 경쟁기업 제품의 가격보다 높게 책정하는 전략으로 자사의 제품이 그 시장에서 우수하거나 명성이 높을 때 사용 가능하다. 상대적 고가격전략은 이미지를 중시하는 고가의류제품이나 전문품 등에서 일반적으로 나타나며, 소비자가 가격에 의해서 제품의 품질을 평가하는 경향이 강하거나 제품이 개인의 사회적 지위나 명예, 건강 등의 상징적 의미를 갖는 경우에 자주 사용되는 가격전략이다(채서일, 2004 : 360).

(2) 대등가격전략

대등가격전략(parity pricing strategy)이란 기업이 경쟁기업 제품의 가격과 동일하거나 거의 비슷한 수준으로 가격을 책정하는 전략을 말한다. 대등가격전략은 시장의 수요가 가격에 대해 탄력적이지 않고, 경쟁기업의 가격인하에 대해서 동일한 수준의 가격으로 대응이 가능할 때 사용된다. 기업이 대등가격전략을 구사할 때에는 마케팅전략에서 가격이 차지하는 비중이 그만큼 줄어들고 제품, 유통, 촉진과 같은 다른 마케팅믹스 요소들이 보다 더 중요한 역할을 하게 된다.

(3) 상대적 저가격전략

상대적 저가격전략(value pricing strategy)이란 경쟁기업보다 낮은 가격을 책정함으로써 철저하게 생산규모와 판매량을 늘리는 데 목적이 있을 경우 사용되는 가격전략의 유형이다.

상대적 저가격전략은 수요의 탄력성이 높아 소비자가 가격에 대해 민감한 반응을 보일 때나 자사가 진출하려고 하는 시장에 경쟁기업의 수가 너무 많을 경우에 사용될 수 있으며, 이 전략을 구사하려면 경쟁기업들에 비해서 원가구조상의 우위를 가지고 있어야 한다.

5) 서비스 가격전략

서비스기업들이 가격전략을 구사하는데 있어서 가장 중요한 점은 어떤 수준의 가격을 책정하는가에 관한 문제라고 할 수 있지만, 이외에도 서비스 가격전략과 관련해서 몇 가지 목표를 설정해야 한다(이유재, 2004, p.175).

표 12-1 서비스 가격전략의 실제적 이유

서비스가격전략의 이슈	내용
특정서비스에 대한 가격책정	- 서비스 조직은 어떠한 원가를 보전하려 하는가와 관련된 문제 - 서비스 조직의 특정이익 마진이나 투자수익률을 얻고자 하는 노력과 관련된 문제 - 소비자들의 상이한 가격에 대한 민감도와 관련된 문제 - 경쟁기업의 가격과 관련된 문제 - 기본적인 가격으로부터 소비자에게 어느 정도의 할인을 제공할 수 있는 것과 관련된 문제 - 심리적인 가격결정이 관례적으로 이용되는지와 관련된 문제
가격결정의 원천	- 특정업무의 수행 - 서비스 시설에 대한 입장 - 시간단위(시간, 주, 월, 연) - 거래금액에 대한 수수료 비율 - 소비되는 물질적 자원 - 지리적 거리나 제공되는 서비스의 중량이나 크기 - 각각의 서비스 요소들이 개별적으로 수금되는지와 관련된 문제 - 패키지에 대해 하나의 가격이 부과되어야 되는지와 관련된 문제
지급금액 수금 주체 관련	- 서비스를 제공하는 조직 - 전문적인 중개인 - 중개인은 중개를 통하여 얼마나 보상받아야 하는가와 관련된 문제
지급장소	- 서비스가 제공되는 장소 - 편리한 소매대리점 또는 금융중개인 - 구매자의 가정(우편, 전화, 인터넷 등)
지급시기	- 서비스 제공 전이나 제공 후 - 하루 중 아무 시간이나 - 일주일 중 무슨 요일
지급방식	- 현금 및 수표 - 신용, 직불카드 - 서비스 제공자와의 신용거래 - 상품권 - 온라인 결제
목표시장에 알리는 가격 관련	- 어떤 커뮤니케이션 매체를 통해서 알리는 것과 관련된 문제 - 어떤 메시지를 전달하는가와 관련된 문제

10 유통전략

1) 유통전략의 이해

유통이란 생산된 제품이나 서비스를 소비자에게 이전하는 과정을 의미하며, 유통산업이란 도매상과 소매상 및 물적 유통기관 등과 같이 유통기능을 수행하고 지원하는 유통기구들의 집합을 말한다. 유통경로(channel of distribution)란 제조업자 → 도매상 → 소매상 → 소비자 형태와 같이 제품이나 서비스가 생산자로부터 소비자에게 이전되어 가는 과정에 거치는 경로이며, 이때의 유통경로는 제품 · 가격 · 촉진과 함께 마케팅믹스 구성요소의 하나가 된다.

2) 호텔관광기업의 유통

유통의 기본적인 기능은 판매자의 상품을 효율적으로 시장에 전달하고 시장에서 얻은 정보를 수집하여 판매자에게 전달시켜 주는 역할을 하는 것이다. 일반적으로 관광유통은 관광공급업자와 소비자인 관광객 사이에 여행사와 같은 알선업체가 유통을 담당한다.

다시 말해서 관광유통은 관광공급업자가 관광객을 위한 시설, 호텔, 항공사, 테마파크, 리조트, 렌터카 등의 관광상품을 여행사에 제공하고 여행사는 관광공급자의 관광상품을 받아 관광객에게 판매하는 유통구조를 가지고 있다. 그러나 관광상품은 제품처럼 제조업자 → 도매상 → 소매상 → 소비자의 유통과정을 반드시 거치지 않는 경우가 많다.

예를 들어 관광객이 직접 호텔과 항공사에 예약을 하고 현지관광도 관광객이 현지에서 직접 수배하는 것이 가능하기 때문이다. 특히 호텔 숙박 또는 항공좌석 등 단일 관광상품만을 이용할 경우 유통과정을 거치지 않고 직접 구매하는 경우가 많이 있다(이정학, 2003 : 173).

11 촉진전략

1) 촉진전략의 이해

(1) 촉진의 개념

촉진(promotion)이란 기업의 제품이나 서비스를 주어진 가격에 구매하거나 구매를 계속하도록 유도할 목적으로 제품 또는 서비스의 성능이나 가치에 대하여 현재 및 잠재고객을 대상으로 정보를 제공하거나 설득하는 것과 관련된 마케팅 노력의 일체를 의미한다(Robertson, 1971 : 43-44; 김종의 외, 2003:284 재인용). 즉 촉진이란 마케터가 자사의 제품이나 서비스를 경쟁기업의 제품이나 서비스보다 우수하다는 것을 고객들에게 알려서 그들로 하여금 제품을 구매하도록 유도하기 위해 판촉, 광고, 홍보 등의 수단을 활용하여 정보를 제공하고 설득하는 종합적인 활동을 의미한다.

위에서 설명한 바와 같이 촉진은 일종의 커뮤니케이션(communication)이라고 할 수 있으며, 이러한 촉진수단으로는 광고, PR, 인적판매, 판매촉진 등이 있다.

촉진전략은 푸시전략(push strategy)과 풀전략(pull strategy)으로 분류할 수 있다. 푸시전략은 제조업자가 중간상을 대상으로 적극적인 촉진전략을 사용하여 도매상이나 소매상들이 자사의 제품을 적극적으로 판매하도록 유도하는 전략이며 푸시전략에서는 중간상 판촉의 중요성이 증가하게 된다. 풀전략이란 최종소비자들을 대상으로 적극적인 촉진을 사용하여 소비자가 자사의 제품이나 서비스를 적극적으로 찾게 함으로써 중간상들이 자발적으로 자사의 제품을 취급하게 만드는 전략을 말한다.

(2) 촉진의 기능

가) 정보제공

잠재고객이 어떤 제품을 구매하려면 우선 그 제품에 대한 지식을 필요로 하기 때문에 정보제공(informing)은 촉진의 가장 기본적이고 중요한 기능이라고 할 수 있다. 정보제공적 촉진기능은 기업이 신제품을 출시하여 본원적 수요를 창출하고자 하는 경우에 특히 중요시되는데 신제품을 출시한 기업은 제품의 구매를 촉구하기보다는 그 제품의 존재가치나 특성 또는 경쟁제품보다 우수함을 알려주는 촉진활동을 하게 된다.

예를 들어 새로운 영화에 대해 광고하는 두 가지 주요한 이유는 잠재관객에게 그 영화를 알리는 것과 언제 극장에서 상영될 것인가를 알리는 것이라고 할 수 있다.

나) 설득

설득(persuading)기능이란 소비자의 구매행동에 영향을 끼칠 목적으로 긍정적이고 호의적인 소비자 태도를 개발하거나 재강화하기 위해 노력하는 촉진활동을 의미한다.

경쟁기업이 자사와 유사한 제품을 공급하고 있는 경쟁적 시장상황이라면, 마케터는 자사제품의 비교우위적 특성을 부각시켜 표적고객들로 하여금 자사의 제품을 구매하도록 설득하여야 한다.

다) 회상

소비자들이 자사 상표에 대하여 잘 알고 있으면서 긍정적일 경우 촉진의 주요한 목표는 회상(reminding)이 된다. 그 이유는 소비자가 자사의 제품에 대한 선호도가 높더라도 경쟁기업의 여러 촉진도구에 끌릴 수 있기 때문에 소비자에게 자사제품의 장점을 회상시키고 소비자들이 올바른 선택을 하고 있다는 것을 다시 확인시키기 위해서이다. 회상기능은 주로 제품수명 주기상 성숙기 제품의 중요한 촉진목표가 된다.

2) 촉진수단

(1) 광고

가) 광고의 이해

① 광고의 어원

광고는 영어로 'advertising'인데, 이 말은 라틴어의 'adverter'라는 말에서 나온 것으로 "돌아보게 하다", "주의를 돌리다", "마음을 어디로 향하게 한다"라는 뜻을 가지고 있다. 위에서 언급된 영어의 의미 외에도 독일어, 불어 등을 종합해 볼 때, 광고라는 말을 어원적으로 종합해 볼 때 "반복하여 부르짖어 주의를 끌어 마음을 향하게 하는 것"이라고 할 수 있다.

이와 같은 광고의 어원적인 뜻은 오늘날 광고가 소비자들의 주의를 끌기 위해 갖가지의 광고기법을 동원하는 것과 무관하지 않다. 그런데 라틴어 'adverter'에서 유래한 영어의 'advertising'은 광고세계가 복잡해짐에 따라 'advertisement', 'commercial'로 세분화되어 그 의미를 조금씩 달리하고 있다. 'advertising'은 광고행위 또는 광고과정을 뜻하고, 'advertisement'는 광고물 또는 광고 메시지를 지칭한다.

즉 'advertisement'는 'advertising'의 하위개념으로서 'advertising'의 일부를 말한다. 그래서 일반적으로 광고라고 하면 대개는 영어의 advertising의 의미를 일컫는다. 'commercial'은 상업방송광고의 메시지를 지칭할 때 쓰여지지만, 대개는 방송광고를 지칭할 때 쓰여지는 말이다. 우리나라 말로 '광고'는 사전적 의미로 "널리 알리다"라는 뜻을 지니고 있지만, 좁은 의미로는 광고작품 또는 광고메시지를 지칭하는 것으로 'advertisement'의 의미로 쓰이기도 하고 또 광고활동 또는 광고행위라는 넓은 뜻의 'advertising'으로 쓰이기도 해 흔히 광고라고 지칭할 경우 이 두 가지의 이중적인 뜻을 가지고 있다(송용섭외, 1989 : 46-47).

② 광고의 정의

일반적으로 광고(advertising)란 자신의 이름을 밝힌 광고주가 사람의 대화가 아닌 정보전달의 매체를 이용하여 어떤 상품(서비스, 생각, 사람, 조직단체 등 포함)을 특정 대상에게 소개하거나 판매를 촉진하는 활동으로 정의할 수 있는데 여러 학자들에 의해서 다양하게 정의되어지고 있다.

나) 광고의 구성요소

모든 광고에는 광고의 주체, 초점, 대상, 매체, 목적 등이 있어야 한다.

① 광고의 주체

모든 광고에는 광고의 주체가 있어야 하는데 이를 광고주라 한다. 광고주는 광고에서 선전하는 상품의 소유자이며 광고비를 부담하는 당사자이다.

② 광고의 초점

모든 광고에는 초점이 있어야 하는데, 일반적으로 초점이란 상품 자체를 의미하는데 더 정확하게 말하면 상품에 대해 알리고자 하는 내용을 의미한다.

③ 광고의 대상

모든 광고에는 대상이 있어야 하는데 광고의 대상을 표적청중이라고 한다. 그 표적청중이 정해져야만 적합한 메시지와 매체가 정해질 수 있다.

④ 광고매체

마케터는 수많은 소비자와 직접 커뮤니케이션을 할 수 없기 때문에 이를 가능하게 하는 연결고리가 필요하다.

⑤ 광고의 목적

모든 광고는 사용하는 목적이 있어야 하며 또한 그 성과에 대한 평가가 필요하다. 광고는 상품을 소개하거나 판매를 촉진하기 위해 사용되는데, 광고의 효과는 상당히 다양하므로 다목적으로 사용이 가능하고 각 목적별로 어느 정도의 효과 측정이 가능하다.

다) 광고의 기능

광고는 마케팅 커뮤니케이션 활동의 하나로서 상품에 관한 여러 가지 정보를 전달하고, 직접적으로 판매를 촉진하는 것을 기본기능으로 한다.

하지만 광고주는 상품을 소개하거나 판매를 촉진하는 과정에서 다양한 마케팅적, 경제적, 사회적, 문화적 기능을 수행하게 된다(한민희 · 장대련, 2002 : pp.13~18 참조).

① 마케팅적 기능

첫째, 광고는 소비자를 교육하는 기능을 하는데 고객의 학습을 필요로 하는 새로운 상품의 광고나 사회적으로 바람직한 운동을 전개하는 광고에는 고객을 교육하려는 내용이 많이 포함된다. 둘째, 광고는 상품의 가치를 증가시키는 기능을 하는데 특히 광고는 무형적인 측면의 상품가지치 증가에 기여한다. 예를 들어 상품의 중요한 가치 중 하나가 브랜드인데 광고는 소비자가 느끼는 브랜드에 관련된 상징적인 가치를 높여줄 때가 많다.

셋째, 광고는 새로운 정보를 창출하며, 넷째, 광고는 유통측면에서 판로를 확보하는데 도움을 준다. 특히 신상품의 경우 광고를 많이 하는 것은 소비자를 상점으로 끌어당김으로써 소매상에서 그 상품을 진열하도록 촉진하는 계기가 될 수 있다.

또한, 아래에 설명되어 있는 경제적, 사회적, 문화적 기능들도 대부분 마케팅 차원에서 활용될 수 있는 것이다.

② 경제적 기능

광고의 경제적 기능을 살펴보면 광고는 대량생산을 촉진하여 경제성장에 기여한다. 둘째, 광고는 자원의 분배에 영향을 미치는데 광고는 기업의 수익성이 높은 사업부문에 자원을 보다 집중시키는 측면이 있으며, 경제성이 부족한 사회적 필수재의 경우 자원분배를 더욱 어렵게 만드는 측면도 있다. 또한 광고는 상품을 차별화 함으로써 기업의 독점력을 높이는 역할도 한다.

③ 사회적 기능

사회적인 측면에서 광고는 사회마케팅(social marketing)의 수단으로 활용되어 사회변화에 중요한 영향력을 행사한다. 광고는 한 사회에 존재하는 여러 가지 가치관을 반영하면서 그 가치관을 더욱 강화시킬 수도 있고, 약화시킬 수도 있다. 예를 들면 해외 유명제품의 광고는 소비자들로 하여금 해외 유명제품을 선호하는 경향을 야기시킬 수 있다. 둘째, 광고는 제조업체에게 소비자와 직접적으로 의사소통할 수 있는 경로를 제공한다.

④ 문화적 기능

광고는 문화를 상품화시키는 중요한 수단이 될 수 있다. 관광은 문화를 상품화하는 대표적인 예로서 광고에 크게 의존하는 상품이다. 또한, 광고는 서로 다른 문화권 간의 상호영향을 조장하는 역할을 한다. 광고는 특히 서구세계의 소비문화를 세계 전역에 일방적으로 전파하여 여러 문제를 야기시키기도 한다. 우리는 소비문화 외에도 다른 문화권 간의 영향을 광고에서 볼 수 있다.

라) 광고매체

광고주는 광고매체를 선정하기 위하여 광고의 목적, 메시지 요건, 구매결정의 시기와 장소, 비용 등을 신중하게 고려해야 한다.

(2) 홍보

홍보(publicity)란 대가를 지급하지 않고 TV, 라디오, 신문, 매체 등의 비인적매체를 이용하여 제품 및 서비스에 관한 소식을 고객에게 제공하는 활동을 말한다. 홍보는 다음과 같은 특성을 가지고 있다. 첫째, 홍보는 비용을 기업이 부담하지 않고 매체회사가 부담함으로써 무료로 이루어진다. 둘째, 매체회사의 주관하에 뉴스형태로 정보가 제공되기 때문에 광고와 비교해서 훨씬 소비자들의 신뢰도가 높다. 셋째, 매체의 사정에 따라 모든 것이 결정되고 진행되기 때문에 뉴스 형태로 제공되는 자사 관련기사 내용이나 정보제공시간 등에 대해 통제의 어려움이 있다.

(3) PR

PR(public relations)은 기업 이미지를 제고시킬 목적으로 각종 간행물을 발행하고, 자선단체를 지원하며, 지역사회 봉사활동을 하는 등 고객뿐만 아니라 일반대중에게 직·간접의 편익과 혜택을 제공하는 활동을 말한다. PR의 궁극적인 목적은 이미지 제고를 통해서 자사제품이나 브랜드의 선호도를 높이려는 데 있다.

(4) 인적판매

가) 인적판매의 개념

인적판매(personal selling)란 판매원을 통해 잠재고객에게 제품에 대한 정보를 제공하고 구매하도록 설득하는 촉진수단으로 방문판매나 점원의 구매권유 행위가 그 대표적인 예이다.

일반적으로 인적판매의 목적은 예상고객을 찾고, 그들에게 구매하도록 확신시키며, 구매결과에 대해 만족감을 갖도록 하는 데 있다. 대부분의 잠재 구매자들은 제품을 구매하기 전에 정보를 탐색하기 때문에 판매원은 먼저 그들의 정보욕구를 확인한 다음 관련되는 정보를 제공해야 한다.

나) 인적판매의 장점 및 단점

인적판매는 다음과 같은 장점과 단점을 가지고 있다.

① 장점

- 고객과 판매원이 양방향 커뮤니케이션(two-ways communication)을 하기 때문에 고객이 많은 정보를 접할 수 있다.
- 다른 촉진도구들과 비교할 때 보다 효과적으로 표적시장의 핵심고객을 겨냥할 수 있다.
- 고객과 판매자 사이의 적극적인 상호작용이 일어나기 때문에 특정한 고객의 욕구에 유연성 있게 대처할 수 있다.

• 고객반응에 대해서 즉각적인 피드백이 이루어질 수 있으며 고객들과 장기적인 관계를 구축할 수 있다.

② 단점

• 판매원이 접촉할 수 있는 고객의 수가 한정되어 있기 때문에 촉진의 속도가 매우 느린 편이다.
• 고객 한 명에 대해서 많은 촉진비용이 사용된다.
• 유능한 판매원을 선발, 교육, 훈련하는 데 비용이 많이 들며, 유능한 판매원을 확보해서 유지하는 데 어려움이 따른다.

(5) 판매촉진

판매촉진(sales promotion)이란 기업이 소비자들의 즉각적인 반응을 유발시켜 단기적으로 매출을 증대시키기 위하여 사용하는 모든 수단을 의미한다. 소비자 판매촉진의 목적은 대량구매와 충동구매를 자극하고, 비사용자의 시험사용을 유도할 뿐만 아니라 경쟁제품을 사용하는 고객을 자사의 고객으로 전환시키려는 목적을 가지고 진행된다. 소비자 판매촉진 기법들로는 견본, 쿠폰, 프리미엄, 현금환급, 소액할인, 무료시용, 연계촉진 등이 있다.

(6) 직접마케팅

직접마케팅(direct marketing)은 대중매체나 판매원을 활용하지 않고 고객에게 직접 다양한 방법으로 커뮤니케이션을 하는 촉진활동을 의미하며 직접마케팅의 방법으로는 DM(direct mail)을 발송하거나, 텔레마케팅(telemarketing), 이메일 등을 통한 촉진활동이 있다. 직접마케팅은 고객에게 맞춤정보를 제공할 수 있는 장점이 있지만, 촉진속도가 느리고 비용이 많이 들 뿐만 아니라 제한된 시간 내에 접근할 수 있는 고객의 수가 제한적이라는 단점이 있다.

12 국제마케팅의 이해

국제마케팅에 대해서 여러 가지 다양한 연구들이 진행되고 있지만 아직까지 명확한 개념정립은 이루어지지 않고 있다. 일반적으로 국제마케팅을 정의하면 다국적기업이 수행하는 마케팅으로 국경을 넘어서 일어나는 모든 형태의 마케팅활동으로 정의할 수 있다.

국제마케팅의 형태는 크게 두 가지로 분류해 볼 수 있는데, 한 가지는 국내에서 해외로 마케팅활동을 펼치는 형태이고, 다른 한 가지는 해외시장에서 직접 현지 소비자들을 대상으로 마케팅활동을 하는 것이다.

국제마케팅을 국내마케팅과 비교해보면, 마케팅의 기본적인 개념과 마케팅믹스는 차이점이 없지만, 각 나라마다 처한 상황이 다르기 때문에 이러한 상황들에 어떻게 대처해 나가야 되는지의 문제점이 있다.

1) 국제마케팅의 개념

국제마케팅에 대해서 여러 가지 다양한 연구들이 진행되고 있지만 아직까지 명확한 개념정립은 이루어지지 않고 있다. 일반적으로 국제마케팅을 정의하면 다국적기업이 수행하는 마케팅으로 국경을 넘어서 일어나는 모든 형태의 마케팅활동으로 정의할 수 있다.

국제마케팅의 형태는 크게 두 가지로 분류해 볼 수 있는데, 한 가지는 국내에서 해외로 마케팅활동을 펼치는 형태이고, 다른 한 가지는 해외시장에서 직접 현지 소비자들을 대상으로 마케팅활동을 하는 것이다.

국제마케팅을 국내마케팅과 비교해보면, 마케팅의 기본적인 개념과 마케팅믹스는 차이점이 없지만, 각 나라마다 처한 상황이 다르기 때문에 이러한 상황들에 어떻게 대처해 나가야 되는지의 문제점이 있다.

2) 국제마케팅 환경

(1) 정치적 환경

국제마케팅에 있어서 정치적 환경(political environment)은 그 나라가 정치적으로 얼마나 위험하지 않고 안정되었는지를 의미한다. 아직까지 정치적 위험의 개념에 대해서는 엇갈린 주장이 제기되고 있다.

미국의 Kobrin은 정치적 위험을 "정치적 사전이나 과정에 의하여 야기된 잠재적으로 심각한 경영상의 위험(Potentially significant managerial contingencies generated by political events and processes)"으로 정의하였다.

정치적 위험의 구체적인 예를 들어보면, 외국기업에 대한 테러행위와 인종갈등 및 현지국 정부와의 갈등 등을 들 수 있다.

다음은 『Euromoney』라는 잡지에서 매 분기별로 발표하는 각 국가별 정치적 위험순위이다.

정치적 위험을 예측하고 평가하려는 노력은 다음의 세 가지 필요성에 의해 계속되어 왔다. 첫째, 미래의 위험한 국가를 미리 찾아내어 기업의 노출을 최소화하려는 필요성이다. 둘째, 필요 이상으로 정치적으로 불안정이 과다평가되었던 국가나 정치적 환경이 개선된 국가를 찾아내어 진출을 고려할 필요성이다. 셋째, 정치적으로 위험하나 진출대상에서 자동적으로 제외될 정도로 위험하지 않은 국가를 확인할 틀을 마련할 필요성이다(이철 · 장대련, 1999 : p.119).

일반적으로 정치적 위험을 평가하기 위해 다음 4가지 방법이 많이 사용된다(이철 · 장대련, 1999 : p.120).

- **현지조사방법**

현지조사방법(grand tour)은 진출을 고려하는 국가에 경영자가 직접 방문하는 방법이다.

• 고문사용방법

고문(old hand)사용방법은 기업외부의 그 지역에 대한 전문가의 자문을 받는 방법이다.

• 델파이법

델파이(Delphi)법은 전문가들에게 특정문제에 대한 독립적인 의견을 같이 나누게 함으로써 수렴된 의견을 모으는 방법이다. 델파이법을 사용하여 정치적 위험을 평가하는 대표적인 기업이 BERI(Business Environment Risk Index) 시스템이다. 이 시스템은 매년 약 45개 국가를 선정하여 100명의 전문가로 심사위원회를 구성하여 각 심사위원으로 하여금 특정국의 정치적 변수에 대하여 평가를 하도록 한다. 첫 번째 평가 후 각 심사위원은 다른 심사위원들의 평가가 종합된 결과를 보고받으며, 이것을 기준으로 자기의 초기평가를 수정할 수 있다. 이와 같은 과정을 몇 차례 반복한 후 최종적으로 특정국가의 정치적 위험에 관한 최종평가가 결정된다.

• 계량적 방법

최근 많은 기업들은 정치적 위험을 보다 객관적으로 평가하기 위해서 계량적 방법(quantitative method)을 사용한다. 많은 계량적 방법 중에 주로 많이 쓰이는 방법이 판별분석방법이다. 이 방법은 정치적 사건의 발생가능성을 예측하기 위하여 계량화할 수 있는 요인들 사이에 수학적 관계를 개발하는 것을 의미한다.

(2) 경제적 환경

국제마케팅의 경제적 환경(economical environment)에 영향을 미치는 요인은 크게 글로벌 경제환경과 개별적인 해외시장의 경제적 환경으로 나누어 볼 수 있다.

글로벌 경제환경은 시장의 글로벌화 지역경제의 통합으로 요약할 수 있다. 시장의 글로벌화는 전 세계시장이 무역장벽의 철폐와 정보통신 및 교통수단의 발달로 하나의 경제시스템으로 통합되는 경향을 나타내고 있는 것을 의미한다.

지역경제의 통합은 시장의 글로벌화와 함께 글로벌 경제환경의 주요한 경향으로 나타나고 있는데, 한 지역 내의 여러 국가들이 상호간에 관세 및 비관세장벽을 철폐하여 재화 및 서비스와 생산요소가 자유롭게 이동하도록 보장하는 협정을 의미한다.

개별적인 해외시장의 경제환경으로는 소득수준 · 인구 · 물가수준 · 상승률 등을 꼽을 수 있다.

첫째, 소득수준은 국제마케팅 환경에서 대부분의 제품의 경우 소득수준이 그 지역의 시장잠재력을 나타내는 중요한 경제적 지표가 된다.

둘째는 인구인데, 해외시장 잠재력을 측정하는 중요한 지표가 인구수이다. 특히 가격이 저렴한 소비재의 경우는 인구가 소득수준보다 시장잠재력을 나타내는 데 있어서 우선적인 지표가 될 수 있다.

셋째는 물가수준 및 상승률이다. 인플레이션(inflation)은 소비자들의 구매력에 영향을 미치고, 마케팅관리자의 계획을 어렵게 만드는 요인이 된다. 물가상승률이 높은 국가에서는 국제마케팅관리자가 보다 경제적인 제품을 만들어야 하며, 판촉(promotion)도 보다 합리적으로 해야 한다.

(3) 문화적 환경

국제경영환경에서 문화적 차이를 발견하려는 노력은 여러 학자들에 의해서 꾸준히 진행되어 왔지만, 특히 Hofstede의 연구는 각국의 문화적 차이를 실증적으로 제시했다는 점에서 중요한 연구로 평가받고 있다. Hofstede의 연구에 의하면 각국의 문화적 차이는 크게 네 가지 차원으로 분류할 수 있다.

첫째는 권력거리(power distance)인데, 이는 사회 내에서 부와 권력이 불평등하게 배분되어 있다거나 편중되어 있을 경우 이를 어느 정도 수용하는가 하는 것을 의미한다. 권력거리가 큰 문화에서는 권력과 부의 불균등성이 점차 확대되는 추세를 보이고, 권력거리가 낮은 문화에서는 사람들이 가능하면 이러한 격차를 줄이려고 노력하는 성향을 보인다.

둘째는 개인주의와 집단주의적 성향(individualism vs collectivism)인데, 이것은 사람들이 얼마나 개인주의적이거나 집단주의적 성향을 보이는가를 의미한다. 개인주의적인 사회에서는 개인들 간의 연계가 느슨하고 개인의 성취와 자유가 높게 평가되며, 집단주의적 사회에서는 개인간의 관계가 밀접하게 연계되어 있다.

셋째는 불확실성의 회피(uncertainty avoidance)이다. 불확실성의 회피란 사람들이 모호한 상황이나 불확실성을 용인하는 정도를 의미한다. 불확실성 회피성향이 높은 문화에 있는 사람들은 직업안정성이나 직급의 승진 패턴에 대해서 상당히 높은 가치를 부여하며, 관리자들이 아주 분명한 지시를 내려 줄 것을 기대한다. 반면에 불확실성 회피성향이 낮은 문화에서는 변화에 대해서 두려워하지 않으며, 위험을 극복하려는 성향이 높게 나타난다.

넷째는 남성다움과 여성다움(masculinity vs femininity)의 성역할을 나타낸다. 남성중심적인 문화에서는 남녀간의 역할분담이 이루어져 있고, 성취감이나 자기주장 및 물질적인 성공에 대해서 강한 선호를 나타낸다. 반면에 여성중심적인 성향이 강한 문화에서는 복지와 화목에 더 높은 가치를 두는 경향이 있다.

Hofstede는 이와 같은 4개의 측면에서 각국의 문화가 어떠한 성격을 갖는지를 0에서 100사이로 점수화하였다. Hofstede의 연구는 각 국가별로 문화차이를 계량적으로 측정하는 틀을 제시한 것에 대한 기여가 있지만 몇 가지 문제점도 발견할 수 있다. 첫째, Hofstede의 표본이 일반화되기 어려운 문제점이 있다. 둘째, 각 국가별로 여러 개의 문화가 존재하기 때문에 각 국가마다 하나의 문화적인 단위를 측정해서 이를 비교하는 것은 만약 한 국가에 이질적인 문제가 혼재하는 경우 오류가 발생할 수 있다. 한편, 최근에는 급속하게 국제경영환경이 변화하기 때문에 Hofstede의 연구를 지금 해당국가에 적용하는 것은 문제점이 있을 수 있다(장세진, 2004 : pp.150~151).

3) 국제관광마케팅의 절차

(1) 국제관광 시장조사

국제관광마케팅활동의 가장 우선되는 절차는 시장조사(market research)이다. 시장조사의 대상이 외국인 또는 외국의 환경이기 때문에 시장의 특성에 대한 정확한 인식이 없이는 시장조사는 무의미해지고 만다. 즉 국제관광에 있어 시장조사는 국제관광 수요시장의 환경 및 관광동향을 조사하고 연구하여 관광객이 무엇을 원하는지를 찾아내는 것이다. 국제관광환경은 국내관광환경과 달리 매우 다양하고 복잡하기 때문에 각각의 시장특성을 파악하는 것이 중요하다.

(2) 국제관광시장 마케팅계획

국제관광마케팅에 있어서 두 번째 절차는 국제관광시장 마케팅계획을 수립하는 것이다. 이는 잠재관광객이 모여 있는 특정시장을 목표로 하여 마케팅목표를 명시하고, 이에 따른 수단을 활용하여 시간과 장소 및 노력에 따라 추진되어야 하는 시장활동의 예측계획을 의미한다. 마케팅계획은 기업경영활동의 미래지향적 설정을 의미하는 것으로서 목표의 설정과 기본계획의 수립 및 계획의 평가 등의 절차로 진행된다.

(3) 국제관광시장 마케팅활동

국제관광시장의 마케팅활동으로는 국제관광시장의 촉진활동을 들 수 있는데, 이는 대상의 해외시장에 대하여 관광시장 · 관광대상 · 관광특성 · 관광시설 등에 대하여 정확한 지식을 제공하고 독특한 관광매력을 전파시킴으로써 고객에게 관광동기를 일으키게 하고 관광의욕을 자극시키는 각종 촉진활동을 실시하는 것을 의미한다(박상수, 2004 : pp.389~401 재작성).

(4) 서비스마케팅믹스

서비스마케팅믹스는 전통적 마케팅믹스인 제품(product), 가격(price), 유통(place), 촉진(promotion)과 더불어 사람(people), 물리적 증거(physical evidence), 과정(process)의 세 가지 부분이 추가되어 일반적으로 7P라고 불리며, 서비스마케팅믹스와 관련된 내용의 요약은 다음과 같다.

사람	물리적 증거	과정
- 종업원(고용, 훈련, 동기부여, 보상, 팀워크) - 고객(교육, 훈련) - 문화 및 가치에 대한 커뮤니케이션 - 종업원 조사	- 시설디자인(탐미성, 기능성, 분위기) - 장비 - 종업원 복장 - 기타 유형물(보고서, 명함, 소개서, 품질보증서)	- 활동흐름(표준화, 맞춤화) - 단계(단순, 복잡) - 고객참여수준

자료 : Zeithmal and Bitner(1996), Service Marketing, New York : The Mcgraw Hill, p.25.

13 서비스 프로세스

1) 서비스 프로세스의 개념

서비스 프로세스란 서비스가 전달되는 절차 또는 활동들의 흐름을 의미한다. 고객이 경험하는 서비스는 일정한 결과물을 갖는 경우도 있지만, 많은 서비스가 일련의 과정(process)이며 흐름(flow)의 형태로 전달되기 때문에 서비스 프로세스는 서비스 상품 그 자체이기도 하지만 동시에 서비스 전달과정인 유통의 특성도 가지고 있다고 할 수 있다. 서비스의 특성상 서비스는 생산과 소비의 동시성과 저장의 불가능성이라는 특성을 가지고 있기 때문에 고객과 밀접하게 관련되어 있다고 할 수 있는데, 예를 들어, 호텔에 투숙하는 고객의 경우 숙박을 목적으로 호텔에 가는 것이지만, 호텔에 도착하여 체크인하는 과정에서부터 객실로 안내되기까지의 과정도 매우 중요한 부분이라고 할 수 있다.

서비스 프로세스에서 중요한 부분은 서비스 프로세스의 표준화(standardization)와 고객화(customization)의 문제라고 할 수 있는데, 일반적으로 표준화는 주로 제품의 생산부분에서 많이 사용되는 개념이지만 서비스에서도 서비스의 프로세스를 구체적인 규칙과 기준을 적용하여 표준화할 수 있다고 할 수 있다. 예를 들어, 항공산업의 경우 미국의 사우스웨스트 항공사는 가격이 저렴한 대신 기내에서 음료나 식사를 제공하지 않는 프로세스를 표준화한 사례라고 할 수 있다.

2) 서비스 프로세스 관리

서비스의 프로세스는 구매 전 대기관리, 결정적인 순간인 MOT(Moment of Truth), 구매 후 관리 등으로 구분해서 관리할 수 있으며, 각 프로세스에 관련된 설명은 다음과 같다.

(1) 구매 전 대기관리

대기란 고객이 서비스를 받을 준비가 되어 있는 시간부터 서비스가 시작되기까지의 시간을 의미하는데, 호텔에서 체크인부터 객실로 안내되기까지의 과정, 음식점에서 음식을 주문한 후 대기하는 과정, 병원에서 진료를 위해 대기하는 과정 등의 예를 들 수 있다. 이러한 대기는 서비스의 특성상 어쩔 수 없이 일어나는 상황이지만 모든 고객들이 이러한 상황에 대해서 이해하는 정도가 같지 않으며, 기업의 입장에서는 이러한 대기시간을 효과적으로 관리하는 것은 고객에게 만족도를 높여줄 수 있기도 하지만, 반대로 고객의 만족도에 부정적인 영향을 미칠 수도 있기 때문에 구매전 대기관리는 기업에게는 매우 중요한 부분이라고 할 수 있다. 대기관리의 방법을 살펴보면, 물론 가장 바람직한 관리기법은 예약을 미리 받아서 고객이 도착하자마자 서비스를 제공하는 방법이지만, 현실적으로 실행하는데 여러 어려움이 발생하기 때문에 공정한 대기시스템 구축, 서비스가 시작되었다는 인식을 고객에게 심어주기, 대기시간에 관한 정보제공, 고객에게 집중한다는 인식 심어 주기 등을 활용할 수 있다.

(2) MOT

결정적인 순간(Moment of Truth)은 고객이 기업의 종업원 또는 특정 자원과 접촉하는 그 서비스의 품질에 대한 인식에 영향을 미치는 상황을 의미한다. 이러한 순간은 서비스 접점(service encounter)에서 서비스에 대한 생생한 인상이 고객에게 형성되어 고객이 인지하는 서비스의 품질에 영향을 미치는 결정적인 역할을 하게 되기 때문에 매우 중요한 순간이라고 할 수 있다. 서비스에서 결정적인 순간의 개념을 도입해 사용한 사람은 스칸디나비아 항공의 Jan Carlson인데, 그는 한 해에 천만 명의 승객이 각각 5명의 스칸디나비아 항공의 종업원과 접촉했다는 것을 강조하며, 1회 접촉시간이 평균 15초인데 이 짧은 시간에 1년간 5천만번의 고객의 마음에 스칸디나비아 항공의 이미지를 심은 것이라고 하였다. 또한, 매 순간마다 종업원들이 스칸디나비아 항공사의 이미지를 결정하기 때문에 매순간이 매우 중요하다고 하였다. 이러한 결정적인 순간은 위에서 언급된 스칸디나비아 항공사의 사례뿐만 아니라 특히 호텔, 여행사, 레스토랑 등 환대산업에서는 매우 중요한 부분인데, 예를 들어, 호텔의 경우 고객들은 종업원과 서비스 접점에서 부딪히는 순간뿐만 아니라 외형적인 건물을 볼 때라던지, 로비에 들어섰을 때에도 결정적인 순간을 가질 수 있기 때문에 환대산업에 있어서 서비스 품질은 매우 중요한 부분이라고 할 수 있겠다.

(3) 서비스 프로세스 개선 방법

서비스의 구매 후 관리를 위한 방법은 서비스가 종료된 후 수정할 부분이 없는지 확인하는 과정이라고 할 수 있는데, 그 방법 중 하나로 서비스 청사진(service blue printing)을 이용한 방법이 있다(이유재, 2004, p.266). 서비스 청사진이란 핵심서비스 프로세스를 그 특성이 나타나도록 객관적으로 설명해 놓은 것으로 서비스를 객관적이며 알아보기 쉬운 방식의 그림으로 나타낸 것이다. 종업원, 고객, 기업 측에서 서비스 전달과정에서 해야 하는 각자의 역할과 서비스 프로세스와 관련된 단계와 흐름 등 서비스 전반을 이해하도록 묘사해 놓은 것이다. 서비스의 생산은 미리 정의된 순서대로 전달되어야 하기 때문에 처음부터 잘못 설계된 서비스 시스템상에서의 생산흐름은 잘못 전달되거나 커뮤니케이션상의 장애가 발생할 수 있는데, 이는 고객에게 접촉의 순간의 관리를 적절하게 할 수 없는 문제점이 발생하게 된다.

특히, 서비스 청사진은 서비스 상품 개발의 설계와 재설계의 단계에서 유용하다. 서비스 청사진은 서비스 전달의 프로세스와 고객과 종업원의 역할, 가시적인 서비스 구성요소 등을 동시에 보여줌으로써 서비스에 대한 내용을 시각적으로 제시한다. 또한, 서비스 청사진은 서비스를 논리적인 구성요소들로 나누어 프로세스의 각 단계와 과업, 과업이 수행되어지는 수단, 고객이 경험하는 서비스의 물리적 환경 등을 보여준다.

사례

사우스웨스트 항공의 서비스프로세스 개선

사우스웨스트항공은 운영 측면에서 볼 때 안전관련 문제를 제외하고 사우스웨스트항공은 종래의 틀에 박힌 항공사 경영방식에 변화를 추구하였으며, 다음은 사우스웨스트항공만의 독특한 서비스내용을 정리한 것이다.

1. 타 항공사와의 연계운영

상호간에 보완적인 노선을 가진 항공사들은 통과여객 티켓을 제공하여 서로간의 항공사를 도와주곤 한다. 그러나 이는 모든 탑승객들로 하여금 타 항공기의 정시 운항에 의존하도록 하기 때문에 사우스웨스트 항공은 그와 같은 전략은 도입하지 않고 있다. 자사 항공편이나 타사 항공편 간에 짐을 이동시키지 않는 점은 다소 어색해 보일 수도 있지만 이착륙 시간 사이의 소요시간을 줄일 수 있는 좋은 방법이다. 동일한 노선 운항에 있어서 타 항공사 티켓을 받지 않는 것은 사우스웨스트 항공의 회계처리업무를 단순화시켜준다. 1989년 타 항공사의 연계운영을 없앰으로써 연간 약 2500만달러를 절약할 수 있었다.

2. 지정좌석제 폐지

사우스웨스트 항공에 예약할 때에는 창가나 통로 자리를 따로 따지지 말아야 한다. 왜냐하면 예약하는 곳에서 좌석을 정해줄 수 없기 때문이다. 사우스웨스트 항공은 먼저 오는 순서대로 우선 탑승시킨다. 탑승권은 플라스틱 카드로 번호가 적혀 있는데 맨 처음 체크인한 승객이 카드번호 1번을 받아서 첫 번째 탑승하여 좌석선택권도 최우선이 된다. 만약 맨 뒤의 카드번호를 받으면 하는 수 없이 남은 좌석에 앉아야 한다. 비행기에 탑승하면서 내고 간 카드는 수백 번 재활용되므로 환경보호의 한 방법이 된다. 무엇보다도 중요한 것은 사우스웨스트 항공은 예약시스템에 좌석을 지정해 놓을 필요가 없고 종이 탑승권을 출력하기 위한 장비가 필요하지 않으며 체크인 할 때 좌석배치를 확인하지 않아도 된다. 결과적으로 직원들에게 절차가 단순화되고 창구에서 보다 빠른 서비스를 제공할 수 있으므로 비용을 줄일 수 있다.

3. 식사제공 폐지

국제선의 1등석과 비즈니스석의 기내 서비스 광고를 보면 보통 푸짐한 식사를 보여주지만 사실 대부분의 국내선 3등석 음식은 그저 그런 수준이다. 그러나 음식저장, 보온, 제공 등을 하려면 대형 취사실과 무거운 음식 카트가 필요하게 되고, 때에 따라서는 안전기준이 요구하는 것보다 기내 승무원이 필요하게 된다. 비행기가 이착륙하기 전 음식을 준비하려면 시간이 걸리며 착륙지에 가서는 그만큼 내려야 할 물건들이 많아진다. 이 모든 것이 많은 비용이 든다. 잘 해봐야 평범한 수준의 음식인데 불필요하게 경쟁할 필요가 없다. 또한, 사우스웨스트 항공의 기내 승무원은 간단한 음료와 땅콩이나 스낵만을 제공하므로 승객을 돌보아줄 시간을 더 갖게 된다.

4. 중심기지 시스템보다는 공항기점간 시스템

거대한 중심기지방식(hub and spoke) 시스템을 운영함으로써 항공사들은 중심기지에서의 연결노선을 통해 탑승객들에게 다양한 노선을 제공해 준다. 중심도시 공항에서 많은 비행기들이 떼를 지어 활주로에 착륙하고 나면, 탑승객들은 비행기를 갈아탄다. 탑승이 끝나고 나면, 항공기들은 차례대로 이륙하기 시작한다. 그러나 지상서비스 수행능력, 비행장 탑승구, 현장 인부, 이동 트랩이 한창 분주한 성수기를 기준으로 하여 결정된다는 점이 취약점이다. 비행기 한 대가 지연 도착될 경우, 이륙 예정이었던 나머지 모든 비행기들은 갈아타는 승객들을 보호하기 위해서 출발시간이 연기되어야 한다. 결과적으로, 인력과 장비가 모두 낭비된다. 기점과 기점을 연결하는 항공편은 하루 종일 보다 균일하게 운항할 수 있으며 이에 따라 어느 한 항공편으로 인하여 다른 항공편이 묶여 있는 경우를 피할 수 있다.

5. 소규모 공항

대개 크고 혼잡한 공항은 북새통을 이루기 마련이다. 운항시간이 지연되기도 하고 공항이나 활주로에서도 지연되는 경우가 많다. 사우스웨스트 항공은 소규모 공항을 이용하기 때문에 정시에 출발하며 비행기가 활주로에서 빠르게 회전하기에도 수월하고, 교통편이 불편하고 공항이 혼잡하다는 이유로 대형 공항 이용을 기피하는 고객을 끌어들이고 있다.

6. 장거리노선과 국제선 서비스 폐지

장거리 비행을 하려면 사우스웨스트 항공이 경험한 바 없는 신형 항공기를 운행하는 일이 필요했다. 승무원들은 밤에 귀가하지 못하고 호텔에서 체류해야 하며, 승무원을 위한 식사제공도 필요하게 된다. 승객들은 단기간 비행에 비해서 훨씬 많은 짐이 필요하게 된다. 또한, 국제선을 운항하기 위해서는 멀리 떨어진 장거리 공급업자, 외환서비스, 세관, 외국정부관리 등과의 커뮤니케이션이 있어야 한다. 따라서 사우스웨스트항공은 이 두 가지를 폐지하게 된다.

자료 : 이유재, 서비스마케팅, 2004, p.251.

14 서비스 물리적 증거 관리

서비스의 물리적 증거(physical evidence)란 서비스가 전달되어지고 기업과 고객의 상호작용이 이루어지는 환경을 의미하는데, 서비스를 전달하는데 동원되는 모든 유형적인 요소를 포함한다. 물리적 증거는 물리적 환경(physical environment)과 기타 유형적인 요소(other tangibles)로 구성되는데, 물리적인 환경은 건물의 외형, 주차장과 같은 외부환경과 인테리어와 같은 내부 환경으로 나누어진다. 기타 유형적인 요소로는 종업원의 유니폼등과 같은 유형적인 요소가 포함된다. 이러한 물리적 증거는 고객의 구매의사결정에 많은 영향을 미칠 뿐만 아니라 서비스 품질 평가 기준인 유형성에 포함되는 중요한 부분이라고 할 수 있다. 예를 들어, 항공사의 경우 물리적 환경은 항공기의 색상 등과 같은 외형적인 부분이 포함되며, 기타 유형적인 요소로는 승무원의 유니폼 등이 포함된다고 할 수 있다. 또한, 호텔의 경우도 물리적인 증거의 중요성을 인식해야 하는 대표적인 산업 중 하나이기 때문에 호텔의 외부 건물 등을 광고하여 촉진전략의 일환으로도 활용하고 있다.

글 · 로 · 벌 · 서 · 비 · 스 · 경 · 영

CHAPTER 13

모바일시대의 서비스경영

모바일시대의 서비스경영

CHAPTER 13

스마트폰의 대중화와 인터넷을 기반으로 한 정보통신기술의 발전과 다양한 소비자욕구 등으로 인하여 서비스산업은 빠르게 성장하고 있으며, 특히 전통적인 산업경제에서 디지털경제로 전환하는 과정에서 이전에는 없었던 새로운 서비스들이 생겨나면서 서비스의 중요성은 더욱 커져가고 있다. 우리의 일상생활에서도 인터넷과 휴대폰을 기반으로 하는 정보통신서비스, 의료서비스, 금융서비스, 교육서비스, 법률서비스 등 서비스가 없이는 일상생활이 어려운 상황이 되었다고 할 수 있다. 또한 우리나라의 경제적인 구조에서도 제조업만으로 성장하는 데는 한계점에 부딪힐 수 있으므로 서비스산업의 증가와 발전이 필요한 부분이라고 할 수 있다.

특히, 글로벌화와 정보화가 결합되면서 우버, 에어비앤비 등 이전에는 소비자들이 접해보지 못했던 새로운 서비스가 활성화되면서 각 국가별로 기존의 규제 및 법규와의 일정 부분 충돌이 일어나면서 많은 서비스산업 환경이 빠르게 변화하고 있다고 할 수 있다.

이러한 환경적인 이유로 많은 서비스산업에서 다양한 형태의 전략적 제휴(strategic alliances)가 일어나고 있는데, 이러한 서비스기업들의 전략적 제휴가 중요한 이유는 이러한 전략적 제휴로 인하여 기업들의 입지가 시장에서 크게 변화를 가져오기 때문에 기업 뿐만 아니라 소비자들의 입장에서도 서비스기업들의 전략적 제휴는 매우 중요한 부분이라고 할 수 있다. 예를 들면 규모가 큰 기업들끼리의 인수·합병이 다른 산업에 비해서 많이 일어나는 편인 항공사의 경우도 인수·합병을 통해서 시장점유율을 높인 항공사는 규모의 경제를 이용하여 보다 높은 수준의 서비스를 고객들에게 제공할 수 있으며, 이러한 서비스를 통하여 고객만족을 극대화시킬 수 있게 된다.

특히, 모바일시대에 즈음하여 서비스기업들의 프로세스 중 많은 부분들이 오프라인보다는 온라인으로 옮겨가고 있으며, 이러한 경향은 향후 더욱 가속화될 것으로 예측되고 있기 때문에 모바일 시대의 서비스기업의 서비스 품질 및 경쟁은 더욱 중요하다고 할 수 있다.

또한, 서비스산업이 중요한 이유는 서비스산업은 제조업을 보완하여 성장동력이 될 수 있기 때문에 위에서 언급한 대로 OECD 주요 국가의 서비스산업의 GDP 비중 및 고용비중은 70% 이상을 상회하고 있으며, 아웃소싱의 확산, 서비스교역 확대, 소비의 고급화 등으로 서비스수요는 증가하고 있는 추세이다. 이러한 서비스산업의 성장배경에는 위에서 언급한 대로 인터넷, 휴대폰과 연결된 정보통신기술의 발전, 소비자 욕구의 다양화 등의 원인이 있다고 할 수 있다.

또한, 서비스산업은 노동집약적 서비스에서부터 지식기반 서비스에 이르기까지 범위가 매우 넓으며, 각 업종별로 산업의 특성, 성장잠재력, 경제기여도 등에서 차이가 크다고 할 수 있다.

1 모바일시대의 특성과 서비스산업

1) 고용구조의 변화

정보통신기술의 발달은 고용을 창출하는 효과와 고용을 절감하는 효과 모두를 가지고 있다. 최근 일반화된 전자상거래 역시 고용을 창출하는 동시에 고용을 절감하는 효과를 가지고 있다. 전자상거래의 확산은 특히 산업의 가치사슬에 변화를 가져와서 그에 따른 고용구조의 변화를 촉진하고 있다. 전자상거래의 도입이 가져온 가장 큰 변화는 상품을 사고파는 방식이 변화한다는 점인데, 이 부분은 지금까지 전통적인 경제활동에 있어서 핵심적인 역할을 해온 중간매개체의 기능이 변화한다는 점이다. 전자상거래와 인터넷의 일반화는 기업내에서 중간관리자를 담당하는 인원들의 기능을 자동화시킴으로써 이들의 전통적인 중개기능을 소멸시켰다. 그러나 전자상거래의 발전으로 생산자와 소비자 간의 직접적으로 거래할 수 있는 환경이 만들어지고 소비자가 생산자로부터 직접 물품을 구입할 수 있게 되면서 물리적인 시장에서 소매업자가 가지고 있던 기능은 유명무실하게 되었다. 미국을 비롯한 주요 선진국들의 고용구조의 변화추이 중에서 가장 눈에 띄는 부분은 정보통신산업의 발전과 더불어 서비스부문의 성장을 들 수 있다. 이러한 현상은 제조업에 대한 비중이 줄어드는 데서 그 원인을 찾을 수 있다. 또한, 지식과 정보와 같은 무형의 재화가 중요시되면서 무형재화의 고유한 특성, 즉 판매자가 소비자에게 무형의 재화를 판매하고 나서도 여전히 판매자에게는 이를 다른 사람에게 재판매할 수 있고 생산에 따른 추가비용이 발행하지 않는 다는 특성 때문에 제조업을 대신하여 많은 인력을 수용하였고 이에 따른 새로운 서비스 직종들이 증가하고 있는 추세이다.

한편, 최근에는 기업이나 조직의 고용형태도 다양해지고 있다. 이것은 기업이나 조직들이 유연한 고용제도를 유지함으로써 급변하고 있는 외부환경에 대처하고 필요로 하는 인재확보를 용이하게 하는 효율적인 방안으로 인식되고 있다. 이러한 고용제도는 인터넷의 일반화와 지역간 네트워크화, 정보통신기술의 발달로 다양한 근로형태를 출현시키고 있는 추세이다. 다양한 근로형태의 대표적인 사례로는 자율노

동시간제, 집중근로제, 원격근로제 등이 있는데 그 중에서도 인터넷의 일반화와 정보통신기술의 발달로 효율적인 근무형태로 자리잡아가고 있는 것이 원격근로제이다. 1970년대에 등장하기 시작한 원격근로는 근로자가 회사가 아닌 다른 장소에서 인터넷과 같은 정보통신기술을 활용하여 업무를 수행하는 근로형태를 말한다. 여기서 중요한 것은 원격근로라는 개념 안에는 모든 근로자들이 한자리에 모여서 같은 시간대에 주어진 업무를 수행하는 것이 아니라 근로자 개개인의 업무의 특성에 맞추어 시간대나 장소를 달리하여 인터넷이나 정보통신기술을 활용하여 업무를 수행한다는 의미가 내포되어 있다.

원격근로가 가져다주는 효과는 개인과 기업의 측면으로 나누어서 분석할 수 있다. 원격근로가 개인에게 가져다주는 이점을 살펴보면 업무와 가내사가 같은 장소에서 이루어지는 재택근무의 경우 출퇴근이 자유롭기 때문에 근로자들이 보다 안정된 상태에서 업무를 수행할 수 있다는 점이다. 또한, 작업시간을 융통성 있게 조절할 수 있다는 장점도 있다. 기업의 측면에서는 근로자들의 근무장소가 한 장소에 한정되어 있지 않기 때문에 사무실 임대 및 관리비용이 절감된다는 이점이 있다. 한편, 기업의 입장에서는 책임감과 자기통제력이 요구되는 근로형태에 적합한 근로자들의 선발이나 교육 등에 기업의 비용이 증가하며 동기부여와 보상프로그램에 대한 연구도 필요하다고 할 수 있다. 따라서 이러한 측면에서 고용구조의 변화는 인적자원관리에 대한 관점에서도 시사하는 바가 크다고 할 수 있다.

2) 직종의 변화

전 세계적으로 나타나는 고용구조 변화상의 특징이라 할 수 있는 현상은 직종에 상관없이 정보통신기기들을 이용하여 업무를 수행하는 근로환경이 조성되면서 모든 산업에 걸쳐 요구되는 근로자들의 업무에 대한 숙련도가 높아졌다는 것이다. 즉 디지털경제환경하에서는 고숙련도 위주의 고용구조를 형성시키고 있다는 것인데 여러 나라의 고용성장률을 살펴보면 공통적으로 지식과 정보, 전문적 기술 등을 업무에 활용하는 전문직이나 고위 기술직, 그리고 서비스직의 고용성장률이 높게 나타나고 있다. 따라서 이러한 시장환경하에서 서비스업의 대표적인 업종 중 하나이면서, 인적자원에 대한 의존도가 가장 높은 산업 중 하나인 호텔관광산업의 향후 전망을 살펴보면, 전체적인 산업구조에서 차지하는 비중이 계속 증가할 것으로 예상된다.

산업간 고용구조 변화 이외에도 산업 내 숙련도 향상도 디지털경제에서 나타나는 큰 변화 중 하나라고 할 수 있다. 디지털경제로 전환됨에 따라서 단순인력보다는 전문성을 겸비한 고급인력에 대한 수요가 크게 증가하였다.

디지털경제에서 가장 중요한 요소는 정보와 지식인데, 정보와 지식은 창출속도가 빨라지면서 수명주기가 짧아지기 때문에 한 번 습득한 것으로 끝나는 것이 아니라 새로운 정보를 계속 창출하고 활용함으로써 부가가치를 창출할 수 있어야 한다. 또한, 기술의 융합화, 조직의 네트워크화가 진점됨에 따라 작업의 범위가 넓어지고 다양한 업무들을 수행해야 한다.

3) 임금의 변화

인적자원관리 부분에서 다루어지는 가장 중요한 부분 중 하나가 종업원들의 임금관리에 관한 부분인데, 디지털경제의 가속화와 함께 나타나는 중요한 변화 중 하나가 임금의 변화라고 할 수 있다. 특히 호텔관광산업은 인적자원에 대한 의존도가 큰 산업이기 때문에 기업의 입장에서는 임금의 변화가 상당히 중요한 부분이라고 할 수 있다.

정보통신기술의 발전과 디지털경제로의 전환은 노동시장에서 중요한 변화를 야기하였는데, 이는 근로자 간의 임금격차에 관한 부분으로 전문성을 겸비한 고급인력과 그렇지 못한 종업원들 사이에 임금격차가 점점 커진다는 점이다. 이렇게 같은 기업 내에서 종업원들끼리 임금의 격차가 일어나는 원인 중 하나는 디지털경제환경의 가속화와 더불어 기업간의 경쟁이 심화되면서 기업에서는 내부인력에 대한 재교육이나 재배치를 통해 인재를 육성하기보다는 일단 모든 지식과, 기술, 그리고 노하우를 갖춘 인재를 외부 노동시장에서 비싼 임금을 주고 채용하기 때문에 근로자들 간의 임금격차가 더욱 가속화되는 상황이다.

4) 생산성 향상

디지털경제하에서는 인터넷을 통해 정보의 흐름이 자유롭게 이루어지기 때문에 정보가 신속하고 효율적으로 사용된다. 전통적인 생산요소인 노동과 자본이 부가가치를 창출하는 것과 마찬가지로, 이제는 정보도 부가가치를 창출하는 중요한 요소로 작용하고 있다. 정보는 하나의 독립된 생산요소로서 기존의 노동과 자본을 보다 효율적으로 결합하는 역할을 함으로써 경제의 생산성을 향상시키고 있다.

디지털경제의 환경으로 전환되면서 호텔관광기업들도 정보통신기술 및 시설의 업그레이드를 통해 고객들에게 보다 좋은 품질의 서비스를 제공할 수 있게 된다.

또한, 서비스산업의 향후 경향을 예측해보면 지금보다 앞으로 더욱 보조서비스의 중요성이 증가할 것으로 예측되고 있다.

최근 많은 서비스기업들은 다른 기업들과의 치열한 경쟁으로 인하여 고객에게 제공되는 기술적인 수단만으로는 경쟁우위를 창출하고 유지하는데 어려움을 겪을 수밖에 없다. 따라서 서비스기업들은 다른 경쟁기업에 비해서 경쟁우위를 확보하기 위해서 주된 서비스와 더불어 보조서비스에 대한 비중을 늘려서 보조서비스를 추가하거나 기존의 서비스에 보조서비스를 확장하는 차별화전략을 많이 구사하게 된다. 예를 들어, 호텔산업의 경우는 호텔의 주된 서비스 중 하나는 객실서비스라고 할 수 있는데, 이러한 객실서비스만으로는 다른 호텔들과 비교해서 경쟁우위를 창출하는데 있어서 어려움을 겪기 때문에 식음료서비스, 수영장 등 다른 부분에서 서비스에 차이를 두어 경쟁우위를 확보하기 위해서 노력하고 있다. 항공사의 경우도 고객들을 운송하는 주된 서비스 이외에도 마일리지 서비스와 티켓팅과 관련된 서비스, 고객들이 대기하는데 불편을 덜 하도록 하는 서비스 등 여러 가지 다양한 서비스를 통해서 경쟁우위를 확보하려고 치열하게 경쟁하고 있다고 할 수 있다.

2 모바일시대의 서비스기업의 전략적 제휴

1) 서비스기업의 전략적 제휴

전략적 제휴(strategic alliance)란 경쟁관계에 있는 기업이 일부 사업 또는 기능별 활동부문에서 경쟁기업과 일시적인 협조관계를 갖는 것을 말한다. 전략적 제휴와 합작투자(joint venture)를 비교해보면 큰 틀에서 보면 합작투자도 전략적 제휴의 한 유형이라고 할 수 있다. 일반적으로 합작투자가 자본투자를 필요로 하고 여러 기능 분야에서 협조관계를 구축하는 것에 비하여 전략적 제휴는 일반적으로 자본투자 없이 사업의 일부분에서 일시적인 협조관계를 갖는 형태를 의미한다.

여행업에서의 전략적 제휴의 사례를 찾아보면 아래 사례에서와 같이 지방의 영세한 여행사들이 서울의 대형 여행사와의 경쟁을 위해 일시적으로 연합체를 구성하는 사례 등을 들 수 있다.

2) 전략적 제휴의 동기

기업들이 전략적 제휴를 하려고 하는 동기는 자원과 위험의 공유, 신제품개발과 시장진입의 속도 단축, 기업의 유연성 확보 등을 들 수 있다.

3) 전략적 제휴에서의 파트너 선정

성공적인 전략적 제휴를 위해서 가장 중요한 부분은 파트너 선정의 문제인데, De la Sierra는 파트너 선정시 고려해야 할 사항을 다음과 같이 강조하였다.

(1) 양립성

양립성(compatibility)이란 양 기업의 전략과 기업문화 및 경영관리 시스템 측면에서 서로 모순되거나 이해가 상반되지 않는가 하는 점을 의미한다. 전략의 양립성을 검증하기 위해서는 파트너의 현존하는 제휴 네트워크를 살펴보아야 한다. 예를 들어 파트너가 자사의 경쟁기업과 밀접한 네트워크를 형성하고 있다면 기술이나 정보유출의 가능성이 있으므로 제휴가 끝나는 것을 가정하여 파트너를 결정하여야 한다.

(2) 능력

능력(capability)이란 전략적 제휴시 파트너가 보유하고 있는 경영자원과 핵심역량(core competencies)을 파악하는 것을 의미한다. 전략적 제휴 시 파트너의 능력과 핵심역량을 평가하는 것은 자사가 가지고 있는 약점을 보완하고 강점을 강화하는 것이 중요하기 때문이다. 핵심역량의 관점에서 파트너끼리 각자 취약한 분야에서 상대방이 핵심역량을 보유하고 있는 것이 바람직하다고 할 수 있다.

(3) 몰입도

몰입도(commitment)란 제휴 파트너가 얼마만큼 시간과 에너지 및 경영자원을 열심히 투입하는지를 의미한다. 제휴 파트너가 아무리 핵심역량과 경영자원을 보유하고 있고, 양 기업의 경영관리 시스템과 기업문화의 양립성이 높더라도 제휴 파트너의 몰입도가 약하면 제휴의 성공가능성은 낮아진다. 이를 위해서는 먼저 제휴 파트너의 전략적 제휴가 핵심사업 분야에서의 제휴인지 혹은 주변사업 분야에서의 제휴인지를 파악하는 것이 필요하다.

4) 플랫폼 비즈니스

플랫폼 비즈니스(platform business)는 기차나 지하철에서 승객들이 타고 내리는 승강장에서 의미가 시작되었는데 소비자 · 기업 등이 재화나 서비스를 사고팔거나 상호작용을 하는 일종의 시장의 개념이라고 할 수 있다. 최근에는 스마트폰의 일반화와 인터넷을 기반으로 한 다양한 형태의 모바일 플랫폼이 등장하고 있으며, 이를 기반으로 한 각종 제품 및 서비스를 중개하고 수수료로 이익을 내는 사업을 플랫폼 비즈니스라고 한다.

플랫폼 비즈니스의 경제적 효과는 자원의 공유 및 재사용, 외부자원 활용, 네트워크 증대 등을 들 수 있는데, 플랫폼 참여자가 증가할수록 자원의 공유 및 재사용이 활발해진다. 외부자원의 활용이란 특정한 제품이나 서비스를 기업이 보유하고 있지 않더라도 저비용으로 이용이 가능해진다고 할 수 있다. 이러한 점은 서비스경영에 있어서 전략적 제휴의 중요성이 증대되는 점과 많은 상관관계가 있다고 할 수 있다. 네트워크의 증대란 소비자와 판매자 등 플랫폼 구성원들 간의 다양한 상호작용이 증대되는 현상이 심화될 것이라고 예측된다.

사례

플랫폼 비즈니스

차량중개서비스인 우버가 지난 8월부터 개인소유 일반승용차로 영업을 하는 우버서비스를 본격화했는데 중개수수료 없이 운영하던 것을 유료로 전환한 것이다.

고급리무진을 연결해주는 다른 우버서비스와 달리 우버는 자가운전자라면 누구나 짬을 내서 기사 아르바이트를 할 수 있다. 이에 서울시는 우버를 불법 콜택시로 규정하고 단속에 나서고 있다.

모바일시대를 맞아 등장한 플랫폼 비즈니스가 생태계 파괴논란에 휩싸이고 있는데 처음에는 오프라인 시장의 비효율을 개선하고 소비자에게 새로운 가치를 준다는 취지로 출발했으나 지금은 시장을 주도하는 파워를 바탕으로 시장참여자에게 피해를 안겨주기도 한다.

특히, 플랫폼 비즈니스는 특별한 면허나 허가없이 의료 · 운송 · 숙박업 등 거의 모든 산업을 플랫폼이라는 기반위에서 영위할 수 있다. 집주인의 빈 방을 여행자에게 제공하는 에어비앤비는 숙박업체가 지켜야 할 소방 · 안전 등의 규제를 받지 않아 기존 호텔업계의 반발을 사고 있다. 하지만 모바일시대를 맞이하여 새로운 플랫폼이 기존산업을 대체하고 새로운 산업구조를 만드는 경향이 증가하고 있다.

자료 : 2014년 12월 11일 중앙일보

글 · 로 · 벌 · 서 · 비 · 스 · 경 · 영

14 글로벌서비스 매너

CHAPTER

글로벌서비스 매너

CHAPTER 14

1 글로벌서비스 매너

1) 테이블 매너

(1) 한식 테이블 매너

한식 테이블 매너는 식탁배치에 있어서 출입문에서 멀리 떨어진 안쪽이 상석이므로 윗사람이 안도록 하며, 테이블에서는 바른 자세로 앉으며 손윗사람이 수저를 든 후에 아랫사람이 따라서 들도록 한다. 식사중에는 소리를 내지 않으며 숟가락과 젓가락을 한손으로 쥐지 않는다. 입속에는 적당한 양의 음식을 넣어 씹을 수 있도록 하며 입에 음식이 있을 때에는 말을 하지 않는 것이 좋은 테이블 매너라고 할 수 있다.

또한, 국물이 있는 음식을 먹을 때에는 소리를 내지 않고 떠서 먹도록 하며 밥이나 반찬을 뒤적이며 먹는 것은 좋지 않으며, 젓가락으로 고명을 털면서 먹지 않도록 한다. 식사를 마친 후에는 수저를 가지런히 오른편에 놓으며 식사중에 아주 다급한 일이 아니면 자리를 뜨지 않는 것이 테이블 매너라고 할 수 있다.

(2) 일식 테이블 매너

일식의 테이블 매너는 다도의 영향을 많이 받아 요리가 들어오면 말차를 마실 때처럼 인사를 하고 받는다. 일본요리에서는 식사전과 식사후에 인사를 반드시 하는데 고개를 숙여 인사를 하는 것이 기본이라고 할 수 있다. 일식의 테이블 매너는 식사시 뚜껑이 있는 그릇은 식사전에 전부 열어서 낸다. 왼쪽에 있는 그릇은 왼손으로 열어서 왼쪽에 놓고 오른쪽에 있는 것은 오른쪽에 내려 놓는다.

공기뚜껑은 포개어 놓지 않으며 음식을 다먹은 뒤엔 모두 원래대로 덮어둔다. 젓가락은 나무로 만들어진 것이 사용되고 있으며 우리나라와 마찬가지로 손에 쥐는쪽이 아래쪽보다 굵어서 사용하기 쉽다. 가정에서는 대개 검정색은 아버지용, 빨간색은 어머니용 등으로 개인 젓가락을 정해두고 사용하고 있다. 일반적으로 손님을 대접할 때에는 일회용 나무 젓가락을 사용한다.

또한, 식사중에 젓가락을 잠시 내려놓을 경우 젓가락 받침대가 있으면 젓가락 아래쪽 부분을 그 받침대에 올려 놓으며, 음식을 먹을 때에는 접시를 자기 가까이 가져가서 나누어 덜어 먹는다. 음식이 큰 접시에 담겨져 있을 때에는 각 개인접시로 덜어내는데 사용하는 전용 젓가락을 사용하며, 전용 젓가락이 없을 경우에는 개인 젓가락의 방향을 거꾸로 바꿔 사용한다. 그 이유는 자기 입에 닿았던 부분을 공동 음식에 대는 것은 다른 사람에게 불쾌감을 준다고 생각하기 때문이다.

(3) 중식 테이블 매너

중식당에는 회전탁자가 놓여져 있는데 서빙하는 사람이 요리가 담긴 큰 접시를 회전판 위에 얹어 놓으면 호스트는 공동 젓가락으로 자기가 먹을 만큼 덜어낸 뒤 다른 사람 앞으로 접시가 가도록 놓는다. 회전탁자는 시계방향으로 돌리는 것이 원칙이며, 자기 앞에 접시가 오면 앞접시에 적당한 양을 덜어 놓으며 한 번씩 덜어낸 다음에도 남아 있는 요리는 몇 번이고 가져와도 예의에 어긋나지 않는다. 중식의 테이블 매너는 식사하기 전 매너, 식사중 매너, 식사후 매너로 구분할 수 있는데,

식사전의 매너는 일반적으로 중식은 대부분 코스 메뉴이므로 직원의 서빙 여부를 확인하고 서빙이 가능한 메뉴를 주문하며 원탁 테이블의 경우 입구에서 가장 안쪽의 중앙이 상석이다. 또한, 좌석에 앉으면 냅킨을 두 겹으로 펴서 무릎위에 놓으며 뜨거운 물수건이 나오면 손을 씻는다.

중식의 테이블 매너 중 식사중 예절은 다음과 같다. 먼저, 식사 중 젓가락을 사용하지 않을 때에는 접시 끝에 걸쳐 놓고 식사가 끝나면 받침대에 처음과 같이 올려놓으며, 국물이 있는 음식은 마시지 말고 숟가락으로 떠 먹는다. 앞접시의 음식을 다 먹고 큰 접시의 음식을 덜어올 때에는 옆 사람 앞에 놓인 앞접시에 먼저 음식을 덜어주고 음식이 남아 있을 경우에도 형식적으로 조금 덜어준다.

중국음식은 요리접시를 중심으로 둘러 앉아 덜어먹는 음식이므로 적당한 양의 음식을 자기 앞에 덜어 먹고, 새로운 요리가 나올 때마다 새로운 접시를 사용하도록 한다.

중식 테이블 매너의 식사중 매너로 다른 부분은 음식은 주빈이 먹기 시작하면 먹도록 하며 고기종류나 생선이 전체적으로 나올 경우에는 대부분 접대하는 사람이 나누어 주기 때문에 기다리는 것이 좋고, 아니면 주빈이 먼저 덜어간 다음에 던다.

중식의 식사후 테이블 매너를 살펴보면, 중국식당에서는 녹차, 우롱차, 홍차 등의 차가 제공되는데 한 가지 음식을 먹은 후에는 한 모금의 차로 남아 있는 음식의 맛과 향을 제거하고 새로 나온 음식을 먹으면 된다.

또한, 이전부터 중국은 식사에 관해서도 엄격한 격식이 있어서 좌석을 정할 때의 명단은 연장자 순서에 의하며, 초청을 하였을 때에는 초청자 측에서 미리 각 개인의 명단을 식탁에 배치하며 좌석배치는 주인과 주빈이 마주보도록 배치한다.

(4) 양식 테이블 매너

가) 식사 중 자리를 뜰 때

일단 자리에 앉은 다음에는 자주 들락거리지 않으며, 부득이하게 자리를 뜰 때에는 잠깐 실례한다는 인사를 하며 냅킨은 적당히 접어놓고 가거나 테이블 위에 얹어놓는다.

나) 조미료를 사용할 때

음식에 소금, 후추를 무조건 뿌리는 것은 조리사에 대한 예의가 아니다. 특히 가정집에 초대받았을 때에는 되도록 나온 그대로의 음식을 맛있게 먹으며 조미료가 필요한데 손이 잘 닿지 않는다면 옆사람에게 부탁해서 전달받는다.

다) 기침, 재채기, 하품

기침이나 재채기가 나올 때에는 손수건으로 입과 코를 가린다. 손수건이 없으면 급한대로 냅킨이나 손을 사용한다. 기침이 계속 나오면 실례한다는 말로 양해를 구하고 자리를 뜬다. 코를 풀고 싶을 때에도 테이블에서 나오는 것이 좋으며, 가볍게 코를 닦을 때에는 손수건이나 휴지를 사용하며 냅킨을 사용해서는 안되고 닦을 때에도 마찬가지다.

라) 음식이나 음료를 사양할 때

술이나 쥬스 등을 마시고 싶지 않을 때에는 사양한 후 감사한다는 인사를 덧붙이며 음식을 남기는 것은 좋은 매너가 아니므로 먹지 못할 음료나 음식은 주문하지 말거나 미리 거절하도록 한다.

마) 뜨거운 음식을 먹었을 때

음식이 너무 뜨거우면 즉시 찬 음료를 마시며, 마실 것이 가까이 없을 때에는 종이 냅킨에 뱉어서 그릇 한 쪽에 놓아두도록 한다.

바) 이물질을 먹었을 때

음식에 돌, 머리카락 등이 들어 있을 때에는 서빙하는 사람을 불러 잘못을 지적하고 음식의 교체를 요구할 수 있다. 가정집에 초대받은 상황이라면 남의 눈에 띄지 않게 빨리 제거한 후 식사를 계속한다. 이미 입안에 들어간 상태라도 되도록 조용히 뱉어서 처리한다.

사) 음식이 이 사이에 끼었을 때

손님과 마주 앉은 상태에서는 이쑤시개를 사용하지 않아야 하며 식사를 마친 후 조용한 곳에서 사용하도록 한다.

2) 글로벌서비스 매너 및 금기사항

(1) 중국의 비즈니스 매너 및 금기사항

가) 중국의 비즈니스 매너

- 박쥐는 행운을 전해주는 동물로 여기며, 학이나 거북 등은 사람을 바보로 취급하는 말로 여긴다.
- 중국인들은 자기가 사용하던 젓가락으로 음식을 집어주는 습관이 있다.
- 괘종시계는 장례식의 의미가 있으므로 선물하지 않는다.
- 작은 일에도 박수를 잘 친다.
- 사업하는 사람 사이에는 개인적인 우정과 신용을 매우 중요하게 생각한다.

나) 금기사항

- 중국문화에서 청색과 백색은 장례식 색깔이므로 사용하지 않는 것이 좋다. 짚신과 시계, 흰색인 황새와 두루미, 검은색, 파란색이 많이 들어간 것을 죽음을 의미한다.
- 괘종시계처럼 종이 달린 시계는 끝낸다는 의미, 죽음의 의미가 있으므로 선물하지 않는다.
- 배도 이별의 의미가 있어서 중국에서 선물하지 않는다.
- 우리에게 장수라는 긍정적인 의미를 갖는 거북이는 발음이 욕설과 비슷해서 선물하지 않는다.
- 우산은 이별이라는 말과 발음이 비슷하여 선물하지 않는다.

- 꽃이 생명이 짧음을 의미하고 장례용이기 때문에 선물하지 않는다.
- 손수건은 슬픔과 눈물을 상징하므로 선물하지 않는다.
- 현금을 줄 때에는 축의금과 선물은 짝수로, 부의금은 홀수로 금액을 주어야 한다.
- 저녁식사나 파티에 초대를 받은 경우는 먹을 것을 선물로 가져가지 않는다.

(2) 일본의 비즈니스 매너 및 금기사항

가) 일본의 비즈니스 매너

- 일본의 비즈니스 매너는 예의바르고 친절하며, 질서를 잘 지키고 단결력이 강한 민족이며 복수를 중시하며 배타적인 면이 강하다.
- 나이, 직위, 상황 등에 따라 경어를 사용하는 것이 일반화되어 있고 철저하다.
- 남의 아이에게는 항상 경어를 사용한다.
- 명함은 아랫사람과 방문자가 먼저 건네야 한다.
- 여러 사람과 명함을 교환할 때에는 직급순서에 따라 행한다.
- 명함을 건넬 때에는 회사와 자기 이름을 밝히며 인사를 덧붙인다.
- 명함을 받을 때에는 공손히 받으며 명함을 주의깊게 보면서 이름을 다시 확인한다.
- 다른 회사를 방문할 때에는 사전약속을 통해 일시, 방문자, 용건 등을 정한다.
- 약속시간을 엄수하며, 늦을 경우에는 상대방의 상황과 맞추어서 사후처리를 한다.
- 방문시에는 자신의 신분과 찾아온 용건을 말하고 첫 대면일 경우에는 명함을 교환한다.

나) 금기사항

- 선물은 짝으로 된 세트를 주는 것이 좋으나 4개는 불행을 가져온다고 믿으므로 선물하지 않는다.

- 제2차 세계대전에 관한 화제는 피하는 것이 좋다.
- 자기 젓가락을 사용하여 상대방에게 음식을 집어주지 않는다.
- 등 뒤에서는 손뼉을 치지 않는다.
- 젓가락을 입으로 빨지 않는다.
- 밥상을 가로질러 건너편에 먹는 것을 먹지 않는다.
- 한 번 음식을 집었다가 먹지 않고 다시 놓지 않는다.
- 젓가락을 들고 망설이지 않는다.
- 상반신을 앞으로 숙여가며 먹지 않는다.
- 음식을 푹 찔러가며 먹지 않는다.
- 입안에 음식이 있을 때 다른 음식을 먹지 않는다.
- 위에 있는 것을 치우고 밑에 있는 것을 먹지 않는다.
- 그릇과 젓가락을 함께 들지 않는다.
- 입 주위를 혀로 핥으면서 먹지 않는다.
- 약속을 중시하며 약속을 지키지 않는 것은 명예를 훼손하는 것이다.
- 질서를 지키지 않으면 비난의 대상이 된다.
- 개인의 신상에 관한 질문은 예의가 아니다.
- 칼은 관계의 단절을 의미하기 때문에 선물하지 않는다.
- 흰색은 죽음을 의미하는 것으로 인식하며, 반짝이는 포장지나 리본은 사용하지 않는다.

(3) 인도의 서비스 매너

- 신분제도가 남아 있고, 혼인 여부는 부모가 결정한다.
- 신분이 낮은 사람에게는 이름을 불러야 하며, 존칭어를 사용하면 같은 부류의 사람으로 생각한다.
- 카스트제도, 파키스탄과의 관계, 채식주의 등은 화제로 삼지 않는다.
- 장례식에 사용하는 자스민이나 소를 이용한 선물을 하지 않는다.

- 여성은 전통의상이 사리를 입어야 한다.
- 외모로 사람을 판단하는 관습이 있어서 복장에 신경을 써야 한다.
- 남자와 인사할 때에는 악수를, 여자에게는 합장을 하면서 허리를 숙인다.
- 여성과 단 둘이 대화를 나누거나 건드리는 행동은 피해야 한다.
- 힌두교도는 쇠고기를 먹지 않으며 신성시한다.
- 음식을 전할 때에는 오른손을 쓴다.
- 회교도에게는 술이 절대 금물이며 라마단의 기간 중 금식 규칙을 철저히 지킨다.
- 손을 이용하여 음식을 먹을 때에는 반드시 오른손을 사용하는데, 왼손은 화장실에서만 사용한다.
- 명함이나 선물을 전달할 때와 악수를 할 때에는 오른손을 사용한다.

(4) 영국의 서비스 매너

- 왕실을 조롱하는 언동을 하면 안된다.
- 길에서 침을 뱉으면 안된다.
- 줄서서 기다리는 것에 익숙해져야 한다.
- 코를 푸는 것은 예의에 벗어나는 것이 아니다.
- 사다리 밑으로 지나가거나 방 안에서 우산을 펴는 것은 좋지 않은 징조라고 느낀다.
- 길을 걷다가 지나가는 검은 고양이를 보면 행운의 상징이라고 생각한다.
- 음주를 절제해야 하며 공식석상에서 돈과 관련된 얘기를 하면 신사적이지 않다고 생각한다.
- 소리내어 웃는 것은 신사가 아니라고 생각한다.

(5) 미국의 서비스 매너

- 여성을 배려하는 것이 생활화되어 있기 때문에 모든 공공장소에서 여성들을 배려한다.

- 자동차에서 내리거나 탈 때 여성을 배려해서 여성이 짐을 들지 않도록 해야 한다.
- 소수민족, 종교 등은 대화의 화제로 삼지 않는다.
- 신발은 옷의 연장으로 생각하기 때문에 신발을 벗지 않는다.
- 일반적으로 약속이나 예약은 일주일 전에 하는 것이 좋다.
- 비즈니스 미팅시에는 정장을 입는 것이 좋다.
- 줄서기가 생활화되어 있기 때문에 절대적으로 차례를 지켜야 한다.
- 선물은 받은 즉시 풀어보아야 한다.
- 남성이 실내에서 모자를 쓰는 것은 예의에 어긋난다.
- 일반적으로 점심식사는 간단히 하고 저녁식사는 풍성하게 한다.
- 식사도중 식사만 하는 것보다 대화를 나누면서 식사를 하는 것이 좋다.

참고문헌

강신겸 외, 동북아관광지도와 한국의 선택, 삼성경제연구소, 2005.
고석면 외, 관광정책론, 대왕사, 2001.
고정민 외, 전략 서비스산업의 경쟁력 강화방안, 삼성경제연구소, 2007.
김광근 외, 관광학원론, 백산출판사, 2004.
김도희, 관광학개론, 백산출판사, 2003.
김성용, 관광마케팅, 기문사, 2006.
김성용, 여행사경영론, 기문사, 2006.
김성혁, 관광마케팅의 이해, 백산출판사, 2000.
김연성 외, 품질경영, 박영사, 1999.
김영규, 여행사경영과 실무, 대왕사, 2001.
김영규, 여행사실무론, 대왕사, 2003.
김인수, 거시조직이론, 무역경영사, 2005.
김재원, 항공사경영론, 기문사, 2004.
김종의 외, 마케팅, 형설출판사, 2003.
김진섭, 관광학원론, 대왕사, 1996.
문준연, 마케팅원론, 명경사, 2003.
박기홍 외, 디지털경제와 인터넷혁명, 을유문화사, 2000.
박상수, 국제관광원론, 형설출판사, 2004.
박호표, 신관광학의 이해, 학현사, 2004.
박흥수. 하영원, 신제품마케팅, 학현사, 2004.
변우희 · 최학수 · 노정철, 실전관광사업론, 형설출판사, 2002.
사단법인 한국마케팅연구원, 마케팅 실천성공사례집 II, 2002.
신강현 · 강인숙, 호텔경영학개론, 기문사, 2006.
신형덕, 전략경영과 경쟁우위, 시그마프레스, 2007.
신혜숙, 호텔 · 관광마케팅, 대왕사, 2004.
안광호 · 김동훈 · 김영찬, 시장지향적 마케팅전략, 학현사, 2005.
안광호 · 한상만 · 전성률, 전략적 브랜드관리, 학현사, 2003.
양영종 · 김상훈 · 정걸진, 디지털시대 광고론, 형설출판사, 2003.

양창삼, 조직이론, 박영사, 1990.
원융희 · 박충희 · 이창욱, 최신관광인사관리, 백산출판사, 2004.
이명식, 서비스마케팅, 형설출판사, 2004.
이문규 · 안광호 · 김상용, 인터넷마케팅, 법문사, 2004.
이원우 · 서도원 · 이덕로, 경영학원론, 박영사, 2000.
이우용 · 정구현 · 이문규, 마케팅원론, 형설출판사, 2003.
이유재, 서비스마케팅, 학현사, 2004.
이정실, 외식기업경영론, 기문사, 2002.
이정학, 관광마케팅, 기문사, 2003.
이철 · 장대련, 국제마케팅, 학현사, 1999.
임창희, 조직행동, 학현사, 2001.
장대련 · 한민희, 광고론, 학현사, 2002.
장세진, 경영전략, 박영사, 2003.
장세진, 글로벌경영, 박영사, 2004.
전용욱 외, 국제경영, 문영사, 2003.
전인수, 서비스마케팅, 석정출판사, 1999.
정규엽, 호텔 · 외식 · 관광마케팅, 연경문화사, 2004.
채서일, 마케팅, 학현사, 2004.
최승이 · 이미혜, 국제관광론, 대왕사, 2001.
최태광, 관광마케팅, 백산출판사, 2002.
한상만 · 하영원 · 장대련, 마케팅전략, 박영사, 2004.
황규대, 전략적 인적자원관리, 박영사, 2008.
황현철 · 김규헌 · 윤정헌, 21세기 여행업경영론, 기문사, 2003.

Aaker, David A., Strategic Market Management, 6th ed., John Wiley, 2001.
American Marketing Association, "AMA Board Approves New Marketing Definition", Marketing News, March 1, 1985.
Barich and Kotler, "A Framework for Image Management", Sloan Management Review, 1991.

Barlett, C., and S. Ghoshal, Managing Across Borders, Harvard Business School Press, 1989.

Bartlett, C.A., and Ghoshal, S., Managing Across Borders, The Transnational Solution, Boston, MA: Harvard Business School Press, 1989.

Berry, Leonard L., A. Parasuraman, and Valarie A. Zeithmal, "Understanding Customer Expectations of Services", Sloan Management Review, 1991.

Birkinshaw, J.M., and Morrison, A.J., Configurations of strategy and structure in subsidiaries of multinational corporations, Journal of International Business Studies, vol. 26, 1995, pp.729-754.

Brooke, M.Z., Centralization and autonomy, A study in organization behavior, London and New York: Holt, Rinehart and Winston, 1984.

Child, J., Strategies of control and organization behavior, Administrative Science Quarterly, vol. 18(March), 1973, pp.1-17.

De la Sierra, and M. Cauley, Managing Global Alliance: Key Steps for Successful Collaboration, Addison Wesley, 1995.

Garnier, G., Context and decision making autonomy in the foreign affiliates of U.S. multinational corporations, Academy of Management Journal(December), 1982, pp.893-908.

Garvin, David A., "Competing on the Eight Dimensions of Quality", Harvard Business Review, November/December, 1987.

Gates, S.R., and Egelhoff, W.G., Centralization in headquarters-subsidiary relationships, Journal of International Business Studies, vol. 17(Summer), 1986, pp.71-92.

Ghoshal, S., and Bartlett, C.A., Creation, adoption and diffusion of innovations by subsidiaries of multinational corporations, Journal of International Business Studies, vol. 19, 1988, pp.365-388.

Gong, Yaping, The impact of subsidiary top management team nationality diversity on subsidiary performance: Knowledge and legitimacy perspectives, Management International Review, vol. 46, 2006, pp.771-789.

Gupta, A.K., and Govindrajan, V., Knowledge flows and the structure of control within multinational corporations, Academy of Management Review, 16(4), 1991, pp.768-792.

Harzing, A.W.K., Managing the multinationals: an international study of control mechanism, Northampton, MA: Edward Elgar, 1999.

Hofstede, Geert, "National Culture in Four Dimensions: A Research Theory of Cultural Differences Among Nations", International Studies of Management and Organization, 13, Spring-Summer 1983.

Holm, U., and Pedersen, T., The emergence and impact of MNC centers of excellence, McMillan: Basingstoke, Hampshire, 2000.

Jakobsen, and Rusten, The autonomy of foreign subsidiaries, An Analysis of headquarter-subsidiary relations, Norwegian Journal of Geography, vol. 57, 2003, pp.20-30.

Jarillo, J.C., and Martinez, J.I., Different roles for subsidiaries: The case of multinational corporations in Spain, Strategic Management Journal, vol. 11, 1990, pp.501-512.

Kahneman, and Tversky, "Prospect Theory: An Analysis of Decision under Risk", Econometrica, 47, 1979, pp.263-291.

Kotler, P., and G. Armstrong, Principle of Marketing, 9th ed., Prentice-Hall, Inc., 2001.

Kought, B., and Sing H., The effect of culture on the choice of entry mode, Journal of International Business Studies, vol. 19, 1988, pp.411-432.

Kurtz, David L., and Kenneth E. Clow, Service Marketing, John Wiley and Sons, 1998.

Lovelock, and Christopher H., "Classifying Services to Gain Strategic Marketing Insight", Journal of Marketing, 47(Summer), 1983.

Martinez, J.I., and Jarillo, J.C., The evolution of research on coordination mechanism in multinational corporation, Journal of International Business Studies, vol. 20, No. 3, 1989, pp.489-514.

Miles, R.E., and C.C. Snow, Organizational Strategy, Structure and Process, McGraw-Hill, 1978.

O'Donnell, S.W., Managing foreign subsidiaries: Agents of headquarters, or an interdependent network? Strategic Management Journal, 21, 2000, pp.525-548.

Parasuraman, A., Valarie A. Zeithmal, and Leonard L. Berry, "A Conceptual Mode of Service Quality and Its Implication the Future Research", Journal of Marketing, Fall 1985.

Porter, Michael, "Competition in Global Industries, Harvard Business School Press, 1986.

Robertson, Thomas S., Innovative Behavior and Communication, Holt Rinehart and Winston, Inc., 1971.

Root, Franklin R., Entry Strategies for International Markets, Lexington Books, 1994.

Shostack, G. Lyun, "Breaking free from Product Marketing", The Journal of Marketing, April 1977.

Subramaniam, and Watson, How interdependence affects subsidiary performance, Journal of business research, 2006.

Taggart, J., and Hood, N., Determinants of autonomy in multinational corporation subsidiary, European Management Journal, 17, 1999, pp.226-236.

Taggart, J., Autonomy and procedural justice: A framework for evaluating subsidiary strategy, Journal of International Business Studies, 28(1), 1997, pp.51-76.

Terpstra, V., International Marketing, 3rd ed., Hinsdale, Dryden Press, 1988.

Woodcock, C.P., Beamish, P., and Makino, S., Ownership-based mode strategies and international performance, Journal of International Business Studies, vol. 25, No. 2, 1994, pp.253-273.

Young, S., and Tavares, A.T., Centralization and autonomy: Back to the future, International Business Review, 13, 2004, pp.215-237.

Zeithmal, Valarie A., and Mary Jo Bitner, Service Marketing, McGraw-Hill Co., 1996.

저자 소개

김성용

George Washington University 테크노경영학(석사)
홍익대학교 대학원 경영학과 박사과정 수료(경영학박사)
홍익대학교 경영학과 출강
현, 한국관광대학교 호텔경영과 교수

글로벌서비스경영

2015년 5월 25일 초판 1쇄 인쇄
2015년 5월 30일 초판 1쇄 발행

지은이 김성용
펴낸이 진욱상 · 진성원
펴낸곳 백산출판사
교 정 조진호
본문디자인 구효숙
표지디자인 오정은

저자와의 합의하에 인지첩부 생략

등 록 1974년 1월 9일 제1-72호
주 소 서울시 성북구 정릉로 157(백산빌딩 4층)
전 화 02-914-1621/02-917-6240
팩 스 02-912-4438
이메일 editbsp@naver.com
홈페이지 www.ibaeksan.kr

ISBN 979-11-5763-069-1
값 20,000원